Gröls Verlage

„Bücher sind wie Fallschirme. Sie nützen uns nichts, wenn wir sie nicht öffnen."

Gröls Verlag

Redaktionelle Hinweise und Impressum

Das vorliegende Werk wurde zugunsten der Authentizität sehr zurückhaltend bearbeitet. So wurden etwa ursprüngliche Rechtschreibfehler regelmäßig *nicht* behoben, denn kleine Unvollkommenheiten machen das Buch – wie im Übrigen den Menschen – erst authentisch. Mitunter wurden jedoch zum Beispiel Absätze behutsam neu getrennt, um den Lesefluss zu erleichtern.

Um die Texte zu rekonstruieren, werden antiquarische Bücher von Lesegeräten gescannt und dann durch eine Software lesbar gemacht. Der so entstandene Text wird von Menschen gegengelesen und korrigiert – hierbei treten auch Fehler auf. Wenn Sie ebenfalls antiquarische Texte einreichen möchten, finden Sie weitere Informationen auf www.groels.de

Viel Freude bei der Lektüre wünscht Ihnen das Team des Gröls-Verlags.

Adressen

Verleger: Hermann-Josef Gröls,

Im Borngrund 26, 61440 Oberursel

Externer Dienstleister für Distribution & Herstellung:

BoD, In de Tarpen 42, 22848 Norderstedt

Unsere „Edition | Werke der Weltliteratur“ hat den Anspruch, eine der größten und vollständigsten Sammlungen klassischer Literatur in deutscher Sprache zu werden. Nach und nach versammeln wir hier nicht nur die „üblichen Verdächtigen“ von Goethe bis Schiller, sondern auch Kleinode der vergangenen Jahrhunderte, die – zu Unrecht – drohen, in Vergessenheit zu geraten. Wir kultivieren und kuratieren damit einen der wertvollsten Bereiche der abendländischen Kultur. Kleine Auswahl:

Francis Bacon • Neues Organon • **Balzac** • Glanz und Elend der Kurtisanen • **Joachim H. Campe** • Robinson der Jüngere • **Dante Alighieri** • Die Göttliche Komödie • **Daniel Defoe** • Robinson Crusoe • **Charles Dickens** • Oliver Twist • **Denis Diderot** • Jacques der Fatalist • **Fjodor Dostojewski** • Schuld und Sühne • **Arthur Conan Doyle** • Der Hund von Baskerville • **Marie von Ebner-Eschenbach** • Das Gemeindekind • **Elisabeth von Österreich** • Das Poetische Tagebuch • **Friedrich Engels** • Die Lage der arbeitenden Klasse • **Ludwig Feuerbach** • Das Wesen des Christentums • **Johann G. Fichte** • Reden an die deutsche Nation • **Fitzgerald** • Zärtlich ist die Nacht • **Flaubert** • Madame Bovary • **Gorch Fock** • Seefahrt ist not! • **Theodor Fontane** • Effi Briest • **Robert Musil** • Über die Dummheit • **Edgar Wallace** • Der Frosch mit der Maske • **Jakob Wassermann** • Der Fall Maurizius • **Oscar Wilde** • Das Bildnis des Dorian Grey • **Émile Zola** • Germinal • **Stefan Zweig** • Schachnovelle • **Hugo von Hofmannsthal** • Der Tor und der Tod • **Anton Tschechow** • Ein Heiratsantrag • **Arthur Schnitzler** • Reigen • **Friedrich Schiller** • Kabale und Liebe • **Nicolo Machiavelli** • Der Fürst • **Gotthold E. Lessing** • Nathan der Weise • **Augustinus** • Die Bekenntnisse des heiligen Augustinus • **Marcus Aurelius** • Selbstbetrachtungen • **Charles Baudelaire** • Die Blumen des Bösen • **Harriett Stowe** • Onkel Toms Hütte • **Walter Benjamin** • Deutsche Menschen • **Hugo Bettauer** • Die Stadt ohne Juden • **Lewis Caroll** • *und viele mehr….*

Drei Bücher vom Redner
Marcus Tullius Cicero

Übertragen und kommentiert

von

Dr. Raphael Kühner

Erstes Buch

1. Wenn ich, mein lieber Bruder Quintus, wie ich oftmals thue, die alten Zeiten überdenke und mir vergegenwärtige, so pflegen mir die Männer sehr glücklich zu erscheinen, welchen bei der besten Verfassung des Staates im Genusse hoher Ehrenämter und eines großen Thatenruhmes einen solchen Lebenslauf zu behaupten erlaubt war, daß sie entweder ihren Aemtern ohne Gefahr obliegen oder in ihrer Zurückgezogenheit von den Staatsgeschäften mit Würde leben konnten. Auch ich hatte gehofft, es würde mir einst mit Fug und Recht und nach dem Urtheile fast Aller eine Zeit, in der ich wieder Ruhe finden und mich in den Schoß der herrlichen Wissenschaften, die wir beiden lieben, zurückziehen könnte, gegönnt werden, wenn die unendliche Arbeit der gewöhnlichen Verhandlungen und die Bewerbung um Staatsämter mit dem Ablaufe der Ehrenstellen zugleich auch mit der Neige des Alters das Ziel erreicht hätte.

2. Doch diese Hoffnung meiner Gedanken und Pläne wurde theils durch die unglücklichen Zeitverhältnisse des Staates, theils durch mannigfache eigene Unfälle vereitelt. Denn in *der* Zeit, welche mir die vollste Ruhe und Zufriedenheit zu versprechen schien, türmte sich eine Menge der größten Widerwärtigkeiten auf, und die wildesten Stürme erhoben sich, und nicht wurde mir der so gewünschte und erstrebte Genuß der Muße zu Theil, um die Wissenschaften, denen wir von Kindheit an ergeben waren, zu betreiben und unter uns anzubauen.

3. Denn mein erstes Lebensalter fiel gerade in den Umsturz der alten Verfassung; und mein Consulat führte mich mitten in den Kampf und die Gefahr des ganzen Staates, und die ganze Zeit nach dem Consulate habe ich den Fluten entgegenstellen müssen, die, durch mich von der Vernichtung des Staates abgewehrt, gegen mich selbst zurückströmen sollten

Aber ungeachtet dieser mißlichen Verhältnisse und bedrängten Zeiten will ich mich dennoch unseren wissenschaftlichen Bestrebungen widmen und, so viel mir die Ränke der Feinde, die Vertheidigungen der Freunde und die Staatsgeschäfte Muße übrig lassen, vorzugsweise zum Schreiben anwenden. Deinen Aufforderungen aber, mein Bruder, und deinen Bitten werde ich nicht unterlassen Genüge zu leisten. Denn Niemand kann durch Ansehen und Willen mehr über mich vermögen, als du.

4. Ich muß nun zu einem Ereignisse früherer Zeiten zurückkehren, das zwar meinem Gedächtnisse nicht ganz vollständig gegenwärtig ist, wohl aber, wie ich glaube, geeignet ist für die Erfüllung deines Wunsches die Ansicht der beredtesten und berühmtesten Männer über die ganze Redekunst zu erfahren.

5. Du hast ja oft den Wunsch gegen mich ausgesprochen, weil die Schrift, die mir in meinem Knaben- oder Jünglingsalter aus meinen Heften unvollendet und nur in rohen Umrissen entschlüpfte, kaum meines jetzigen Alters und *der* Erfahrung, die ich aus der Führung so vieler und so wichtiger Verhandlungen gewonnen habe, würdig ist, ich möchte über dieselben Gegenstände etwas Gefeilteres und Vollendeteres veröffentlichen. Auch pflegst du zuweilen in unseren Unterhaltungen darin von mir abzuweichen, daß, während nach meinem Urtheile die Beredsamkeit auf den wissenschaftlichen Kenntnissen der einsichtvollsten Männer beruht, du hingegen der Ansicht bist, sie müsse von der gründlichen Gelehrsamkeit getrennt und als das Erzeugniß einer gewissen natürlichen Geistesanlage und Uebung angesehen werden.

6. Wenn ich nun, wie ich oftmals that, auf die Männer von der höchsten Geistesbegabung meinen Blick richtete; so drängte sich mir die Frage auf, warum wol alle anderen Fächer eine größere Anzahl bewunderungswürdiger Männer aufzuweisen habe, als die Beredsamkeit. Denn wohin man auch seine Aufmerksamkeit und seine Gedanken wenden mag, so wird man sehr viele ausgezeichnete Männer in jeder Art von Künsten und Wissenschaften sehen, und zwar nicht bloß in den gewöhnlichen, sondern beinahe in den wichtigsten.

7. Wer sollte, wenn er bei der Wissenschaft berühmter Männer den Nutzen oder die Größe ihrer Thaten zum Maßstabe nehmen will, nicht dem Feldherrn vor dem Redner den Vorzug geben? Und doch wer möchte bezweifeln, daß wir der vortrefflichsten Heerführer aus unserem Staate allein beinahe unzählige, in der Beredsamkeit aber hervorragende Männer kaum wenige anführen können.

8. Ferner, Männer, die mit Klugheit und Weisheit einen Staat zu lenken und zu leiten verstanden, haben viele zu unserer, mehr noch zu unserer Väter und auch unserer Vorfahren Zeit gelebt, während gute Redner sehr lange gar nicht, erträgliche kaum in den einzelnen Zeitaltern einzelne gefunden wurden. Und damit man nicht etwa meine, die Redekunst müsse mehr mit anderen Wissenschaften, die auf tieferen Kenntnissen und vielseitiger Gelehrsamkeit beruhen, als mit dem Ruhme eines Feldherrn oder mit der Klugheit eines guten Senators verglichen werden: so möge man seinen Geist auf eben diese Zweige der Wissenschaft richten und betrachten, welche Männer sich in denselben ausgezeichnet haben und wie viele, und er wird so am Leichtesten beurtheilen, wie gering die Anzahl der Redner ist und zu jeder Zeit war.

9. Es ist dir ja nicht unbekannt, daß die Wissenschaft, welche die Griechen Philosophie nennen, von den gelehrtesten Männern als die Erzeugerin und Mutter aller anderen gepriesenen Wissenschaften betrachtet wird; und doch ist es schwer alle *die* Männer aufzuzählen, die sich in derselben durch den größten Umfang ihres Wissens und die größte Vielseitigkeit und Fülle ihrer Bestrebungen auszeichneten, die sich nicht etwa mit einem einzelnen abgesonderten Gegenstande beschäftigten, sondern so viel als möglich Alles mit ihrer wissenschaftlichen Erforschung und Erörterung umfaßten.

10. Was die Mathematiker anlangt, wer weiß nicht, was für dunkele Gegenstände, welch eine entlegene, vielseitige und tiefe Wissenschaft sie bearbeiten? Und doch sind unter ihnen so viele vollkommene Meister aufgetreten, daß sich fast Niemand dieser Wissenschaft mit großem Eifer befleißigt zu haben scheint, ohne seinen Zweck zu erreichen. Wer hat sich

der Musik, wer der Sprachkunde gründlich gewidmet, ohne den ganzen beinahe unbegränzten Umfang und Stoff jener Künste mit seiner wissenschaftlichen Forschung zu umfassen?

11. Mit Recht glaube ich behaupten zu dürfen, daß unter allen denen, die ihre Bemühungen auf diese edelen Künste und Wissenschaften gerichtet haben, die Menge ausgezeichneter Dichter sich als die geringste erweist. Und obwol unter diesen nur sehr selten ein hervorragender Geist auftritt, so wird man doch, wenn man nach der Menge der Unsrigen und der Griechen eine sorgfältige Vergleichung anstellen will, weit weniger gute Redner als gute Dichter finden.

12. Um so viel wunderbarer muß dieß erscheinen, weil die Kenntnisse in den anderen Wissenschaften meistens aus tiefen und verborgenen Quellen geschöpft werden, die Redekunst hingegen ganz vor Aller Augen liegt und sich in der gewöhnlichen Erfahrung und in der Menschen Sitte und Rede bewegt. Während daher in den anderen Wissenschaften gerade das, was sich am Weitesten von der Unerfahrenen Einsicht und Denkart entfernt, am Meisten hervorragt, so ist es in der Beredsamkeit gerade der größte Fehler, wenn man von der gebräuchlichen Redeweise und dem gemeinen Menschenverstande abweicht.

13. Auch das läßt sich nicht mit Recht anführen, daß die Mehrzahl sich der anderen Wissenschaften befleißige oder durch größeres Vergnügen oder reichere Hoffnung oder glänzendere Belohnungen zur Erlernung derselben aufgemuntert werde. Und um Griechenland zu übergehen, das in der Beredsamkeit immer den Vorrang behaupten wollte, und jene Erfinderin aller Wissenschaften, die Stadt Athen, wo die höchste Redekunst erfunden und zur Vollkommenheit gebracht worden ist, in unserem Staate selbst wurde nie irgend einem Gegenstande größerer Fleiß und Eifer zugewandt als der Beredsamkeit.

14. Denn nachdem unsere Herrschaft über alle Völker begründet war, und die Dauer des Friedens das ruhige Leben befestigt hatte; so fand sich nicht leicht ein ruhmbegieriger Jüngling, der nicht der Ansicht gewesen wäre mit allem Eifer nach Beredsamkeit streben zu müssen. Anfänglich zwar

bei dem gänzlichen Mangel an wissenschaftlicher Bildung, da man weder von einem geregelten Verfahren der Uebung noch von einer Kunstregel eine Ahnung hatte, brachte man es so weit, als es durch Naturanlage und Nachdenken möglich war. Später aber, als man die Griechischen Redner hörte, ihre Schriften kennen lernte und Lehrmeister anwandte, entbrannten unsere Landsleute von einem unglaublichen Eifer für Beredsamkeit.

15. Aufmunterung fanden sie in der Wichtigkeit, Mannigfaltigkeit und Menge der Rechtsverhandlungen jeglicher Art, so daß zu der gelehrten Bildung, die jeder durch eigenen Fleiß gewonnen hatte, häufige Uebung hinzutrat, welche die Vorschriften aller Lehrmeister übertrifft. Es waren auch diesen Bestrebungen die größten Belohnungen, sowie auch jetzt noch, in Beziehung auf Einfluß, Macht und Würde ausgesetzt. Die geistigen Anlagen unserer Landsleute aber zeichnen sich, wie wir aus vielen Umständen schließen können, sehr vor denen der übrigen Menschen unter allen Völkern aus. Erwägt man diese Gründe, wen dürfte es nicht mit Recht befremden, daß sich in der ganzen Geschichte aller Lebensalter, Zeiten und Staaten eine so geringe Anzahl von Rednern findet? Aber freilich ist es ein schwierigeres Werk, als die Menschen wähnen, und aus dem gemeinsamen Zusammenwirken mehrerer Wissenschaften und Bestrebungen hervorgegangen.

16. Denn bei der großen Menge der Lernenden, bei der ungewöhnlichen Anzahl der Lehrmeister, bei den vorzüglichen Geistesanlagen unserer Landsleute, bei der unendlichen Mannigfaltigkeit der Rechtshändel, bei den ansehnlichen Belohnungen, die der Beredsamkeit ausgesetzt sind, wie könnte man wol einen anderen Grund von dieser Erscheinung annehmen als die unglaubliche Größe und Schwierigkeit der Sache?

17. Es ist nämlich nöthig, daß man sich eine umfassende Sachkenntniß aneigne, ohne welche die Geläufigkeit der Worte nichtig und lächerlich ist, daß man den Vortrag selbst nicht allein durch die Wahl, sondern auch durch die Anordnung der Worte passend gestalte, daß man alle Gemüthsbewegungen, welche die Natur dem Menschengeschlecht

ertheilt hat, gründlich erforsche, weil die ganze Kraft und Kunst der Rede sich in der Beruhigung oder Aufregung der Gemüther unserer Zuhörer zeigen muß. Hinzutreten muß gleichfalls eine Art des Witzes und der Laune, eine des freien Mannes würdige Gelehrsamkeit, Schnelligkeit und Kürze im Antworten und Herausfordern, verbunden mit feiner Anmuth und feinem Geschmacke.

18. Außerdem muß man die ganze Geschichte kennen und mit einem Vorrathe von Beispielen versehen sein; auch darf man nicht die Kenntniß der Gesetze und des bürgerlichen Rechtes vernachlässigen. Und was soll ich über den äußeren Vortrag selbst weitläufig reden, der nach der Bewegung des Körpers, nach den Gebärden, nach den Mienen, nach der Bildung und Abwechslung der Stimme abgemessen sein muß? Wie schwierig dieser für sich allein ist, zeigt die leichtfertige Kunst der Schauspieler und die Bühne. Denn so eifrig sich hier auch Alle bemühen dem Gesichte, der Stimme und der Bewegung den angemessenen Ausdruck zu verleihen, so weiß doch jeder, wie gering die Zahl derer ist und war, deren Spiele wir geduldig zusehen können. Was soll ich von der Schatzkammer aller Dinge, dem Gedächtnisse, sagen, welches zur Aufbewahrung der erfundenen und durchdachten Sachen und Worte angewendet werden muß, wenn wir nicht sehen wollen, daß Alles, mag es sich auch noch so schön in dem Redner finden, verloren gehe?

19. Darum wollen wir uns nicht mehr wundern, warum die Anzahl guter Redner so gering ist, da die Beredsamkeit aus der Gesammtheit *der* Dinge besteht, die selbst einzeln für sich mit Glück zu bearbeiten eine sehr schwierige Aufgabe ist, und lieber wollen wir unsere Kinder und Alle, deren Ruhm und Würde uns am Herzen liegt, auffordern die Größe der Sache im Geiste zu beherzigen und die Ueberzeugung zu hegen, daß sie andere Vorschriften, andere Lehrmeister, andere Uebungen anwenden müssen, als man gemeiniglich anwendet, wenn sie das Ziel, das sie erstreben, erreichen wollen.

20. Und nach meiner Ansicht wenigstens wird Niemand ein in jeder Hinsicht vollkommener Redner sein können, wenn er sich nicht

Kenntnisse von allen wichtigen Gegenständen und Wissenschaften angeeignet hat. Denn aus der Erkenntniß der Sachen muß die Rede erblühen und hervorströmen. Hat der Redner die Sachen nicht gründlich erfaßt und erkannt, so ist sein Vortrag nur ein leeres und ich möchte sagen kindisches Gerede.

21. Nicht jedoch will ich den Rednern, zumal den unsrigen, deren Zeit von den Geschäften des Staatslebens so sehr in Anspruch genommen wird, eine so große Last aufbürden, daß ich ihnen nicht vergönnen sollte Einiges nicht zu wissen; wiewol der Begriff des Redners und sein Beruf selbst gut zu reden das auf sich zu nehmen und zu verheißen scheint, daß er über jeden Gegenstand, der ihm vorgelegt wird, mit Geschmack und Fülle reden könne.

22. Aber weil ich nicht zweifle, daß dieß gar Vielen als eine unermeßliche und unbegränzte Aufgabe erscheint, und weil, wie ich sehe, die Griechen, die doch nicht allein mit geistigen Anlagen und Gelehrsamkeit reichlich ausgestattet sind, sondern auch an Muße Ueberfluß haben und sehr großen Eifer besitzen, eine Theilung der Wissenschaften vorgenommen, und Einzelne von ihnen sich nicht dem ganzen Gebiete derselben zugewandt, sondern von den übrigen Arten der Vorträge den Theil der Beredsamkeit, welcher sich mit den öffentlichen Verhandlungen in den Gerichten und beratschlagenden Versammlungen beschäftigt, ausgesondert und den Redner auf diese einzige Art von Vorträgen beschränkt haben: so will ich in diesen Büchern nicht mehr umfassen, als was dieser Art nach gründlicher Untersuchung und Erörterung der Sache von den größten Männern fast einstimmig zugetheilt worden ist.

23. Und ich werde nicht, von der Wiege unserer ersten Schulbildung ausholend, eine Reihenfolge von Vorschriften geben, sondern das mittheilen, was, wie ich vernommen, einst die beredtesten und durch jede Würde hervorragenden Männer unseres Volkes in einer Unterredung abgehandelt haben; nicht als ob ich das verachtete, was Griechische Redekünstler und Lehrer hinterlassen haben, sondern da dieß offen vorliegt und Allen zugänglich ist und durch meine Auslegung nicht

anschaulicher entwickelt und deutlicher ausgedrückt werden kann: so wirst du mir, lieber Bruder, wie ich glaube, gestatten, daß ich die Lehrsätze derer, denen die Unsrigen den höchsten Ruhm in der Beredsamkeit zuerkannt haben, denen der Griechen vorziehe.

24. Zu der Zeit also, da der Consul Philippus die Sache der Vornehmen mit großer Leidenschaft angriff, und das für das Ansehen des Senates übernommene Tribunat des Drusus schon kraftlos und schwach zu werden schien, begab sich Lucius Crassus – so wurde mir, wie ich mich erinnere, erzählt – während der Tage der Römischen Spiele zu seiner Erholung auf sein Tusculanum; dahin kamen auch sein gewesener Schwiegervater Quintus Mucius und Marcus Antonius, ein Mann, der des Crassus Ansichten in der Verwaltung des Staates theilte und mit ihm in der vertrautesten Freundschaft lebte.

25. Mit dem Crassus selbst waren zwei junge Männer gegangen, welche vertraute Freunde des Drusus waren, und an denen die Aelteren damals zwei wichtige Stützen ihrer Gerechtsame zu erhalten hofften, Gajus Cotta, der sich damals um das Volkstribunat bewarb, und Publius Sulpicius, der sich, wie man glaubte, demnächst um dieses Amt bewerben wollte.

26. Diese unterhielten sich an dem ersten Tage über die damaligen Zeitumstände und über die ganze Lage des Staates, weßhalb sie gekommen waren, angelegentlich mit einander bis zur Neige des Tages. In diesem Gespräche, erzählte Cotta, hätten jene drei Consularen vieles ahnungsvoll beklagt und erwähnt, so daß in der Folge kein Unfall den Staat betroffen habe, den sie nicht so lange vorher hätten drohen sehen.

27. Nach Beendigung des ganzen Gespräches aber habe Crassus eine solche Freundlichkeit gezeigt, daß, als sie sich nach dem Bade zu Tische gelagert hatten, alle Traurigkeit der vorigen Unterredung verschwand, und der Mann einen solchen Frohsinn und so viel heiteren Scherz und Laune äußerte, daß der Tag unter ihnen in der Curie hingebracht zu sein schien, das Gastmahl aber einem Tusculanischen Mahle glich

28. Am folgenden Tage, erzählte er, als die Bejahrteren genug der Ruhe gepflogen hatten, habe man einen Lustgang vorgenommen, und nachdem

man zwei- oder dreimal auf- und abgegangen sei, habe Scävola gesagt: Warum, Crassus, ahmen wir nicht jenem Sokrates im Phädrus nach? Deine Platane hier gibt mir diesen Gedanken ein; sie breitet zur Beschattung dieses Ortes ihre Aeste nicht weniger aus, als jene, deren Schatten Sokrates nachging, die mir nicht sowol durch das Bächlein selbst, das dort beschrieben wird, als durch die Rede des Plato gewachsenzu sein scheint. Und was jener trotz seiner sehr abgehärteten Füße that, daß er sich auf das Gras niederwarf und so jenes sprach, was die Philosophen wie Göttersprüche rühmen; das darf sicherlich meinen Füßen noch weit eher zu gute gehalten werden.

29. Darauf habe Crassus erwidert: „Nicht so! Wir können es ja bequemer haben!“ und habe Polster herbeibringen lassen, und Alle hätten sich auf die Sitze, die unter der Platane waren, niedergelassen. Hier also leitete Crassus, wie Cotta oftmals erzählte, um den Gemüthern Aller eine Erholung von der gestrigen Unterredung zu gewähren, das Gespräch auf die wissenschaftliche Erlernung der Beredsamkeit.

30. Er begann mit der Erklärung, Sulpicius und Cotta bedürften nicht seiner Aufmunterung, sondern beiden müsse man vielmehr Lob ertheilen, weil sie sich schon eine solche Geschicklichkeit im Reden angeeignet hätten, daß sie nicht allein ihren Altersgenossen vorgezogen, sondern sogar den Aelteren gleichgestellt würden. Und wahrlich – so fuhr er fort – es erscheint mir Nichts so vortrefflich als die Kunst durch die Rede die Aufmerksamkeit der Menschen in den Versammlungen zu fesseln, ihre Gemüther zu gewinnen, ihre Neigungen zu leiten, wohin man will, und wovon man will, abzulenken. Sie ist die einzige, welche bei jedem freien Volke und besonders in friedlichen und ruhigen Staaten vorzüglich immer geblüht und immer geherrscht hat.

31. Denn was ist so bewunderungswürdig, als wenn aus einer unendlich großen Menge von Menschen Einer auftritt, der das, was Allen die Natur verliehen hat, entweder allein oder nur mit Wenigen ausüben kann? Oder was ist für Geist und Ohr so anziehend, als eine mit weisen Gedanken und gewichtigen Worten geschmückte und fein ausgebildete Rede? Aber was

macht einen so mächtigen und erhabenen Eindruck, als wenn die Bewegungen des Volkes, die Bedenklichkeiten der Richter, die Würde des Senates durch Eines Mannes Rede gelenkt wird?

32. Was ist ferner so königlich, so freigebig, so großmüthig, als Hülfe zu leisten den Flehenden, aufzurichten die Niedergeschlagenen, Rettung vom Untergange zu gewähren, von Gefahren zu befreien, die Menschen im Staate zurückzuhalten? Was ist aber so nothwendig, als zu jeder Zeit Waffen zu besitzen, mit denen man sich entweder selbst decken kann oder die Schlechten zum Kampfe herausfordern oder angegriffen sich rächen? Und nun weiter, um nicht immer an Forum, Gerichtsstühle, Rednerbühne und Curie zu denken, was kann in der Muße erfreulicher oder dem menschlichen Wesen entsprechender sein, als eine feine und in keinerlei Weise ungebildete Unterredung? Denn darin gerade besteht unser größter Vorzug vor den rohen Thieren, daß wir uns mit einander unterreden und unsere Empfindungen durch Worte ausdrücken können.

33. Wer sollte daher dieses nicht mit Recht bewundern und das nicht seiner eifrigsten Bemühungen werth achten, daß er darin die Menschen selbst überrage, worin gerade die Menschen sich am Meisten vor den Thieren auszeichnen? Um nun aber auf das Wichtigste zu kommen, welche andere Macht konnte die zerstreuten Menschen an Einem Orte zusammenschaaren oder von der wilden und rohen Lebensweise zu der jetzigen menschlichen und bürgerlichen Bildung leiten oder nach Gründung der Staaten Gesetze, Gerichte und Gesetze anordnen?

34. Und um nicht noch mehr Vortheile, deren es fast unzählige gibt, aufzusuchen, will ich es kurz zusammenfassen. Ich urtheile nämlich so: Auf der leitenden Weisheit des vollkommenen Redners beruht vorzüglich nicht allein seine eigene Würde, sondern auch die Wohlfahrt der meisten Einzelnen und des ganzen Staates. Darum, junge Freunde, fahrt so fort, wie ihr thut, und legt euch mit allem Eifer auf *die* Wissenschaft, der ihr euch widmet, damit ihr euch Ruhm, den Freunden Nutzen und dem Staate Vortheil gewähren könnet.

35. Hierauf sagte Scävola mit seiner gewohnten Freundlichkeit: Im Uebrigen stimme ich dem Crassus bei; ich würde ja sonst die Kunst oder den Ruhm meines Schwiegervaters Gajus Lälius oder meines Schwiegersohnes hier schmälern; aber in zwei Punkten, Crassus, möchte ich doch Bedenken tragen dir beizupflichten: einmal daß du behauptest, die Staaten seien in ihrem Entstehen von Rednern gegründet und oft erhalten worden; dann daß du meinst, der Redner sei, auch abgesehen von Forum, Volksversammlung, Gerichten und Senate, in jeder Art von Vorträgen und höherer Bildung ein Meister.

36. Denn wer möchte dir das einräumen, daß anfänglich das auf Bergen und in Wäldern zerstörte (zerstreute?) Menschengeschlecht sich nicht durch kluger Männer Rathschläge vielmehr, als durch bezaubernde Vorträge beredter Männer habe bewegen lassen sich in Städten und Mauern einzuschließen? oder aber daß die übrigen nützlichen Einrichtungen bei der Gründung und Erhaltung der Staaten nicht von weisen und tapferen, sondern von beredten und schön redenden Männern getroffen seien?

37. Meinst du wirklich, jener Romulus habe durch Beredsamkeit und nicht vielmehr durch seine vorzügliche Klugheit und Weisheit die Hirten und die zusammengelaufenen Fremdlinge vereinigt oder mit den Sabinern Ehen geknüpft oder der benachbarten Völker Angriffe zurückgedrängt? Wie? Ist in Numa Pompilius, ist in Servius Tullius, ist in den übrigen Königen, die so viele vortreffliche Einrichtungen für die Staatsverfassung gemacht haben, eine Spur von Beredsamkeit sichtbar? Wie? Nach der Vertreibung der Könige – wiewol wir die Vertreibung selbst durch den Geist und nicht durch die Zunge des Lucius Brutus zu Stande gebracht sehen – doch hernach sehen wir nicht überall eine Fülle kluger Rathschläge und einen Mangel an Worten? 38. Ja wenn ich mich auf Beispiele unserer und anderer Staaten berufen wollte, so könnte ich mehr Nachtheile als Vortheile anführen, die dem Gemeinwesen durch die beredtesten Männer gebracht sind; doch um Anderes zu übergehen, so waren, wie ich glaube, unter allen Rednern, die ich gehört habe, wenn ich euch beide, Crassus, ausnehme, die größten die beiden Sempronier,

Tiberius und Gajus, deren Vater, ein verständiger und achtungswürdiger Mann, aber keineswegs beredt, die Wohlfahrt des Staates sowol zu anderen Zeiten oft, als ganz besonders während seiner Censur förderte. Und dieser hat nicht durch eine sorgfältige Fülle der Rede, sondern durch einen Wink und Ein Wort die Freigelassenen in die städtischen Zünfte versetzt. Hätte er dieß nicht gethan, so würden wir den Staat, den wir jetzt kaum noch behaupten können, schon längst gar nicht mehr haben. Aber seine beredten und mit allen Gaben der Natur und allen Hülfsmitteln der Gelehrsamkeit zum Reden ausgerüsteten Söhne haben, da sie doch den Staat durch die Klugheit ihres Vaters und durch die Waffen ihres Großvaters in der höchsten Blüte überkommen hatten, durch diese deine Lenkerin der Staaten, wie du die Beredsamkeit nennst, das Vermögen des Staates zerrüttet.

39. Wie? Die alten Gesetze und die Sitte der Vorfahren; wie? die Vogelschau, der ich und du, Crassus, zur großen Wohlfahrt des Staates vorstehen; wie? der Gottesdienst und die heiligen Gebräuche; wie? unsere bürgerlichen Rechte, die schon lange in unserer Familie ohne allen Ruhm der Beredsamkeit heimisch sind: ist dieses Alles von den Rednern erfunden oder erkannt oder überhaupt behandelt?

40. Es ist mir noch erinnerlich, wie Servius Galba, ein unvergleichlicher Redner, und Marcus Aemilius Porcina und selbst Gajus Carbo, den du in den ersten Jahren deiner Jugend niederschmettertest, unkundig der Gesetze, unsicher in den Einrichtungen der Vorfahren und unwissend im bürgerlichen Rechte war. Und unser Zeitalter ist, wenn ich dich ausnehme, Crassus, der du mehr aus eigener Neigung, als weil es der eigentliche Beruf des Redners erforderte, das bürgerliche Recht von mir gelernt hast, des Rechtes so unkundig, daß man sich zuweilen schämen muß.

41. Was aber den Punkt am Schlusse deiner Rede betrifft, wo du dir gleichsam mit deinem Rechte herausgenommen hast zu behaupten, der Redner könne sich in jeder Art von Vorträgen und wissenschaftlichen Erörterungen mit der größten Fülle bewegen; so würde ich dieß, wenn ich

mich hier nicht auf deinem Gebiete befände, nicht ertragen und Vielen gerathen haben, sie möchten gegen dich gerichtlichen Einspruch einlegen oder dich auffordern die Sache im Wege Rechtens auszumachen, weil du so ohne Weiteres in fremde Besitzungen eingedrungen seiest.

42. Es würden nämlich mit dir rechten zuerst alle Pythagoreer und Demokritier, sowie auch die übrigen Naturphilosophen ihren Besitz in Anspruch nehmen, Männer, die sich durch eine schöne und nachdrucksvolle Rede auszeichnen, und du dürftest dich mit diesen nicht in einen Rechtsstreit unter Berufung auf ein gerichtliches Unterpfand einlassen Bedrängen würden dich außerdem die Schaaren der Philosophen, gleich von Sokrates an, ihrem Urheber und Stifter, und erweisen, daß du Nichts von den Gütern im Leben, Nichts von den Uebeln, Nichts von den Gemüthsbewegungen, Nichts von den Sitten der Menschen, Nichts von ihrer Lebensweise gelernt, Nichts überhaupt untersucht habest, Nichts wissest; und nach dem Gesammtangriffe Aller auf dich würden auch noch die einzelnen Schulen besonders einen Rechtsstreit gegen dich erheben.

43. Zusetzen würde dir die Akademie und dich nöthigen zu bekennen, daß du das nicht wissest, was du gesagt habest. Unsere Stoiker vollends würden dich in den Schlingen ihrer gelehrten Streitigkeiten und Fragen verstrickt halten. Die Peripatetiker aber würden darthun, die Stützen der Rede und die Mittel zu ihrer Verschönerung, die du für ein Eigentum der Redner hältst, müßten von ihnen entlehnt werden, und zeigen, daß Aristoteles und Theophrastus nicht nur bessere, sondern auch mehr Vorschriften über diese Gegenstände niedergeschrieben hätten, als alle Lehrmeister der Beredsamkeit.

44. Ich übergehe die Mathematiker, Grammatiker und Musiker, mit deren Wissenschaften diese euere Redekunst auch nicht in der geringsten Gemeinschaft und Berührung steht. Deßhalb, meine ich, Crassus, darf man nicht so Großes und so Vieles verheißen. Groß genug ist das, was du leisten kannst, daß vor Gericht jedesmal die Sache, die du vertheidigst, besser und beifallswerther zu sein scheint, daß in den

Volksversammlungen und bei den Abstimmungen dein Vortrag auf die Ueberzeugung der Menschen den größten Einfluß hat, endlich daß du den Einsichtsvollen beredt, den Unverständigen auch wahr zu reden scheinst. Leistest du noch mehr, so leistet dieses, wie ich glaube, nicht der Redner, sondern Crassus durch seine eigene und nicht durch die den Rednern gemeinsame Geschicklichkeit.

45. Hierauf erwiderte jener: Ich weiß recht wohl, Scävola, daß dieses unter den Griechen besprochen und verhandelt zu werden pflegt. Ich habe ja die größten Männer gehört, da ich als Quästor aus Macedonien nach Athen gekommen war, wo die Akademie, wie man damals sagte, dadurch in Blüte stand, daß derselben Charmadas, Klitomachus und Aeschines vorstanden. Auch Metrodorus war da, der mit jenen zugleich den berühmten Karneades selbst sehr fleißig gehört hatte, der Alle im Vortrage und Scharfsinn und Fülle der Rede überragte, und in großem Ansehen standen der Schüler deines Panätius, Mnesarchus, und Diodorus, der Schüler des Peripatetikers Kritolaus.

46. Außerdem lebten noch viele andere Männer hier, die in der Philosophie berühmt und angesehen waren. Alle diese nun wollten, wie ich sah, fast einstimmig den Redner von dem Steuer der Staaten verdrängen und von aller Gelehrsamkeit und höherer Wissenschaft ausschließen und nur in die Gerichte und in unbedeutende Volksversammlungen, wie in eine Stampfmühle, verstoßen und einsperren.

47. Aber ich konnte weder jenen beipflichten noch dem Erfinder und Urheber dieser gelehrten Streitigkeiten, Plato, der sich in seinen Vorträgen durch Gediegenheit und Beredsamkeit vor Allen bei Weitem auszeichnet. Ich las seinen Gorgias damals zu Athen mit Charmadas sehr fleißig, und ich mußte in diesem Buche den Plato besonders deßhalb bewundern, daß, indem er die Redner verspottete, er selbst der größte Redner mir zu sein schien. Wortgezänk quält schon lange die armen Griechen, die nach Streit begieriger sind als nach der Wahrheit.

48. Denn gesetzt, es wolle Einer den für einen Redner halten, der nur mit Rechtsangelegenheiten und in den Gerichten entweder vor dem Volke oder im Senate mit Fülle reden könne; so muß er doch selbst diesem Vieles einräumen und zugestehen. Ohne gründliche Behandlung aller öffentlichen Angelegenheiten, ohne die Kenntniß der Gesetze, der Sitte und des Rechtes, ohne die Bekanntschaft mit dem Wesen und den Sitten der Menschen kann ja Niemand selbst in diesen Dingen sich mit genügender Einsicht und Geschicklichkeit bewegen. Wer sich aber diese Kenntnisse angeeignet hat, ohne die Niemand auch nur das Geringfügigste in den Rechtssachen wahren kann; wie wird dem die Wissenschaft der wichtigsten Sachen fern sein können? Verlangt man aber auch vom Redner weiter Nichts als einen wohlgeordneten, geschmückten und reichhaltigen Vortrag, so frage ich, wie er selbst dieses ohne die Wissenschaft erreichen kann. die ihr ihm nicht einräumt. Denn Tüchtigkeit im Reden kann nur stattfinden, wenn der Redner den Gegenstand, über den er sprechen will, erfaßt hat.

49. Hat also jener Naturphilosoph Demokritus einen schönen Vortrag gehabt, wie man sagt und mir scheint; so gehörte der Stoff, über den er sprach, dem Naturphilosophen an, der Schmuck der Worte aber muß als ein Eigentum des Redners angesehen werden. Und wenn Plato über Gegenstände, die von bürgerlichen Streitigkeiten weit entfernt sind, unvergleichlich schön gesprochen hat, was ich zugebe; wenn gleichfalls Aristoteles, wenn Theophrastus, wenn Karneades die von ihnen behandelten Gegenstände in einer beredten, anmuthigen und geschmückten Sprache darlegen: so mögen die Gegenstände ihrer Vorträge anderen Wissenschaften angehören, der Vortrag selbst ist sicherlich Eigentum dieser Kunst allein, die wir in unserem Gespräche untersuchen.

50. Wir sehen ja, daß Einige über dieselben Gegenstände trocken und dürftig gesprochen haben, wie zum Beispiel Chrysippus, dessen großen Scharfsinn man rühmt, und der darum, daß er diese Geschicklichkeit im Reden aus einer fremden Kunst nicht besaß, nicht minder der Philosophie Genüge geleistet hat.

Was findet also für ein Unterschied statt? oder wie wirst du die Reichhaltigkeit und Fülle der eben genannten Männer von der Dürftigkeit derer unterscheiden, welche diese Mannigfaltigkeit und Zierlichkeit der Rede nicht haben? Eines wird in der That sein, was diejenigen, welche gut reden, als ihr Eigentum mit sich bringen: eine wolgeordnete, geschmückte und durch Kunst und Feile mit mannigfaltiger Abwechslung versehene Rede. Wenn aber einer solchen Rede nicht ein Stoff zu Grunde liegt, der von dem Redner erfaßt und erkannt ist; so muß sie nothwendiger Weise entweder ganz bedeutungslos sein oder der Gegenstand allgemeinen Sportes und Gelächters werden.

51. Denn was ist so unsinnig, wie ein leerer Schall von Worten, wenn sie auch noch so schön und zierlich sind, wenn kein Gedanke und keine Wissenschaft zu Grunde liegt? Man nehme nun aus irgend einer Wissenschaft einen Stoff, gleichviel von welcher Art, so wird der Redner denselben, wenn er sich zuvor wie von der Sache seines Schutzbefohlenen hat belehren lassen, besser und geschmückter vortragen, als selbst der Erfinder und Kenner dieser Sache.

52. Denn wenn Jemand behaupten sollte, es gebe gewisse den Rednern eigentümliche Gedanken und Verhandlungen und eine durch die Schranken des Gerichtes begränzte Wissenschaft von bestimmten Gegenständen; so will ich allerdings gestehen, daß unsere Redeweise sich häufiger mit diesen beschäftige, aber doch befindet sich selbst in diesen Gegenständen sehr Vieles, was die sogenannten Redekünstler weder lehren noch kennen.

53. Denn wer weiß nicht, daß die größte Stärke des Redners sich darin zeigt, daß er die Gemüther der Menschen zum Zorne oder zum Hasse oder zum Schmerze anreizt und von diesen Leidenschaften wieder zur Sanftmuth und zum Mitleide zurückführt? Wer die Gemüthsarten der Menschen und das ganze Wesen der menschlichen Natur und die Ursachen, durch die die Gemüther entweder angereizt oder beschwichtigt werden, nicht von Grund aus erkannt hat, wird durch seine Rede das nicht erreichen können, was er will.

54. Und dieser ganze Gegenstand wird als ein Eigentum der Philosophen betrachtet, und der Redner wird, wenn er meinem Rathe folgen will, dieß nie bestreiten. Aber wenn er diesen die Kenntniß der Sachen einräumt, weil sie hieraus allein das Ziel ihrer Bestrebungen gerichtet haben; so wird er die Behandlung des Vortrages, der ohne jene Kenntniß ganz bedeutungslos ist, für sich in Anspruch nehmen. Denn das ist, wie ich schon oft bemerkte, das Eigentum des Redners: der würdevolle, geschmückte und den Empfindungen und Gedanken der Menschen angemessene Vortrag.

55. Daß über diese Gegenstände Aristoteles und Theophrastus geschrieben haben, gestehe ich zu. Aber sieh zu, Scävola, ob nicht dieses ganz meinem Gebiete angehört. Denn ich entlehne nicht von jenen, was der Redner mit jenen gemein hat; diese aber räumen ein, daß das, was sie über diese Gegenstände abhandeln, den Rednern angehöre. Daher benennen sie ihre übrigen Bücher mit dem Namen ihrer Wissenschaft, diese hingegen überschreiben und benennen sie rednerische.

56. Allerdings wenn in der Rede, wie es sehr oft der Fall ist, Veranlassungen eintreten jene Gemeinsätze über die unsterblichen Götter, über Frömmigkeit, über Eintracht, über Freundschaft, über das gemeinsame Recht der Bürger, der Menschen und Völker, über Billigkeit, über Besonnenheit, über Seelengröße, über jede Art der Tugend zu behandeln: so werden, glaub' ich, alle Gymnasien und alle Schulen der Philosophen laut erklären, dieses Alles sei ihr Eigentum, gar Nichts hiervon gehe den Redner an.

57. Wenn ich nun diesen auch zugeben will, daß sie diese Gegenstände in ihren Winkeln, um sich die Zeit zu vertreiben, erörtern; so werde ich doch das dem Redner zuertheilen und zuerkennen, daß, während jene diese Gegenstände in einer mageren und kraftlosen Sprache abhandeln, dieser die nämlichen mit aller Würde und Anmuth entwickelt. Dieß verhandelte ich damals zu Athen mit den Philosophen selbst. Denn dazu nöthigte mich unser Marcus Marcellus, der jetzt curulischer Aedil ist und unfehlbar, wenn er nicht jetzt die Spiele besorgte, unserer Unterredung

hier beiwohnen würde; auch schon damals hatte er sich als angehender Jüngling diesen gelehrten Beschäftigungen mit bewunderungswürdigem Eifer ergeben.

58. Ferner in Betreff der Gesetzgebung, des Krieges und Friedens, der Bundesgenossen, der Staatsgefälle, der nach Verschiedenheit der Stände und Alter angeordneten Rechte der Bürger mögen die Griechen, wenn sie wollen, behaupten, Lykurgus oder Solon (wiewol diese wenigstens meines Erachtens unter die Zahl der Redner gerechnet werden müssen) hätten von diesen Gegenständen eine bessere Kenntniß gehabt, als Hyperides oder Demosthenes, Männer, die in der Beredsamkeit schon ganz vollkommen und fein ausgebildet sind; oder mögen die Unsrigen die Decemvirn den Verfassern der zwölf Gesetztafeln, welche einsichtsvolle Männer sein mußten, in dieser Beziehung den Vorzug geben vor dem Servius Galba und deinem Schwiegervater Gajus Lälius, die sich bekanntlich durch Rednerruhm auszeichneten.

59. Denn ich will nicht leugnen, daß es gewisse Wissenschaften gibt, die das Eigentum derer sind, die der Erforschung und Behandlung derselben ihren ganzen Eifer zuwenden; aber ich behaupte, der erst ist ein vollendeter und vollkommener Redner, der über alle Gegenstände mit Fülle und Mannigfaltigkeit zu reden versteht.

Allerdings liegt oft in den Sachen, die nach dem Geständnisse Aller den Rednern eigentümlich angehören, Etwas, was nicht aus der gerichtlichen Erfahrung, die ihr den Rednern allein einräumt, sondern aus einer tieferen Wissenschaft geschöpft und entlehnt werden muß.

60. Denn ich frage, ob man wol entweder gegen einen Feldherrn oder für einen Feldherrn reden könne ohne Erfahrung im Kriegswesen, oft auch ohne Kenntniß der Gegenden zu Wasser und zu Land, ob vor dem Volke über Genehmigung oder Verwerfung von Gesetzvorschlägen ohne die tiefste Einsicht und Kenntniß der bürgerlichen Angelegenheiten, ob die Rede zur Entflammung oder auch Dämpfung der Empfindungen und Bewegungen des Gemüthes – und das ist ja das eigentliche Gebiet des Redners – zur Anwendung gebracht werden könne ohne die sorgfältigste

Erforschung aller Lehrsätze, welche die Philosophen über die Gemüthsarten und Sitten des Menschengeschlecht entwickeln.

61. Und vielleicht dürfte ich euch hiervon nicht ganz überzeugen, doch ich will keinen Anstand nehmen meine Ansicht mitzutheilen. Die Physik und Mathematik selbst, sowie das, was du kurz zuvor als das Eigentum anderer Wissenschaften aufstelltest, gehört der Kenntniß derer an, die sie zu ihrem Berufsgeschäfte machen; will aber Jemand eben diese Wissenschaften durch den Vortrag beleuchten, so muß er zu der Geschicklichkeit des Redners seine Zuflucht nehmen.

62. Denn wenn bekanntlich jener Baumeister Philo, der den Athenern ein Zeughaus baute, dem Volke auf sehr beredte Weise von seinem Werke Rechenschaft ablegte; so darf man nicht glauben, er sei durch die Kunst des Baumeisters vielmehr, als durch die des Redners beredt gewesen. Und wenn unser Marcus Antonius für den Hermodorus über den Bau von Schiffswerften hätte reden müssen, so würde er, sobald er von diesem über die Sache belehrt worden wäre, einen geschmückten und reichhaltigen Vortrag über eine fremde Kunst gehalten haben. Und ferner wenn Asklepiades, der mein Arzt und Freund war, alle anderen Aerzte an Beredsamkeit übertraf; so machte er gerade darin, daß er so geschmackvoll redete, nicht von seiner Arzeneikunde Gebrauch, wohl aber von der Beredsamkeit.

63. Und das hat einen ziemlichen Schein von Wahrheit, ist jedoch nicht wahr, was Sokrates zu sagen pflegte, Alle seien in dem, was sie wissen, hinlänglich beredt; wahrer ist das: Niemand kann in dem beredt sein, was er nicht weiß; aber wenn er es auch noch so gut weiß und nicht versteht die Rede zu bilden und zu glätten, so kann er selbst das, wovon er Kenntniß hat, nicht beredt vortragen.

64. Will man also den Begriff des Redners im Allgemeinen und Besonderen bestimmen und zusammenfassen, so wird meines Erachtens der Redner eines so ehrenvollen Namens würdig sein, der über jeden vorfallenden Gegenstand, der durch die Rede entwickelt werden soll, mit Sachkenntniß, in guter Ordnung, mit Geschmack und aus dem

Gedächtnisse, zugleich auch mit einer gewissen Würde des äußeren Vortrages reden kann.

65. Sollte aber Manchem der von mir gebrauchte Ausdruck „über jeden vorfallenden Gegenstand“ allzu unbestimmt erscheinen, so mag er hiervon abschneiden und wegnehmen, so viel ihm gut dünkt; doch das werde ich festhalten: mag der Redner auch den Stoff der anderen Künste und Wissenschaften nicht kennen und nur das verstehen, was zu den Rechtserörterungen und zur gerichtlichen Uebung erforderlich ist; so wird er doch, wenn er über jene Gegenstände reden soll, sobald er sich bei denen Raths erholt hat, die das, was jeder Sache eigentümlich angehört, kennen, als Redner weit besser darüber reden, als selbst jene, die diese Gegenstände berufsmäßig treiben.

66. Wenn zum Beispiel unser Sulpicius hier über das Kriegswesen reden soll, so wird er bei unserem Verwandten Gajus Marius Erkundigungen einziehen und, wenn er sie erhalten hat, einen solchen Vortrag halten, daß selbst Gajus Marius glauben dürfte, dieser habe davon fast eine bessere Kenntniß als er selbst. Soll er aber über das bürgerliche Recht reden, so würde er sich mit dir besprechen und dich, den einsichtsvollsten und erfahrensten Mann, in eben den Dingen, die er von dir erlernt hat, an Redekunst übertreffen.

67. Und kommt ein Fall vor, wo er über die Natur, über die Laster der Menschen, über die Begierden, über Mäßigung und Enthaltsamkeit, über Schmerz und Tod sprechen soll; so dürfte er sich vielleicht, wenn es ihm gut dünkte (wiewol dieses wenigstens der Redner kennen muß), mit dem Sextus Pompejus besprechen, einem in der Philosophie unterrichteten Manne, und in der That es wird ihm gelingen über jeden Gegenstand, den er von irgend Jemandem erlernt hat, weit geschmückter zu reden, als selbst jener, der ihn belehrt hat.

68. Aber wenn ihm mein Rath etwas gilt, so wollen wir, weil die Philosophie in drei Theile zerfällt, in die dunkele Naturwissenschaft, die scharfsinnige Dialektik und die Lehre von dem Leben und den Sitten, die beiden ersten aufgeben und unserer Trägheit zu gute halten; wollen wir

aber den dritten, der immer den Rednern angehört hat, nicht behaupten, so werden wir dem Redner Nichts zurücklassen, worin er sich groß zeigen könnte.

69. Darum muß dieser ganze Theil, der von dem Leben und den Sitten handelt, von dem Redner gründlich erlernt werden; das Uebrige wird er, wenn er es auch nicht erlernt hat, doch, sobald es einmal nöthig ist, durch die Rede auszuschmücken verstehen, wenn ihm nur zuvor der Stoff dazu überliefert und eingehändigt ist.

Denn wenn, wie es unter den Gelehrten bekannt ist, ein in der Sternkunde unerfahrener Mann, Aratus, den Himmel und die Gestirne in den schönsten und herrlichsten Versen besungen; wenn ein Mann, der sehr fern vom Lande lebte, Nikander aus Kolophon, über die Landwirtschaft vermöge dichterischer Befähigung, nicht aber wegen seiner Kenntniß im Landbaue, vortrefflich geschrieben hat: warum sollte nicht der Redner über solche Gegenstände sehr beredt reden, die er für eine gewisse Sache und Zeit erlernt hat?

70. Dem Redner ist ja der Dichter nahe verwandt, durch das Versmaß ein Wenig mehr gebunden, in dem Gebrauche der Worte hingegen freier, in vielen Arten des Schmuckes aber Teilnehmer und fast gleich, darin wenigstens ohne Zweifel ihm beinahe gleich, daß er sein Gebiet durch keine Schranken so umgrenzt und einschließt, daß es ihm nicht frei stehen sollte sich mit der nämlichen Gewandtheit und Fülle des Ausdruckes zu ergehen, wo er Lust hat.

71. Ich muß nämlich hier auf deine frühere Aeußerung. Scävola, zurückkommen. Warum sagtest du, du würdest, wenn du dich nicht auf meinem Gebiete befändest, meine Behauptung nicht ertragen haben, daß der Redner in jeder Art des Vortrages, in jedem Zweige menschlicher Bildung vollkommen sein müsse? Niemals fürwahr würde ich eine solche Behauptung ausgesprochen haben, wenn ich mich selbst für das Vorbild, das ich aufstellte, hielte.

72. Aber was Gajus Lucilius oft zu sagen pflege, der dir ein Wenig grollte und gerade deßhalb mir weniger, als er es wünschte, befreundet war, aber

doch ein gelehrter und sehr sein gebildeter Mann war, dasselbe ist auch mein Urtheil, daß nämlich Niemand unter die Zahl der Redner gerechnet werden dürfe, der nicht in allen, eines freien Mannes würdigen, Wissenschaften ausgebildet sei. Denn wenn wir von ihnen selbst auch beim Reden keinen Gebrauch machen, so ist es doch sichtbar und stellt sich heraus, ob wir derselben unkundig sind oder sie gelernt haben.

73. Sowie zum Beispiel die Ballspieler beim Spiele selbst die der Ringschule eigentümliche Kunst nicht anwenden, aber schon ihre Bewegung anzeigt, ob sie die Ringkunst erlernt haben oder nicht kennen, und sowie die Bildhauer, wenn sie auch für den Augenblick von der Malerei gar keinen Gebrauch machen, doch nicht undeutlich zu erkennen geben, ob sie zu malen verstehen oder nicht: so offenbart es sich bei unseren Reden vor Gericht, in den Volksversammlungen und im Senate, auch wenn in ihnen andre Wissenschaften nicht ausdrücklich zur Anwendung kommen, doch leicht, ob der Redner sich nur in den gewöhnlichen Redeübungen herumgetummelt hat, oder ob er mit allen edelen Wissenschaften ausgerüstet als Redner auftritt.

74. Hierauf erwiderte Scävola lachend: Ich will nicht weiter mit dir streiten, Crassus. Deine Gegenrede selbst hast du ja mit einem gewissen Kunstgriffe zu Stande gebracht, indem du einerseits mir in dem, was ich dem Redner abgesprochen wissen wollte, beipflichtetest, andererseits eben dieses, Gott weiß wie, wieder umdrehtest und dem Redner als Eigentum zuertheiltest.

75. Als ich als Prätor nach Rhodus kam und jenem ausgezeichneten Lehrer euerer Wissenschaft, Apollonius, das, was ich von Panätius vernommen hatte, mittheilte; so verspottete er nach seiner Gewohnheit die Philosophie und setzte sie herab und sagte Vieles weniger mit würdevollem Ernste als auf witzige Weise. Dein Vortrag hingegen hatte nicht die Absicht irgend eine Kunst oder Wissenschaft herabzusetzen, sondern alle als Begleiterinnen und Gehülfinnen des Redners darzustellen.

76. Sollte nun ja ein einziger Mensch sie alle umfaßt und zugleich hiermit jene Geschicklichkeit einer wohl geschmückten Rede verbunden haben, so muß ich ihn für einen hervorragenden und bewunderungswürdigen Mann erklären; aber ein solcher würde, wenn es einen gäbe oder auch je gegeben hätte oder auch nur geben könnte, fürwahr kein Anderer sein als du. Du hast ja nach meinem und Aller Urtheile allen anderen Rednern – unsere jungen Freunde mögen mir dieses Geständniß nicht übel nehmen – kaum irgend einen Ruhm übrig gelassen.

77. Doch wenn es dir an keiner Kenntniß der gerichtlichen und bürgerlichen Angelegenheiten gebricht, und du doch die Wissenschaft nicht umfaßt hast, die du dem Redner beigesellst; so laß uns sehen, ob du ihm nicht mehr zutheilest, als es die Sache und Wirklichkeit zuläßt.

78. Da sagte Crassus: Bedenke doch, daß ich nicht über meine, sondern des Redners Geschicklichkeit gesprochen habe. Denn was habe ich gelernt, oder was konnte ich wissen, der ich eher zum Handeln als zum Lernen kam, den auf dem Forum, in der Bewerbung um obrigkeitliche Aemter, in Staatsgeschäften, in Rechtshändeln meiner Freunde die Sache selbst eher aufgerieben hat, als ich eine Ahnung von der Wichtigkeit dieser Sachen haben konnte?

79. Wenn ich dir nun auch so schon Großes zu leisten scheine, dem es, wenn auch nicht gerade an Anlagen, wie du meinst, doch sicherlich an Gelehrsamkeit und an Muße und wahrlich auch an jener feurigen Lernbegierde gemangelt hat: was meinst du, wenn zu Jemandes besseren Anlagen auch noch die Wissenschaften, die ich nicht berührt habe, hinzukämen, wie herrlich und wie groß würde ein solcher Redner sein?

80. Hierauf sagte Antonius: Du überzeugst mich, Crassus, von der Wahrheit deiner Behauptungen, und ich zweifle nicht, daß derjenige im Reden weit reicher ausgestattet sein wird, der die Beschaffenheit und das Wesen aller Dinge und Wissenschaften umfaßt.

81. Aber erstens ist dieses schwer auszuführen. zumal bei unserer Lebensweise und unseren Beschäftigungen; und dann muß man besorgen, daß wir dadurch von unserer Redeübung und Redeweise, wie

sie sich für das Volk und die Gerichte eignet, abgezogen werden. Denn einen anderen Vortrag scheinen mir die Männer zu haben, deren du kurz zuvor gedacht hast, so geschmackvoll und so gewichtig sie auch über das Wesen der Dinge und über menschliche Angelegenheiten reden mögen. Ihre Redeweise ist glänzend und blühend, aber sie paßt mehr für die Schule und die Schulübungen als für unseren gemischten Bürgerschwarm und die Gerichte.

82. Ich meinerseits habe mich freilich erst spät und nur oberflächlich mit der Griechischen Litteratur befaßt; aber da ich als Proconsul auf meiner Reise nach Cilicien nach Athen kam und daselbst wegen widriger Winde mehrere Tage verweilte, so hatte ich doch täglich die gelehrtesten Männer um mich, meistens dieselben, die du eben nanntest. Und da es, ich weiß nicht wie, unter ihnen ruchbar geworden war, daß ich wichtigere Rechtsverhandlungen, sowie du, zu führen pflegte; so versuchte jeder von ihnen, so gut er konnte, sich über die Pflicht und die Wissenschaft des Redners auszusprechen.

83. Einige von ihnen, sowie eben jener Mnesarchus, sagte, diejenigen, die wir Redner nennten, seien nichts Anderes als Handlanger mit geläufiger und geübter Zunge; ein wahrer Redner sei Niemand, wenn er nicht ein Weiser sei, und die Beredsamkeit selbst sei, weil sie in der Wissenschaft des guten Vortrages bestehe, eine Tugend, und wer Eine Tugend besitze, besitze alle, und diese seien unter einander völlig gleich; folglich wer beredt sei, der besitze alle Tugenden und sei ein Weiser. Doch diese Erörterung war spitzfindig und saftlos und widersprach zu sehr unserer Auffassungsweise.

84. Charmadas aber sprach weit reichhaltiger über dieselben Gegenstände, jedoch nicht, um seine eigene Ansicht auszusprechen; das ist ja die hergebrachte Weise der Akademie, in ihren Untersuchungen Allen nur immer das Widerspiel zu halten; aber doch deutete er ganz deutlich an, diejenigen, die man Redekünstler nenne und die die Regeln der Beredsamkeit lehrten, wüßten gar Nichts, und Niemand könne sich

Geschicklichkeit im Reden aneignen, wenn er nicht die Erfindungen der Philosophen gelernt habe.

85. Dagegen sprechen beredte und in Staatsgeschäften und Rechtshandlungen bewanderte Männer, unter denen sich auch der befand, der neulich zu Rom war, Menedemus, mein Gastfreund. Da dieser behauptete, es gebe eine Wissenschaft, die sich mit Erforschung von Kunstregeln über die Einrichtung und Verwaltung der Staaten beschäftige; da erhob sich der immer schlagfertige Mann, der eine reiche Gelehrsamkeit und eine unglaubliche Mannigfaltigkeit und Fülle von Kenntnissen besaß, und zeigte, daß alle Theile eben dieser Staatswissenschaft von der Philosophie entlehnt werden müßten, und daß über Verordnungen des Staates in Betreff der unsterblichen Götter, der Jugenderziehung, der Gerechtigkeit, der Geduld, der Besonnenheit, des Maßes in Allem und über alle anderen Dinge, ohne welche die Staaten entweder gar nicht bestehen oder nicht wohl gesittet sein könnten, sich nirgends in ihren Büchern eine Vorschrift finden lasse.

86. Wenn nun diese Redekünstler eine so große Menge der wichtigsten Gegenstände in ihrer Wissenschaft umfassen, so fragte er, warum ihre Bücher von Regeln über Eingänge, über Schlußreden und dergleichen Possen (so nannte er es) vollgefüllt seien, über Einrichtung der Staaten hingegen, über Abfassung von Gesetzen, über Billigkeit, Gerechtigkeit und Treue, über Bezähmung der Begierden, über Bildung der Sitten des Menschengeschlechtes sich kein Buchstabe in ihren Büchern finde.

87. Ihre Regeln selbst pflegte er dadurch zu verspotten, daß er zeigte, daß sie nicht nur in jener Staatsklugheit, die sie sich anmaßten, unerfahren seien, sondern auch von der Beredsamkeit selbst keine schulgerechte Kenntniß hätten. Die Hauptsache für den Redner nämlich, meinte er, bestehe darin, daß er denjenigen, vor denen er auftrete, so erscheine, wie er es selbst wünsche; dieß werde durch die Würde des Lebens bewirkt, von der jene Lehrer der Beredsamkeit in ihren Vorschriften Nichts hinterlassen hätten; und daß seine Zuhörer in ihrem Inneren so gestimmt würden, wie sie der Redner gestimmt wissen wolle; auch dieß sei auf keine

Weise möglich, wenn nicht der Redner gelernt habe, auf welche und auf wie vielerlei Weise und durch welche Art des Vortrages die Gemüther der Menschen nach allen Richtungen gelenkt würden; das seien aber Geheimnisse, die ganz in der Tiefe der Philosophie versteckt und verborgen lägen, wovon jene Redekünstler sich nicht einmal eine oberflächliche Kenntniß angeeignet hätten.

88. Diese Behauptungen suchte Menedemus mehr durch Beispiele als durch Beweise zu widerlegen. Er trug nämlich aus dem Gedächtnisse viele herrliche Stellen aus den Reden des Demosthenes vor und zeigte so, daß dieser dadurch, daß er verstand die Gemüther der Richter oder des Volkes nach allen Richtungen zu lenken, kund gegeben habe, wie gut er die Mittel gekannt habe, durch die er das erreichen könnte, was nach jenes Behauptung Niemand ohne Philosophie wissen könne.

89. Diesem antwortete jener, er leugne nicht, daß Demosthenes die ausgezeichnetste Staatsklugheit und Rednergeschicklichkeit besessen habe; aber sei es, daß er dieß durch seine geistige Begabung vermocht habe, oder daß er, wie bekannt, ein fleißiger Zuhörer des Plato gewesen sei, es frage sich nicht, was jener vermocht habe, sondern was diese lehrten.

90. Oft ließ er sich auch in seinem Vortrage zu der Behauptung hinreißen, es gebe überhaupt keine Kunst der Rede. Zuerst suchte er dieß durch Beweise zu zeigen: wir seien nämlich von Natur so geschaffen, daß wir uns durch einnehmende Worte und flehentliche Bitten bei denen einschmeicheln könnten, die wir um Etwas bitten müßten, unsere Gegner durch Drohungen schrecken, eine vorgefallene Begebenheit auseinandersetzen, das, was wir beabsichtigten, durch Gründe beweisen und die dagegen gemachten Einwendungen widerlegen, zuletzt Etwas durch Bitten abwenden und beklagen; und in diesen Dingen bestehe die ganze Geschicklichkeit der Redner; zweitens: die Gewohnheit und Uebung schärfe das Vermögen der Einsicht und rege die Geläufigkeit des Ausdruckes an. Darauf aber stützte er sich auch auf eine Menge von Beispielen.

91. Zuerst nämlich, sagte er, sei gleichsam absichtlich kein Schriftsteller der Kunst auch nur in mäßigem Grade beredt gewesen, wobei er von Korax, mir unbekannten Leuten, ausholte, die bekanntlich die Erfinder und Gründer dieser Wissenschaft gewesen seien; von den beredtesten Männern aber, die diese Dinge weder gelernt noch überhaupt zu wissen sich die Mühe genommen hätten, nannte er unzählige; unter ihnen (sei es nun, um meiner zu spotten, oder daß er so glaubte und so gehört hatte) führte er auch mich an, der ich jene Dinge nicht gelernt habe und doch, wie er sagte, Einiges im Reden leistete. In dem Einen stimmte ich ihm gern bei, daß ich nichts gelernt hätte; in dem Anderen aber, meinte ich, wolle er mich verspotten oder befinde sich selbst im Irrtume.

92. Eine Wissenschaft aber, behauptete er, sei nur das, was auf erkannten und gründlich erforschten, nach einem Endpunkte hinzielenden und niemals trügenden Lehrsätzen beruhe. Alles das aber, was von den Rednern behandelt werde, sei zweifelhaft und unsicher, weil es von denen gesagt werde, die dieses Alles nicht deutlich wüßten, und von denen angehört, denen nicht wissenschaftlich begründete Ansichten, sondern auf kurze Zeit falsche oder wenigstens dunkele Meinungen vorgetragen werden müßten.

93. Wozu viele Worte? Er schien mich damals zu überzeugen, daß es keine Kunst der Beredsamkeit gebe, und daß Niemand mit Einsicht und Fülle reden könne, wenn er sich nicht mit den Vorträgen der gelehrtesten Philosophen bekannt gemacht habe. Hierbei pflegte Charmadas mit großer Bewunderung deine Anlagen, Crassus, zu loben und zu sagen, an mir habe er einen sehr gefälligen Zuhörer, an dir einen sehr kampflustigen Gegner gefunden.

94. Und so habe ich, durch dieselbe Meinung verleitet, in einer kleinen Schrift, die mir wider Willen und Wissen entschlüpft und in die Hände der Menschen gekommen ist, die Aeußerung niedergeschrieben, der beredten Männer hätte ich einige gekannt, einen Redner aber noch nicht. Unter einem beredten verstand ich nämlich denjenigen, welcher mit hinlänglichem Scharfsinne und Deutlichkeit vor gewöhnlichen Leuten

dem gemeinen Menschenverstand gemäß reden könne; unter einem Redner aber denjenigen, welcher auf eine bewunderungswürdigere und prächtigere Weise Alles, was er wolle, erheben und ausschmücken könne und alle Hülfsquellen für alle Gegenstände, die sich auf die Rede beziehen, mit seinem Geiste und Gedächtnisse umfasse. Wenn dieß auch für uns schwierig ist, weil wir, bevor wir zum Lernen schreiten, von Amtsbewerbungen und Gerichtshändeln erdrückt werden; so dürfte es doch in dem Wesen der Sache begründet sein.

95. Fürwahr wenn ich meinem Vorgefühle trauen darf und die trefflichen Anlagen betrachte, mit denen unsere Landsleute ausgerüstet sind; so gebe ich die Hoffnung nicht auf, daß einst Einer sein wird, der, wenn er sich mit eifrigerem Fleiße, als wir haben und hatten, mit erhöhter Anstrengung und Thätigkeit bei größerer Muße und reiferer Fähigkeit zum Lernen auf das Hören, Lesen und Schreiben legen wird, sich zu einem solchen Redner, wie wir ihn suchen, ausbilden wird, der mit Recht nicht allein beredt, sondern auch ein Redner genannt werden kann. Doch nach meinem Urtheile ist ein solcher entweder schon unser Crassus hier, oder sollte ein Anderer ihm an Anlagen gleich kommen und mehr, als er, gehört, gelesen und geschrieben haben, so wird er ihm nur ein Weniges hinzufügen können.

96. Hier ergriff Sulpicius das Wort: Gegen meine und des Cotta Hoffnung, aber nach unser beider sehnlichstem Wunsche hat es sich gefügt, Crassus, daß ihr auf diese Unterredung verfielt. Denn als wir hierher kamen, erschien es uns schon erfreulich genug, wenn wir bei euerem Gespräche über andere Gegenstände doch etwas der Erinnerung Würdiges aus euerer Unterredung erhaschen könnten; daß ihr euch aber fast bis zum Kerne der Untersuchung über diese ganze Wissenschaft (oder soll ich sagen: Kunst oder Fertigkeit?) vertiefen würdet, das glaubten wir kaum wünschen zu dürfen.

97. Denn ich, der ich von Jugend an euch beiden von ganzem Herzen zugethan war, ja zum Crassus die innigste Liebe hegte, konnte, obwol ich nirgends von seiner Seite wich, ihm doch nie ein Wort über den

kunstmäßigen Lehrgang der Beredsamkeit entlocken. so oft ich auch theils selbst ihm meinen Wunsch mitgetheilt, theils ihn durch den Drusus angegangen hatte. In dieser Hinsicht hast du, Antonius, ich will die Wahrheit sagen, nie meine Erkundigungen oder Fragen unbefriedigt gelassen, und sehr oft belehrtest du mich über die Beobachtungen, die du beim Reden zu machen pflegtest.

98. Jetzt nun, da ihr beiden den Zugang gerade zu den Gegenständen, die wir zu wissen wünschen, eröffnet habt, und Crassus zu dieser Unterredung Veranlassung gegeben hat, erweist uns die Gefälligkeit euere Ansichten über die gesammte Beredsamkeit gründlich auseinanderzusetzen. Sind wir so glücklich dieses von euch zu erlangen, so werde ich, Crassus, dieser Schule und deinem Tusculanum von Herzen Dank wissen und dein Gymnasium hier in der Nähe der Stadt jener Akademie und jenem Lyceum bei Weitem vorziehen.

99. Hierauf erwiderte jener: Nein, Sulpicius, wir wollen lieber den Antonius darum bitten, der deinen Wunsch erfüllen kann und auch gewohnt ist dieses zu thun, wie ich dich sagen höre. Denn von mir muß ich gestehen, daß ich zu jeder Zeit diese ganze Art der Unterhaltung vermieden und dir deine Wünsche und Bitten sehr oft abgeschlagen habe, wie du kurz zuvor sagtest. Doch dieß that ich nicht aus Uebermuth oder Unfreundlichkeit, auch nicht aus Mangel an gutem Willen deiner lobenswerten und edelen Wißbegierde zu willfahren, zumal da ich dich vor Allen gerade zur Beredsamkeit geboren und geschickt erkannt hatte, sondern in der That nur aus Ungewohntheit mit einem solchen wissenschaftlichen Vortrage und aus Unkunde der Gegenstände, die kunstmäßig gelehrt werden.

100. Hierauf Cotta: Nachdem wir nun einmal das, was uns als das Schwerste erschien, erreicht haben, daß du dich nämlich, Crassus, überhaupt in ein Gespräch über diese Gegenstände einließest; so würde es, was nun das Weitere betrifft, unsere Schuld sein, wenn wir dich eher entließen, als bis du alle unsere Fragen beantwortet hättest.

101. Ueber diese Gegenstände, mein' ich, sagte Crassus, kann doch nur die bei dem Antritte von Erbschaften gewöhnliche Formel gelten: „worin ich es wissen und können werde hierauf jener: Ja freilich, denn wer von uns sollte so unverschämt sein, daß er das zu wissen und zu können verlangen sollte, was du nicht kannst und weißt. Nun gut, sagte Crassus, unter der Bedingung, daß es mir freisteht zu erklären, ich könne etwas nicht, was ich nicht kann, und zu gestehen, ich wisse Etwas nicht, was ich nicht weiß, möget ihr mich nach euerem Gutdünken ausfragen.

102. Nun gut, sagte Sulpicius, so fragen wir denn zuerst nach deiner Ansicht in Betreff des Gegenstandes, über den sich eben Antonius ausgesprochen hat, ob du nämlich der Meinung seiest, daß es eine Wissenschaft der Beredsamkeit gebe. Wie? erwiderte Crassus, ihr wollt mir jetzt, wie einem müssigen und geschwätzigen, vielleicht auch gelehrten und unterrichteten Griechen eine so nichtige Frage vorlegen, über die ich nach meinem Ermessen reden soll? Wann, glaubt ihr, habe ich mich um dergleichen Dinge bekümmert und darüber nachgedacht? Wißt ihr denn nicht, daß ich vielmehr zu jeder Zeit die Unverschämtheit der Menschen verspottet habe, welche, wenn sie sich in ihrem Hörsaale bei einer zahlreichen Versammlung von Zuhörern niedergelassen haben, die Anwesenden auffordern ihnen irgend eine Frage zur Beantwortung vorzulegen?

103. Dieß soll zuerst Gorgias aus Leontini gethan haben, der etwas sehr Großes zu übernehmen und zu verheißen schien, da er sich auf Alles, worüber Jemand zu hören wünschte, gefaßt erklärte. In der Folge aber ward dieß allgemeine Sitte und ist es noch heutzutage, so daß es keinen so großen, so unerwarteten, so neuen Gegenstand gibt, über den sie nicht Alles, was darüber gesagt werden könne, zu sagen sich anheischig machen. 104. Hätte ich nun geglaubt, du, Cotta, oder du, Sulpicius, hättest über dergleichen Dinge hören wollen; so hätte ich einen Griechen hierher gebracht, der euch mit derartigen Vorträgen unterhalten konnte, und dies ist auch jetzt nicht schwer auszuführen. Es lebt nämlich bei dem jungen Marcus Piso, der sich bereits dieser Wissenschaft widmet, einem Manne von ausgezeichneter Begabung und der mir sehr ergeben ist, der

Peripatetiker Staseas, der mir sehr befreundet ist und sich nach dem einstimmigen Urtheile der Sachkundigen in seinem Fache unter Allen am Meisten auszeichnet.

105. Was nennst du uns da für einen Staseas, versetzte Mucius, was für einen Peripatetiker? Du mußt dich, mein Crassus, diesen jungen Männern willfährig zeigen, welche sich nicht nach eines Griechen alltäglicher Geschwätzigkeit ohne Erfahrung und einem alten Schulliede sehnen, sondern eines Mannes Ansicht zu erforschen suchen, der unter Allen der weiseste und beredteste ist, der nicht in dürftigen Schriften, sondern in den wichtigsten Rechtsverhandlungen und in diesem Sitze der Weltherrschaft und des Ruhmes durch seine Einsicht und Beredsamkeit die erste Stelle einnimmt, in dessen Fußstapfen sie zu treten wünschen.

106. Ich habe dich zwar immer für einen unvergleichlichen Redner gehalten, aber nie habe ich deiner Beredsamkeit ein größeres Lob ertheilt, als deiner Menschenfreundlichkeit, und diese mußt du gerade jetzt an den Tag legen und nicht die Erörterung ablehnen, welche die beiden jungen Männer von so ausgezeichneten Geistesgaben von dir übernommen zu sehen wünschen.

107. Gut, erwiderte er, ich bin ja eifrig bemüht ihnen Folge zu leisten, und ich werde nicht Anstand nehmen in der Kürze nach meiner Weise über jeden einzelnen Punkt meine Ansicht vorzutragen. Was nun die erste Frage anlangt, (deinen Rath nämlich, Scävola, unbeachtet zu lassen halte ich für unzulässig;) so ist meine Antwort diese: Ich glaube, es gibt entweder gar keine oder nur eine sehr unvollkommene Wissenschaft der Beredsamkeit, und der ganze Streit hierüber unter den Gelehrten beruht auf einem Wortgezänke.

108. Denn wenn der Begriff der Wissenschaft so bestimmt wird, wie ihn kurz zuvor Antonius auseinandergesetzt hat, daß sie aus gründlich erforschten und deutlich erkannten Sätzen bestehe, welche von der Willkür der Meinungen entfernt und mit gründlichem Wissen erfaßt sind: so bin ich der Ansicht: es gibt für den Redner schlechterdings keine Wissenschaft, Denn alle Arten unserer gerichtlichen Vorträge sind

schwankend und der gewöhnlichen Fassungskraft der Menge anbequemt.

109. Wenn aber die Beobachtungen, die man in der Erfahrung und Behandlung der Rede macht, von einsichtsvollen und erfahrenen Männern bemerkt und aufgezeichnet, durch Worte bestimmt, nach den Gattungen erläutert und in gewisse Abtheilungen gebracht worden sind – und dieß, begreife ich, konnte geschehen –: so sehe ich nicht ein, warum man dieses nicht, wenn auch nicht nach jener strengen Begriffsbestimmung, doch nach unserer gewöhnlichen Ansicht für Wissenschaft halten dürfe. Aber was es auch sein mag, Wissenschaft oder etwas der Wissenschaft Aehnliches, sicherlich darf man es nicht vernachlässigen; nur muß man einsehen, daß es noch andere Dinge gibt, welche zur Erreichung der Beredsamkeit von größerer Wichtigkeit sind.

110. Hierauf sagte Antonius, er stimme dem Crassus vollkommen bei, daß er weder der Wissenschaft einen so hohen Werth beilege, wie die zu thun pflegten, welche die ganze Bedeutung der Beredsamkeit auf die Wissenschaft gründeten, noch auch hinwiederum sie gänzlich verwerfe, wie die meisten Philosophen thäten. Aber, fuhr er fort, ich glaube, Crassus, du würdest den Anwesenden einen Gefallen erweisen, wenn du auseinandersetzen wolltest, welche Hülfsmittel der Beredsamkeit du für noch nützlicher hältst, als die Wissenschaft selbst. 111. Gut, sagte er, ich will es thun, weil ich nun einmal den Anfang gemacht habe; nur muß ich euch bitten diese meine Thorheiten nicht auszuplaudern. Doch werde ich mir selbst ein Maß setzen, damit ich nicht wie ein Lehrmeister und Kunstkenner aufzutreten scheine, sondern wie ein schlichter Römer, der sich durch die gerichtliche Uebung einige Bildung angeeignet hat und nicht ganz unwissend ist, und der nicht aus eigenem Antriebe Etwas verheißen hätte, wenn er nicht zufällig in euer Gespräch gerathen wäre. 112. So oft ich mich sonst um ein Staatsamt bewarb, pflegte ich, wenn ich mich durch Händedruck bei den Leuten beliebt machen wollte, den Scävola von mir zu entlassen, indem ich zu ihm sagte: „Ich will jetzt eine Thorheit begehen;“ darunter verstand ich die einschmeichelnde Art der Bewerbung, die ohne Thorheit auf gehörige Weise nicht ausgeführt

werden kann; er aber sei unter Allen der einzige Mensch, in dessen Gegenwart ich mich am Wenigsten thöricht zu benehmen wünschte. Und diesen gerade hat jetzt das Geschick zum Zeugen und Zuschauer meiner Thorheiten gemacht. Denn was ist thörichter, als über das Reden zu reden, da das Reden an und für sich zu jeder Zeit thöricht ist, außer wenn es nothwendig ist? – Nun fahre nur fort, lieber Crassus, sagte Mucius; denn die Schuld, die du befürchtest, will ich auf mich nehmen.

113. Meine Ansicht ist also, sagte Crassus, diese: zuerst hat die natürliche Anlage den größten Einfluß aus die Beredsamkeit, und in der That jenen Schriftstellern fehlte es nicht an einer wissenschaftlichen Lehrweise, wohl aber an Naturanlagen. Denn das Gemüth und der Geist müssen eine schnelle Beweglichkeit besitzen, so daß sie in der Erfindung Scharfsinn und in der Entwickelung und Ausschmückung Reichhaltigkeit zeigen und das dem Gedächtnisse Anvertraute fest und treu behalten.

114. Und sollte Jemand meinen, diese Eigenschaften könnten durch Kunst erlangt werden; (das ist aber falsch; denn man könnte schon ganz zufrieden sein, wenn sie durch die Kunst nur angeregt oder geweckt werden könnten; einpflanzen wenigstens und schenken kann die Kunst sie nicht; es sind ja lauter Naturgaben;) was will er von *den* Eigenschaften sagen, die gewiß mit dem Menschen selbst geboren werden? Ich meine eine wohl gelöste Zunge, eine klangvolle Stimme, eine starke Brust, Leibeskräfte und eine gewisse Bildung und Gestaltung des ganzen Gesichtes und Körpers.

115. Nicht jedoch sage ich dieses so, als ob die Kunst nicht manche Menschen verfeinern könne; denn ich weiß recht wohl, daß das Gute durch Bildung noch besser werden und das minder Gute doch einigermaßen sich zuschleifen und verbessern läßt; aber es gibt Einige, die so sehr mit der Zunge stottern oder eine so klanglose Stimme oder so rohe und bäuerische Gesichtszüge und Körperbewegungen haben, daß sie, so sehr sie sich auch durch geistige Anlagen und wissenschaftliche Bildung auszeichnen mögen, doch nicht zu den Rednern gezählt werden können. Andere hingegen sind in diesen Eigenschaften so gewandt, mit

den Gaben der Natur so ausgerüstet, daß sie zu Rednern nicht geboren, sondern von einem Gotte gebildet zu sein scheinen.

116. Einer großen Last und einer wichtigen Verpflichtung unterzieht sich derjenige, der von sich bekennt, er allein müsse, während alle Anderen schweigen, in einer großen Versammlung von Menschen über die wichtigsten Angelegenheiten gehört werden. Denn unter allen Anwesenden ist nicht leicht Einer, der die Fehler am Redner nicht schärfer und genauer bemerken sollte, als das Richtige. Was es daher auch sein mag, woran man Anstoß nimmt; es verdunkelt auch das, was lobenswürdig ist.

117. Dieß jedoch sage ich nicht in der Absicht, um junge Männer, deren es vielleicht an einer Naturgabe gebricht, gänzlich von der Beschäftigung mit der Beredsamkeit abzuschrecken. Denn wer weiß nicht, daß dem Gajus Cälius, meinem Altersgenossen, einem Emporkömmlinge, selbst die Mittelmäßigkeit im Reden, so weit er sie erreichen konnte, zur Erlangung hoher Ehren förderlich gewesen sei? Wer sieht nicht ein, daß euer Altersgenosse Quintus Varius, ein ungestalter und häßlicher Mensch, selbst durch die geringe Redegewandtheit, die er besitzt, zu großem Einflusse im Staate gelangt ist?

118. Aber weil der Redner der Gegenstand unserer Untersuchung ist, so müssen wir in unserem Vortrage das Musterbild eines ganz fehlerfreien und in jeder Beziehung vollendeten Redners entwerfen. Denn wenn auch die Menge von Streitsachen, die Mannigfaltigkeit der Rechtsverhandlungen, der gemischte und ungebildete Volkshaufe auf unserem Forum selbst den fehlerhaftesten Rednern einen Platz einräumt, so dürfen wir darum doch nicht den eigentlichen Gegenstand unserer Untersuchung aus den Augen lassen. Und so verhält es sich auch mit *den* Künsten, bei denen es nicht auf einen unentbehrlichen Nutzen abgesehen ist, sondern auf eine freie Ergötzung des Gemüthes. Wie sorgfältig und, ich möchte sagen, wie mäkelnd ist hier unser Urtheil. Denn es sind keine Rechtshandlungen und Streitigkeiten, welche die Menschen

zwingen könnten, wie auf dem Forum nicht gute Redner, so auch im Theater schlechte Schauspieler zu dulden.

119. Der Redner muß daher sorgfältig darauf sehen, nicht daß er diejenigen befriedige, die er befriedigen muß, sondern daß er denen bewundernswürdig erscheine, denen ein freies Urtheil zusteht. Und wollt ihr es wissen, so will ich vor vertrauten Freunden mit klaren Werten meine Ansicht aussprechen, die ich bis jetzt immer verschwiegen habe und zu verschweigen für gut hielt. Mir erscheinen selbst diejenigen, welche sehr gut reden und dieses mit großer Leichtigkeit und sehr geschmackvoll leisten können, dennoch beinahe unverschämt, wenn sie nicht mit Schüchternheit auftreten und beim Beginne der Rede Verlegenheit verrathen.

120. Doch kann dieser Fall eigentlich nicht eintreten; Denn je tüchtiger Einer im Reden ist, um so mehr befürchtet er die Schwierigkeit des Redens, den schwankenden Erfolg der Rede und die Erwartung der Menschen. Wer aber Nichts zu Stande bringen und zu Tage fördern kann, was der Sache, was des Rednernamens, was der Aufmerksamkeit der Menschen würdig ist: den halte ich, wenn er sich auch beim Vortrage beunruhigt fühlt, dennoch für unverschämt. Denn nicht dadurch, daß man sich schämt, sondern dadurch, daß man das nicht thut, was nicht geziemend ist, müssen wir dem Vorwurfe der Unverschämtheit entgehen.

121. Wer sich aber nicht schämt, wie ich es bei gar Vielen sehe, den halte ich nicht allein des Tadels, sondern auch der Strafe würdig. Ich wenigstens pflege es an euch zu bemerken und mache auch an mir selbst sehr oft die Erfahrung, daß ich im Anfange der Rede erblasse und in meinem ganzen Innern und an allen Gliedern erzittere. Als ganz junger Mensch aber verlor ich zu Anfang einer Anklage so alle Fassung, daß ich dem Quintus Maximus von Herzen dafür dankbar war, daß er sogleich die Richterversammlung entließ, sobald er mich von Furcht entkräftet und geschwächt sah.

122. Hier drückten Alle ihren Befall aus, indem sie sich zunickten und mit einander redeten. Denn Crassus besaß eine wunderbare Schüchternheit, die jedoch seinem Vortrage nicht nachtheilig, sondern vielmehr dadurch, daß sie seine innere Gediegenheit empfahl, vortheilhaft war.

Hierauf sagte Antonius: Oft habe ich, wie du sagst, die Bemerkung gemacht, Crassus, daß du und andere ausgezeichnete Redner, wiewol dir meines Erachtens nie Einer gleich kam, beim Beginne der Rede euch beunruhigt fühltet.

123. Und wenn ich die Ursache hiervon aufsuchte, wie es zugehe, daß, je mehr Gediegenheit ein Redner besitze, er desto furchtsamer sei; so fand ich folgende zwei Ursachen. Einmal nämlich wissen diejenigen, welche die Erfahrung und der Lauf der Dinge belehrt haben, daß zuweilen den ausgezeichnetsten Rednern der Erfolg der Rede nicht hinlänglich nach Wunsche entspricht; deßhalb fürchten sie nicht mit Unrecht, so oft sie reden, daß, was sich zuweilen ereignen kann, sich gerade jetzt ereignen möchte.

124. Die andere Ursache, über die ich oft zu klagen pflege, ist diese. Wenn in anderen Künsten bewährte und erprobte Männer zuweilen etwas minder gut gemacht haben, als sie sonst pflegen; so nimmt man an, sie hätten ihre Geschicklichkeit entweder nicht zeigen wollen oder wegen Unpäßlichkeit nicht zeigen können. „Roscius.“, sagt man, „hatte heute keine Lust zu spielen;“ oder: „er hat sich den Magen etwas verdorben.“ Bemerkt man aber an dem Redner einen Fehler, so hält man es gleich für einen Fehler der Dummheit.

125. Dummheit findet aber keine Entschuldigung, weil man von Niemandem annehmen kann, er habe sich dumm gezeigt, entweder weil er sich den Magen verdorben, oder weil er es so gewollt habe. Einem um so strengeren Gerichte sind wir daher beim Reden unterworfen. Denn so oft wir reden, so oft wird über uns gerichtet; und während wir von dem, der einmal im Gebärdenspiele gefehlt hat, nicht sofort urtheilen, er verstehe vom Gebärdenspiele Nichts, so steht der Redner, an dem man

etwas Tadelnswerthes fand, entweder für immer oder doch auf lange Zeit in dem Rufe des Stumpfsinnes.

126. Was aber deine Behauptung betrifft, der Redner müsse sehr viele Eigenschaften von Natur besitzen, wenn ihm der Lehrmeister förderlich sein solle: so stimme ich dir gerne bei, und in dieser Hinsicht habe ich jenem ausgezeichneten Lehrer Apollonius aus Alabanda meinen vollen Beifall geschenkt, der, obwol er für Bezahlung Unterricht gab, doch nicht zuließ, daß junge Leute, die sich nach seinem Urtheile nicht zu Rednern ausbilden konnten, sich vergeblich bei ihm abmühten, sondern vielmehr sie entließ und zu dem Fache, für das er gerade jeden geeignet hielt, anzutreiben und zu ermuntern pflegte.

127. Denn bei der Erlernung anderer Fächer genügt es nur einem Menschen ähnlich zu sein und das, was gelehrt oder auch, wenn Einer vielleicht langsameren Geistes ist, eingebläut wird, mit dem Geiste auffassen und mit dem Gedächtnisse aufbewahren zu können. Nicht verlangt man Beweglichkeit der Zunge, nicht Geläufigkeit der Worte, nicht endlich das, was wir uns nicht anbilden können, Gesichtsbildung, Mienen, Stimme.

128. Bei dem Redner hingegen muß man den Scharfsinn der Dialektiker, die Gedanken der Philosophen, die Worte fast der Dichter, das Gedächtnis der Rechtsgelehrten, die Stimme der Tragödienspieler, das Gebärdenspiel beinahe der größten Schauspieler fordern. Aus diesem Grunde läßt sich unter den Menschen Nichts seltener finden, als ein vollendeter Redner. Denn während in anderen Künsten schon einzelne Geschicklichkeiten, die ein Künstler sich in einem einzelnen Fache nur in mäßigem Grade angeeignet hat, Beifall finden; so können sie bei dem Redner nur dann Anspruch auf Beifall machen, wenn sie sich alle in höchster Vollkommenheit in ihm vereinigt finden.

129. Hierauf sagte Crassus: Gleichwol bedenke, um wie viel mehr Sorgfalt man in einer geringfügigen und leichtfertigen Kunst anwendet, als in dieser, die anerkannt die wichtigste ist. Denn oft höre ich den Roscius sagen, er habe noch keinen Schüler finden können, der ihn befriedige,

nicht als wenn nicht einige Beifall verdienten, sondern weil er selbst auch nicht den geringsten Fehler ertragen könne. Denn Nichts fällt so in die Augen und haftet so fest im Gedächtnisse, als das, was uns anstößig gewesen ist.

130. Um also nach dem Vorbilde dieses Schauspielers des Redners Verdienst zu bemessen, seht ihr, wie er sich in Allem als der ächte Meister kund gibt, wie er in Allem die höchste Anmuth zeigt, in Allem den Anstand beobachtet und wie er es versteht Alle zu rühren und zu ergötzen? Und so hat er es schon lange dahin gebracht, daß Jeder, der sich in einer Kunst auszeichnet, ein Roscius in seiner Art genannt wird. Wenn ich nun diese höchste Vollendung von dem Redner verlange, von der ich selbst weit entfernt bin; so handle ich unverschämt; für mich nämlich wünsche ich Nachsicht, ich selbst aber habe mit anderen keine Nachsicht; denn wer Nichts vermag, wer Fehler macht, wer endlich keinen Anstand hat, den glaub' ich, muß man, wie Apollonius verlangte, zu dem Fache verweisen, das er zu treiben fähig ist.

131. Nun, sagte Sulpicius, so gibst du wol mir oder dem Cotta hier den Rath das bürgerliche Recht oder den Kriegsdienst zu erlernen? Denn wer möchte im Stande sein jene Höhe allseitiger Vollendung zu erreichen? Hierauf erwiderte jener: Ja wahrlich gerade deshalb habe ich dieses Alles auseinandergesetzt, weil ich in euch eine ausgezeichnete und herrliche Anlage zur Beredsamkeit erkannte, und ich hatte in meinem Vortrage die Absicht nicht sowol diejenigen abzuschrecken, welche keine natürlichen Anlagen besitzen, als vielmehr euch, die ihr sie besitzt, anzuspornen, und wiewol ich in jedem von euch die schönsten Geistesgaben und den größten Eifer finde, so sind doch die Vorzüge, welche in dem Aeußeren liegen, worüber ich vielleicht mehr gesagt habe, als die Griechen zu sagen pflegen, in dir, Sulpicius, ganz unvergleichlich.

132. Denn ich glaube keinen Redner gehört zu haben, der hinsichtlich der Bewegung und selbst der ganzen Haltung und Bildung des Körpers besser ausgestattet gewesen wäre und der eine vollere und lieblichere Stimme gehabt hätte. Diejenigen aber, denen diese Gaben in geringerem Maße

von der Natur zugetheilt sind, können es doch dahin bringen, daß sie sich derer, die sie haben, mit Besonnenheit und Einsicht bedienen, und daß sie den Anstand nicht verletzen. Denn davor hat man sich ganz besonders zu hüten, und gerade über diesen einen Punkt ist es am Wenigsten leicht Vorschriften zu ertheilen, nicht nur für mich, der ich wie ein schlichter Hausvater über diese Gegenstände rede, sondern auch selbst für jenen Roscius, den ich oft sagen höre, das Hauptedforderniß der Kunst sei der Anstand, doch der sei gerade das, was sich durch Kunst nicht lehren lasse.

133. Aber, wenn's beliebt, laßt uns das Gespräch auf einen anderen Gegenstand lenken und uns einmal wieder nach unserer Weise unterhalten und nicht mehr die Sprache der Redekünstler führen. – Mit Nichten, fiel Cotta ein. Denn jetzt gerade, weil du uns nun bei dieser Wissenschaft festhalten willst und uns nicht ein anderes Fach ergreifen heißt, müssen wir dich recht dringend bitten, daß du uns belehrest. Wie viel oder wie wenig du als Redner zu leisten verstehst, soll uns nichts kümmern; denn gar zu gierig sind wir nicht, wir begnügen uns gern mit deiner mittelmäßigen Beredsamkeit und wünschen weiter Nichts von dir uns anzueignen, als die Kleinigkeit, die du dir im Reden angeeignet hast. Weil du nun sagst, daß uns die Gaben, die von der Natur zu erstreben sind, nicht gänzlich fehlen; so ersuchen wir dich uns auseinanderzusetzen, was wir uns sonst noch nach deiner Meinung aneignen müssen.

134. Was Anderes meinst du, erwiderte Crassus lächelnd, als Eifer und begeisterte Liebe? ohne die überhaupt im Leben nie jemand etwas Ausgezeichnetes erreichen wird, wenigstens in dem nicht, wonach du strebst. Doch ich weiß recht gut, daß ihr hierzu der Ermunterung nicht bedürft; denn daraus, daß ihr sogar mir beschwerlich fallt, sehe ich, daß ihr nur zu sehr von Begierde entbrannt seid.

135. Aber wahrlich der Eifer nach einem Ziele zu gelangen hilft nichts, wenn man nicht auch den Weg kennt, der nach dem Ziele führt und leitet. Weil ihr mir nun insofern eine minder drückende Last auferlegt, als ihr von mir nicht über die Redekunst selbst, sondern nur über meine

Geschicklichkeit, wie gering sie auch immerhin sein mag, belehrt zu werden wünscht: so will ich euch mein gewöhnliches Verfahren auseinandersetzen, das weder tiefe Geheimnisse enthält, noch mit großen Schwierigkeiten verbunden ist, noch sich durch Großartigkeit und Erhabenheit auszeichnet, wie ich es einst zu befolgen pflegte, als es mir in meiner Jugend noch erlaubt war dieser Wissenschaft obzuliegen.

136. Da rief Sulpicius aus: O Cotta, welch ein Freudentag für uns. Denn was ich nie weder durch Bitten noch durch Nachstellungen noch durch Ausspähungen bewerkstelligen konnte, es möchte mir vergönnt sein die Vorbereitungen und Ueberlegungen, die Crassus bei der Ausarbeitung seiner Reden anwende, nicht etwa zu sehen, nein nur aus Mitteilungen seines Schreibers und Vorlesers DiphilusEin Sklave oder Freigelassener des Crassus.zu errathen: das, hoffe ich, haben wir jetzt erreicht, und alsbald werden wir, was wir so lange gewünscht haben, aus seinem eigenen Munde erfahren.

137. Herauf sagte Crassus: Nun ich glaube aber, Sulpicius, du wirst, wenn du gehört hast, was ich sagen werde, es nicht sowol bewundern, als vielmehr der Ansicht sein, du habest damals, als du es zu hören wünschtest, keinen Grund gehabt danach zu verlangen. Denn ich werde nichts Tiefes sagen, nichts euerer Erwartung Würdiges, Nichts, was ihr noch nicht gehört hättet oder irgend einem neu wäre. Für's Erste nämlich will ich nicht leugnen, daß ich, wie es einem Menschen von edeler Geburt und Erziehung zukommt, jene allgemeinen und allbekannten Regeln erlernt habe:

138. erstlich es sei Pflicht des Redners überzeugend zu reden; zweitens jede Rede beschäftige sich entweder mit einer Aufgabe über einen allgemeinen Gegenstand ohne Bezeichnung der Personen und Zeiten, oder mit einem Gegenstande, der auf bestimmten Personen und Zeiten beruht.

139. In beiden Fällen aber pflege man bei jedem vorkommenden Gegenstande des Streites zu fragen, ob er geschehen sei, oder wenn er geschehen ist, von welcher Beschaffenheit er sei, oder auch welchen

Namen er habe, oder, was Einige hinzufügen, ob er mit Recht geschehen zu sein scheine.

140. Streitigkeiten entständen aber auch aus der Auslegung schriftlicher Urkunden, in denen Etwas zweideutig oder widersprechend oder so niedergeschrieben sei, daß die Worte der Schriftstelle der Absicht des Verfassers widerstreiten. Für alle diese Fälle aber seien besondere Beweisgrund vorhanden.

141. Verhandlungen aber, welche sich auf keine allgemeinen Aufgaben beziehen, kämen theils in den Gerichten theils bei Beratungen vor; auch gebe es eine dritte Art, die sich mit dem Lobe oder dem Tadel der Menschen beschäftige; und es seien gewisse Beweisquellen vorhanden, von denen wir bei gerichtlichen Verhandlungen Gebrauch machen, in denen es sich um die Billigkeit handele, andere für die Berathungen, die sämmtlich den Vorteil derer bezweckten, denen wir Rath erteilten, andere gleichfalls für die Lobrede, in denen Alles auf die Würde der Personen bezogen werde.

142. Die ganze Stärke und Geschicklichkeit des Redners ferner lasse sich in folgende fünf Theile zerlegen: zuerst müsse er erfinden, was er sagen wolle; zweitens das Erfundene nicht allein nach einer äußerlichen Reihenfolge, sondern nach dem inneren Gewichte und nach richtiger Abschätzung vertheilen und zusammenstellen; drittens dieses vermittelst der Rede einkleiden und ausschmücken; hierauf im Gedächtnisse aufbewahren; zuletzt mit Würde und Anmuth vortragen.

143. Auch das hatte ich erkannt und gelernt, bevor wir von der Sache selbst redeten, müßten wir die Gemüther der Zuhörer uns geneigt machen; sodann die Sache erzählen; hierauf die Streitfrage feststellen; dann das, was wir bezweckten, mit Gründen beweisen; hernach die Einwürfe widerlegen; am Schlusse der Rede aber das, was für unsere Sache spreche, in ein helles Licht stellen und erheben, sowie das, was für die Sache unserer Gegner spreche, schwächen und entkräften.

144. Auch hatte ich gehört, was man über den Schmuck der Rede selbst lehrte. Zuerst wird hier vorgeschrieben, daß wir rein und ächt lateinisch

reden; zweitens klar und deutlich; drittens und viertens der Würde der Gegenstände angemessen und mit Anstand. Und mit den Regeln, die man für diese Gegenstände noch im Einzelnen gab, hatte ich mich bekannt gemacht. Ja selbst für das, was ganz besonders von Naturgaben abhängig ist, sah ich Kunstregeln aufgestellt. Und so hatte ich denn auch über den äußeren Vortrag und über das Gedächtniß einige kurze Regeln, die aber mit großen Uebungen verbunden waren, gekostet.

145. Mit diesen Gegenständen etwa beschäftigt sich nun der ganze Unterricht jener Redekünstler. Wollte ich sagen, derselbe sei von gar keinem Nutzen, so würde ich lügen. Denn er enthält einige gute Erinnerungen für den Redner, wohin er jedes Einzelne beziehen soll und worauf er sein Augenmerk zu richten hat, um nicht von dem vorgesteckten Ziele zu sehr abzuirren.

146. Doch es leuchtet mir ein, daß alle Regeln nicht einen solchen Einfluß haben, daß Redner durch ihre Befolgung den Ruhm der Beredsamkeit erlangt hätten, sondern daß dasjenige, was bereite Männer von selbst leisteten, von Einigen beobachtet und in eine gewisse Ordnung gebracht übersetzt., und demzufolge nicht die Beredsamkeit aus der Kunst, sondern die Kunst aus der Beredsamkeit entstanden ist. Indeß verwerfe ich, wie gesagt, die Kunst nicht. Denn wenn sie auch nicht gerade unentbehrlich für die Beredsamkeit ist, so gereicht doch ihre Erlernung einem Menschen von guter Erziehung zur Zierde.

147. Auch müßt ihr gewisse Vorübungen anstellen; wiewol ihr ja schon längst in vollem Laufe seid; doch die müssen es thun, die die Laufbahn erst betreten und das, was auf dem Forum wie auf einem Schlachtfelde ausgeführt werden muß, schon jetzt gleichsam durch spielende Vorübungen im Voraus erlernen und einüben können.

148. Gerade diese Vorübungen, fiel Sulpicius ein, möchten wir gerne kennen lernen; doch auch jene Kunstregeln, die du nur kurz durchlaufen hast, wünschen wir zu hören, obwol sie uns nicht ganz neu sind. Doch hiervon bald nachher; für jetzt ersuchen wir dich um deine Ansicht über diese Vorübung.

149. Fürwahr ich billige das, sagte Crassus, was ihr zu thun pflegt, daß ihr über irgend einen angenommenen Fall, der den Verhandlungen ganz ähnlich ist, die in den Gerichten vorkommen, so viel als möglich in derselben Weise, als wenn ein wirklicher Fall verhandelt würde, redet; aber gar Viele üben hierbei nur ihre Stimme, und auch diese nicht verständig, und ihre Zunge und regen die Schnelligkeit der Zunge an und freuen sich an einer großen Menge von Worten. Sie lassen sich hierin durch die oft gehörte Aeußerung täuschen, durch Reden lerne man reden.

150. Denn ebenso richtig verhält sich auch die Behauptung, verkehrt reden lerne man am Leichtesten durch verkehrt Reden. Obschon es also bei eben diesen Uebungen nützlich ist auch aus dem Stegreife oft Vorträge zu halten, so ist es doch nützlicher sich Zeit zum Nachdenken zu nehmen und mit gehöriger Vorbereitung und Sorgfalt zu reden. Die Hauptsache aber ist, was – ich will die Wahrheit sagen – wir am Wenigsten thun (denn es erfordert große Anstrengung, die wir gemeiniglich scheuen): so viel als möglich zu schreiben. Der Griffel ist der beste und vorzüglichste Bildner und Lehrmeister der Rede; und nicht mit Unrecht. Denn wenn vor einer aus dem Stegreife gehaltenen und durch Zufall veranlaßten Rede eine mit Ueberlegung und Nachdenken ausgearbeitete Rede leicht den Vorzug hat, so wird in der That selbst vor dieser eine mit Sorgfalt schriftlich abgefaßte Rede den Vorrang haben.

151. Denn alle Beweisgründe, die nur irgend in dem von uns behandelten Gegenstande liegen, mögen sie durch Anleitung der Kunst oder durch die Geisteskraft und Einsicht des Redners gefunden werden, stellen sich uns beim Schreiben dar und fallen uns ein, wenn wir darüber nachforschen und mit aller Schärfe des Geistes nachdenken, und alle Gedanken und Worte, die den jedesmaligen Stoff am Besten beleuchten, müssen nothwendig in gehöriger Ordnung unter die Spitze des Griffels treten, und selbst die Stellung und Fügung der Worte vollendet sich beim Schreiben durch einen ebenmäßigen Wohllaut der Rede, nicht wie bei den Dichtern, sondern wie er sich für den Redner eignet.

152. Das ist das, was lauten Beifall und Bewunderung der Redner hervorruft, und Niemand wird dieß erregen, wenn er nicht lange und viel geschrieben hat, mag er sich auch noch so eifrig in diesen Reden aus dem Stegreife geübt haben. Wer hingegen von der Uebung im Schreiben zum Reden kommt, bringt die Fertigkeit mit, daß, wenn er auch aus dem Stegreife redet, doch das Gesagte dem Geschriebenen ähnlich zu sein scheint, und sollte er selbst einmal bei einem Vortrage eine schriftliche Ausarbeitung mitgebracht haben, so wird doch, wenn er diese verläßt, die folgende Rede sich in ähnlicher Form anschließen.

153. Sowie ein in rasche Bewegung gesetztes Schiff auch dann noch, wenn die Ruderer es anhalten, seine Bewegung und seinen Lauf behält, obwol die Gewalt und der Schlag der Ruder aufgehört hat; ebenso behauptet die Rede bei einem zusammenhängenden Vortrage auch dann noch, wenn die schriftliche Ausarbeitung fehlt, einen gleichen Lauf, indem sie unter dem Einflusse des Geschriebenen in einer diesem ähnlichen Redeweise fortströmt.

154. Bei den täglichen Vorübungen pflegte ich in meiner frühen Jugend besonders das Verfahren zu wählen, das, wie ich wußte, mein bekannter Widersacher Gajus Carbo zu beobachten pflegte. Ich legte mir nämlich recht inhaltschwere Dichterstellen vor oder las eine Rede, bis ich sie im Gedächtnisse behalten konnte, und trug dann denselben Gegenstand, den ich gelesen hatte, mit anderen möglichst gewählten Worten wieder vor. Doch später bemerkte ich, dieses Verfahren sei mit dem Uebelstande verbunden, daß die für den jedesmaligen Gegenstand geeignetsten, schönsten und besten Ausdrücke entweder Ennius, wenn ich mich nach dessen Versen übte, oder Gracchus, wenn ich mir etwa eine Rede von diesem zum Vorbilde gewählt hatte, vorweggenommen hatten; auf solche Weise nütze mir eine solche Uebung nichts, wenn ich mich derselben Worte bediene, ja schade mir sogar, wenn anderer, da ich mich gewöhnte minder geeignete zu gebrauchen.

155. Hierauf hielt ich es für zweckmäßig, – und dieses Verfahren wandte ich in der reiferen Jugend an – Griechische Reden der größten Redner in

freier Uebersetzung wiederzugeben. Bei der Lesung derselben hatte ich den Gewinn, daß, wenn ich das im Griechischen Gelesene lateinisch wiedergab, ich mich nicht allein der besten und doch gebräuchlichen Worte bedienen, sondern auch gewisse Worte durch Nachbildung ausdrücken konnte, die den Unsrigen neu erscheinen mochten, wenn sie nur passend waren.

156. Ferner die Bewegungen und Uebungen der Stimme, des Athems und des ganzen Körpers und der Zunge selbst bedürfen nicht sowol der Kunstregeln, als der Anstrengung. Hierbei muß man sorgfältig darauf achten, wem wir nachahmen, wem wir ähnlich sein wollen. Nicht allein auf die Redner müssen wir unsern Blick richten, sondern auch auf die Schauspieler, damit wir nicht durch eine schlechte Angewöhnung häßliche und verunstaltende Gebärden annehmen.

157. Auch muß man das Gedächtniß üben durch wörtliches Auswendiglernen von möglichst vielen sowol eigenen als fremden Schriftstellen. Und bei dieser Uebung mißfällt es mir eben nicht, wenn man sich daran gewöhnt hat, auch das in der Gedächtnißkunst gelehrte Verfahren anzuwenden, seine Gedanken an gewisse Orte und Bilder zu knüpfen. Hierauf muß die Rede aus diesen häuslichen und in der Schule vorgenommenen Uebungen hinausgeführt werden mitten in den Heereszug, in den Staub, in das Kriegsgeschrei, in das Feldlager und in die Schlachtreihen des Forums; von allen Dingen muß man sich Erfahrung einsammeln und seine Geisteskräfte versuchen und die eingeschlossenen Vorübungen an das helle Licht der Wirklichkeit hervorziehen.

158. Man muß auch Dichter lesen, sich mit der Geschichte bekannt machen und Lehrer und Schriftsteller in allen edlen Wissenschaften lesen und durcharbeiten und zur Uebung loben, erklären, verbessern, tadeln, widerlegen, ferner über jeden Gegenstand für und wider streiten und was sich uns als billigungswerth kund thut auswählen

159. Gründlich muß man das bürgerliche Recht erlernen, sich mit den Gesetzen bekannt machen, das ganze Alterthum erforschen, von dem Gewohnheitsrechte des Senates, von der Verfassung des Staates, von den

Rechten der Bundesgenossen, von den Bündnissen und Verträgen und von Allem, worauf die Wohlfahrt des Staates beruht, sich Kunde verschaffen und aus dem ganzen Umfange der feinen Bildung gefällige, anmuthige und sinnreiche Witzworte sammeln, mit denen, wie mit Salz, der ganze Vortrag durchwürzt werde. So habe ich denn nun alle meine Ansichten vor euch ausgeschüttet: Ansichten, die euch vielleicht jeder schlichte Hausvater, den ihr in irgend einer Gesellschaft aufgreifen mochtet, auf euere Fragen in gleicher Weise mitgetheilt haben würde.

160. Als Crassus dieses gesagt hatte, trat Stillschweigen ein. Aber obwol den Anwesenden die vorgelegte Frage zur Genüge beantwortet zu sein schien, so meinten sie doch, er habe seinen Vortrag weit schneller beendet, als sie es wünschten. Hierauf sagte Scävola: Warum, Cotta, schweigst du? Fällt euch Nichts bei, worüber ihr außerdem noch den Crassus befragen möchtet?

161. Ja in der That, erwiderte dieser, eben daran denke ich. Denn seine Worte strömten so rasch dahin, und sein Vortrag entflog so schnell, daß ich ihre Gewalt und ihren Schwung zwar wahrnehmen, aber ihre Spuren und ihren Weg kaum sehen konnte, und als ob ich in ein reich begütertes Haus eingetreten wäre, in dem herrliche Decken nicht ausgebreitet, das Silbergeschirr nicht aufgesetzt, Gemälde und Bildsäulen nicht frei aufgestellt, sondern alle diese vielen und prachtvollen Schätze aufgeschichtet und verpackt wären, so habe ich in dem Vortrage des Crassus die Reichtümer und Kostbarkeiten seines Geistes gleichsam durch Hüllen und Decken erblickt, aber, als ich sie näher zu betrachten wünschte, war es mir kaum vergönnt einen Blick auf sie zu werfen. Und so kann ich zwar nicht sagen, daß ich gar nicht wisse, was er besitze, aber auch nicht, daß ich sie genau erkannt und gesehen habe.

162. Warum thust du nun nicht dasselbe, sagte Scävola, was du thun würdest, wenn du in ein mit Kostbarkeiten angefülltes Haus oder Landgut kämest? Wenn hier Alles, wie du sagst, bei Seite gelegt wäre und du sehr verlangtest es zu sehen, so würdest du nicht Anstand nehmen den Besitzer zu ersuchen, er möchte es hervortragen lassen, zumal wenn er dir

befreundet ist; so bitte denn nun auch auf gleiche Weise den Crassus jene Menge seiner Kostbarkeiten, die wir an Einem Orte aufgeschichtet gleichsam durch ein Gitterfenster im Vorbeigehen obenhin erblickt haben, an's Licht zu bringen und jedes Einzelne an seinem gehörigen Platze aufzustellen.

163. Nein, erwiderte Cotta, dich will ich vielmehr bitten, Scävola; denn mich und den Sulpicius hier hält die Schüchternheit ab den ehrwürdigsten Mann, der solche Vorträge immer verachtete, um das zu befragen, was ihm vielleicht als die Anfangsgründe der Schulbildung erscheinen dürfte; du also, Scävola, erweise uns die Liebe und setze es ins Werk, daß Crassus das, was er in seinem Vortrage zusammengedrängt und sehr eng aufeinandergehäuft hat, vor uns ausbreite und entfalte.

164. In der That, erwiderte Mucius, vorhin wünschte ich dieß mehr euret- als meinetwegen; denn mein Verlangen nach einem solchen Vortrage von Crassus war nicht so groß, als der Genuß, den mir seine Reden bei den Rechtsverhandlungen gewähren; jetzt aber, Crassus, bitte ich dich auch selbst um meinetwillen, da wir ja so viel Muße haben, wie uns seit langer Zeit nicht zu Theil geworden ist, es dich nicht verdrießen zu lassen das begonnene Gebäude völlig auszuführen. Denn der Umriß des ganzen Baues ist, wie ich sehe, besser und größer, als ich vermuthet hatte, und ich ertheile ihm meinen ganzen Beifall.

165. Ja wahrlich, sagte Crassus, ich kann mich nicht genug wundern, daß auch du, Scävola, nach dem verlangst, was weder ich so gut verstehe, wie die, welche es lehren, noch auch von der Art ist, daß, wenn ich es auch noch so gut verstände, deiner Weisheit würdig sein und von dir angehört zu werden verdienen dürfte. – Meinst du? erwiderte jener. Wenn du auch glaubst, es eigne sich nicht für mein Alter jene gewöhnlichen und allbekannten Regeln zu hören; dürfen wir denn auch jene Kenntnisse vernachlässigen, die sich der Redner, wie du sagtest, über die Gemüthsarten der Menschen, über ihre Sitten, über die Mittel aneignen müsse, durch die die Gemüther der Menschen erregt und gedämpft werden können, über die Geschichte, über das Altertum, über die

Verwaltung des Staates, endlich über unser bürgerliches Recht selbst? Allerdings wußte ich, daß diese ganze Wissenschaft und Fülle von Kenntnissen von deiner Einsicht umfaßt wird; aber es war mir bis jetzt unbekannt geblieben, daß zu den Hilfsmitteln des Redners ein so herrliches Rüstzeug von Kenntnissen gehöre.

166. Kannst du nun, sagte Crassus, um andere unzählige und unermeßliche Kenntnisse zu übergehen und auf dein bürgerliches Recht selbst zu kommen, solche für Redner halten, denen einst Scävola, obwol er nach dem Marsfelde eilte, viele Stunden bald lachend bald zürnend mit Spannung auf den Ausgang ihrer Sache zuhörte. Ich meine den Hypsäus, der damals mit gewaltiger Stimme und vielen Worten dem Prätor Marcus Crassus anlag, es möchte dem, den er vertheidigte, gestattet sein seine Rechtssache zu verlieren, und den Gnäus Octavius, einen Consular, der sich in einer nicht minder langen Rede dagegen verwahrte, daß der Gegner seine Rechtssache verliere, und der, den er vertheidigte, von dem schimpflichen Urtheile über seine Vormundschaft und von allem Verdrusse durch die Unwissenheit seines Gegners befreit werde

167. Ja wahrlich, versetzte Scävola, – ich erinnere mich nämlich, daß Mucius mir den Vorfall erzählte – solche Menschen möchte ich nicht des Rednernamens, ja nicht einmal des Forums würdig achten. – Und doch, erwiderte Crassus, gebrach es diesen Anwalten nicht an Rednergabe, auch nicht an Kunst oder Fülle der Rede, sondern an der Kenntniß des bürgerlichen Rechtes. Denn der Eine verlangte bei seiner gesetzlichen Klage mehr, als das Gesetz in den zwölf Tafeln gestattete, und mußte, sobald er dieß erhielt, seine Sache verlieren; der Andere hielt es für unbillig, daß von ihm in der Klage mehr gefordert werde, als sie gestatte, und begriff nicht, daß, wenn man die Klage so anstellte, der Gegner seine Sache verlieren würde.

168. Wie? Stellte nicht erst vor einigen Tagen, als ich unter dem Vorsitze des städtischen Prätors Quintus Pompejus, meines Freundes, auf dem Tribunale zu Gericht saß, ein Mann, der zu den Beredten gezählt wird, die Forderung, dem Beklagten möchte die alte und gebräuchliche Einrede

verstattet werden, daß nur das Geld klagbar sei, dessen Zahlungstag gekommen sei, und er sah nicht ein, daß diese Bestimmung zum Vortheile des Klägers getroffen sei, damit, wenn der ableugnende Schuldner dem Richter bewiesen hätte, das Geld sei eher eingeklagt worden, als es fällig geworden wäre, der Kläger, wenn er die Klage erneuere, nicht durch die Einrede abgewiesen würde, daß über die Sache bereits ein richterliches Urtheil gefällt worden sei.

169. Was kann nun Schimpflicheres gethan oder gesagt werden, als wenn ein Mann, der es sich zur Lebensaufgabe gemacht hat die Streitigkeiten und Rechtshändel seiner Freunde wahrzunehmen, den Nothleidenden Hülfe zu leisten, die Kranken zu heilen, die Niedergeschlagenen aufzurichten, in den kleinsten und geringfügigsten Dingen solche Fehler begeht, daß er Einigen bedauernswerth, Anderen lächerlich erscheint?

170. Meinen Verwandten Publius Crassus mit dem Beinamen der Reiche, einen in vielen anderen Beziehungen geschmackvollen und reichbegabten Mann, muß ich besonders wegen einer Äußerung erheben und loben, die er oft gegen Publius Scävola, der sein Bruder war, machte, daß nämlich weder dieser im bürgerlichen Rechte dieser Wissenschaft Genüge leisten könne, wenn er nicht die Beredsamkeit zu Hülfe nähme; (ein Lob, das sich sein Sohn, der mit mir Consul war, erworben hat;) noch er eher die Sachen seiner Freunde zu führen und zu verhandeln angefangen habe, als er das bürgerliche Recht erlernt habe.

171. Wie aber urtheilte jener Marcus Cato? Besaß er nicht ausgezeichnete Beredsamkeit, wie es nur immer nach den damaligen Zeitverhältnissen in unserem Staate möglich war, und die genaueste Kenntniß des bürgerlichen Rechtes? Mit einiger Zurückhaltung habe ich bis jetzt über diesen Gegenstand gesprochen, weil ein in der Beredsamkeit so ausgezeichneter Mann gegenwärtig ist, den ich als Redner vor allen Anderen bewundere, und doch hat dieser das bürgerliche Recht immer verachtet.

172. Doch weil ihr nun einmal meine Ansicht und Meinung wissen wollt, so will ich Nichts verhehlen und euch nach Kräften meine Gedanken über jeden einzelnen Gegenstand auseinandersetzen.

Des Antonius unglaubliche und fast einzige und unvergleichliche Geisteskraft scheint, auch wenn sie von dieser Kenntniß des Rechtes entblößt ist, sich leicht durch die übrigen Waffen der Einsicht schützen und vertheidigen zu können. Darum wollen wir mit ihm eine Ausnahme machen; aber alle Anderen werde ich ohne Bedenken durch meine Stimme zuerst der Trägheit, dann aber auch der Unverschämtheit schuldig erklären.

173. Denn sich auf dem Forum umherzutreiben, Tag für Tag in den Gerichten und auf den Tribünen der Prätoren zu sitzen, sich gerichtlichen Untersuchungen über wichtige Privatangelegenheiten zu unterziehen, in denen oft nicht über eine Thatsache, sondern über Recht und Billigkeit gestritten wird, sich in den Rechtssachen der Centumvirn breit zu machen, in denen die Rechte in Betreff der Verjährungen, Vormundschaften, Geschlechts- und Blutverwandtschaften, der Anspülungen und Umspülungen, der Schuldverpflichtungen und Eigenthumserwerbungen, der Wände und Fenster, des Tropfenfalles, der Testamente und unzähliger anderer Dinge verhandelt werden, wenn man überhaupt nicht weiß, was Eigentum, was fremdes Gut, was das sei, wodurch Einer Bürger oder Fremder, Sklave oder Freier ist, das zeugt von einer ausgezeichneten Unverschämtheit.

174. Wahrlich eine lächerliche Anmaßung ist es, wenn man in der Leitung kleiner Fahrzeuge unerfahren zu sein eingesteht, sich aber rühmt gelernt zu haben, wie ein Fünfruderer oder ein noch größeres Schiff zu lenken sei. Wenn du dich in einer Privatzusammenkunft bei einem geringfügigen Vergleiche mit deinem Gegner hintergehen lässest und Urkunden deines Clienten versiegelst, in denen Etwas geschrieben steht, wodurch dieser übervortheilt wird: da sollte ich dir irgend einen wichtigeren Rechtshandel anvertrauen? Eher fürwahr dürfte der, welcher ein

Schiffchen von zwei Rudern im Hafen verunglücken läßt, in dem Euxinischen Meere das Schiff der Argonauten lenken.

175. Wie? wenn es nicht einmal unbedeutende Gegenstände sind, sondern oft die wichtigsten, in denen über das bürgerliche Recht gestritten wird: welche Stirn muß denn *der* Anwalt haben, welcher solche Verhandlungen ohne alle Kenntniß des Rechtes zu übernehmen sich unterfängt? Welche Verhandlung konnte zum Beispiel wichtiger sein, als die über jenen Krieger, über dessen Tod eine falsche Nachricht vom Heere nach Hause gekommen war? Sein Vater, dieser Nachricht Glauben schenkend, änderte seinen letzten Willen und setzte irgend einen anderen Menschen nach seinem Gefallen zum Erben ein; darauf starb er selbst. Sein Sohn kam nun nach Hause zurück und machte die Sache bei den Centumvirn anhängig, indem er eine gesetzliche Klage wegen der väterlichen Erbschaft anstellte. Bei dieser Verhandlung kam die Frage aus dem bürgerlichen Rechte zur Untersuchung, ob ein Sohn, den der Vater in seinem letzen Willen weder als Erben noch als Enterbten namentlich bezeichnet habe, von der Erbschaft ausgeschlossen werden könne.

176. Wie? In der Sache, in welcher die Centumvirn zwischen den Marcellern und den patricischen Claudiern zu Gerichte saßen, indem die Marceller behaupteten, die Erbschaft von dem Sohne eines Freigelassenen sei ihnen nach Familienverwandtschaft, die patricischen Claudier hingegen, dieselbe Erbschaft sei ihnen nach Stammverwandtschaft zugefallen, mußten da die Redner nicht über das gesammte Recht der Familien- und der Stammverwandtschaften sprechen?

177. Wie ferner folgender Fall, der, wie ich vernehme, gleichfalls in dem Gerichte der Centumvirn behandelt wurde? Ein aus seinem Vaterlande Verbannter war nach Rom gekommen, wo er das Recht als Verbannter zu leben erhielt, wenn er sich einen Römischen Bürger zum Schutzherrn gewählt hatte; darauf war er ohne Testament gestorben. Wurde nicht in dieser Verhandlung das recht dunkele und unbekannte Schutzherrnrecht von dem Anwalte vor Gericht erläutert und beleuchtet?

178. Wie? Als ich neulich die Sache des Gajus Sergius Orata gegen unsern Antonius hier vor einem Privatgerichte vertheidigte, war da nicht meine ganze Vertheidigung auf das Recht gegründet? Da nämlich Markus Marius Gratidianus dem Orata ein Haus verkauft hatte, ohne in dem Kaufbriefe anzugeben, daß auf einem Theile dieses Hauses eine Zwangspflicht hafte; so behauptete ich in meiner Vertheidigung, der Verkäufer sei verpflichtet für alle Lasten, die zur Zeit der feierlichen Eigenthumsübergabe auf dem Hause gelegen hätten, wenn er darum gewußt und sie nicht angezeigt hätte, Ersatz zu leisten.

179. In einer solchen Rechtssache beging neulich mein Freund Marcus Buculejus, ein Mann, der nach meinem Urtheile nicht ohne Einsicht ist, nach seinem eigenen aber sehr weise, und der auch der Rechtswissenschaft nicht abhold ist, auf ähnliche Weise ein Versehen. Als er nämlich dem Lucius Fufius sein Haus verkaufte, sagte er in dem Kaufbriefe für die Aussicht der Fenster, wie sie damals war, gut. Nun fing man an einem Theile der Stadt, der kaum von jenem Hause aus erblickt werden konnte, ein Gebäude aufzuführen an. Sogleich erhob er eine Klage gegen Buculejus, weil er der Ansicht war, wenn nur irgend ein Theilchen des Himmels verbaut würde, wäre es auch noch so weit entfernt, so würde seine Aussicht verändert.

180. Was geschah ferner in der berühmten Rechtssache des Manius Curius und des Marcus Coponius, die unlängst vor den Centumvirn verhandelt wurde? Wie strömten die Menschen zusammen, wie erwartungsvoll hörte man die Vertheidigung an! Quintus Scävola, mein Alters- und Amtsgenosse, ein Mann, der in der Kenntniß der Rechtswissenschaft Alle übertrifft, sich durch Scharfsinn und Einsicht auszeichnet, seine Reden mit der größten Sorgfalt und Genauigkeit ausarbeitet und, wie ich zu sagen pflege, unter den Rechtsgelehrten der größte Redner und unter den Rednern der größte Rechtsgelehrte ist, dieser also vertheidigte die Rechte der Testamente nach dem Buchstaben der geschriebenen Worte und behauptete, daß, wenn nicht der nach dem Tode des Vaters erwartete und geborene Sohn, bevor er zur Mündigkeit gelangt, gestorben wäre, der nicht Erbe sein könne, der erst nach der Geburt und dem Tode des

erwarteten Sohnes zum Erben eingesetzt sei. Ich hingegen behauptete in meiner Vertheidigung, der Erblasser habe damals die Absicht gehabt, daß, wenn kein Sohn da wäre, der zur Mündigkeit gelangte, Manius Curius Erbe sein sollte. Beriefen wir beide uns bei dieser Verhandlung nicht unaufhörlich auf Rechtserklärungen, auf Beispiele, auf testamentliche Formeln, das heißt auf Beweise aus dem Innersten des bürgerlichen Rechtes?

181. Mehr Beispiele von höchst wichtigen Rechtverhandlungen will ich jetzt nicht anführen; denn es gibt deren unzählige; doch erwähnen muß ich noch, daß oft Fälle vorkommen, in denen unser Leben und unsere ganze bürgerliche Wohlfahrt auf dem Rechte beruht. Zum Beispiel Gajus Mancinus, ein vornehmer, sehr rechtschaffener Mann und Consular, den der Bundespriester wegen des verhaßten Numantinischen Bündnisses nach einem Senatsbeschlusse den Numantinern ausgeliefert hatte, war hierauf, da ihn diese nicht angenommen hatten, wieder nach Hause zurückkommen und hatte kein Bedenken getragen sich in die Senatsversammlung zu begeben. Der Volkstribun Publius Rutilius, des Marcus Sohn, aber ließ ihn wieder hinausführen, indem er behauptete, er sei kein Bürger; denn es sei ein auf alter Ueberlieferung beruhtes Herkommen, daß dem, den sein Vater oder das Volk verkauft oder der Bundespriester ausgeliefert habe, der Wiedereintritt in seine frühere Gerechtsame nicht gestattet sei.

182. Können wir wol unter allen bürgerlichen Angelegenheiten eine wichtigere Verhandlung und Rechtsstreit finden, als einen solchen, in welchem es sich um den Stand, um das Bürgerrecht, um die Freiheit, um das Leben eines Consularen handelt? zumal da diese Sache nicht auf einem Verbrechen, das er ableugnen konnte, sondern auf dem bürgerlichen Rechte beruhte. Eine ähnliche, wenn auch einen niedrigeren Stand betreffende Frage ist die, welche bei unseren Vorfahren aufgeworfen worden ist, ob nämlich ein Mensch aus einem verbündeten Staate, der bei uns als Sklave gedient, sich aber die Freiheit erworben hatte und später in seine Heimat zurückgekehrt ist, bei der Rückkunft zu den

Seinigen in seinen früheren Stand wieder eintrete, dagegen aber bei uns des Bürgerrechtes verlustig gehe.

183. Wie? Wenn es die Freiheit eines Menschen gilt – und ein wichtigerer Gegenstand kann schwerlich vor die richterliche Entscheidung kommen – muß nicht da der Streit nach dem bürgerlichen Rechte geführt werden, wenn es sich fragt, ob der, welcher mit Erlaubnis seines Herren seinen Namen bei dem Censor in die öffentliche Schatzungsliste einschreiben ließ, von Stund an seine Freiheit erlangt habe oder erst nach beendigtem Sühnopfer? Was soll ich ferner von dem Falle sagen, der sich zur Zeit unserer Väter ereignet hat? Ein Familienvater, der aus Spanien nach Rom gekommen war, hatte seine Frau in der Provinz schwanger zurückgelassen und in Rom eine Andere geheirathet, ohne der ersteren einen Scheidebrief zuzuschicken; darauf war er ohne Testament verstorben, nachdem ihm jede der beiden Frauen einen Sohn geboren hatte. War es hier ein geringfügiger Gegenstand, der zum Streite Veranlassung gab, da es sich um die bürgerliche Wohlfahrt zweier Bürger handelte, des von der letzteren Frau gebornen Sohnes und dessen Mutter, die, wenn das Urtheil dahin ausfiel, daß die Ehescheidung von der früheren Frau durch eine gewisse Formel und nicht durch eine neue Heirath erfolge, als Beischläferin betrachtet werden mußte?

184. Wenn nun Einer diese und ähnliche Rechte seines Staates nicht kennt und doch sich in die Brust werfend und hochmüthig mit kecker und dreister Stirn und Miene, bald da- bald dorthin seine Blicke werfend, in Begleitung einer großen Schaar auf dem ganzen Forum umherschwärmt, seinen Clienten Schutz, seinen Freunden Hülfe und fast allen Bürgern das Licht seines Geistes und seiner Klugheit anbietend und vorhaltend: muß man ein solches Benehmen nicht für ganz abscheulich halten?

185. Und weil ich nun von der Unverschämtheit dieser Leute gesprochen habe, so laßt mich auch ihre Lässigkeit und Trägheit züchtigen. Denn wäre auch diese Rechtsgelehrsamkeit weitläuftig und schwierig, so müßte doch die Größe ihres Nutzens die Menschen antreiben sich der Anstrengung des Erlernens zu unterziehen. Aber, o unsterbliche Götter,

ich würde mich in der Gegenwart Scävola's nicht so äußern, wenn er nicht sich selbst zu äußern pflegte, daß ihm die Erlernung keiner anderen Wissenschaft leichter erscheine.

186. Gar Viele freilich haben hierüber aus gewissen Gründen eine andere Ansicht. Erstlich nämlich hielten es in früheren Zeiten die Männer, die im Besitze dieser Wissenschaft waren, zur Behauptung und Vermehrung ihrer Macht nicht für gut, daß ihre Wissenschaft veröffentlicht würde; denn nachdem Gnäus Flavius zuerst die Rechtsformeln öffentlich ausgestellt hatte, und durch das Rechtsverfahren zur allgemeinen Kunde gekommen war, fehlte es doch an Männern, die jenen Stoff kunstgerecht nach Klassen vertheilt und angeordnet hätten. Denn von keinem Gegenstande läßt sich ein wissenschaftliches Lehrgebäude aufstellen, wenn nicht der, der die Dinge, die er wissenschaftlich anordnen will, kennt, zuvor jene Wissenschaft sich angeeignet hat, durch die er einen noch nicht kunstgerecht geordneten Stoff in eine kunstgerechte Form bringen kann. Ich sehe, während ich mich kurz fassen wollte, habe ich mich etwas zu dunkel ausgedrückt; doch ich will den Versuch machen und mich, wo möglich, deutlicher erklären.

187. Fast Alles, was jetzt in Kunstregeln zusammengefaßt ist, war einst zerstreut und ohne Zusammenhang, so zum Beispiel in der Tonkunst die Takte, die Töne, die Gesangweisen, in der Geometrie die Linien, die Figuren, die Zwischenräume, die Größen, in der Astronomie die Umdrehung des Himmels, der Aufgang und Untergang und die Bewegung der Gestirne, in der Sprachwissenschaft die Behandlung der Dichter, die Kenntniß der Geschichte, die Erklärung der Worte, die Betonung bei der Aussprache, endlich in unserer Redekunst selbst die Erfindung, die Ausschmückung, die Anordnung, das Gedächtnis, der Vortrag. Diese Dinge zeigten sich einst als allgemein unbekannt und weit und breit zerstreut.

188. Man nehme nun von außen her aus einem anderen wissenschaftlichen Gebiete, das sich die Philosophen ganz aneignen, eine gewisse Kunst zu Hülfe, um den zerstreuten und zerstückelten Stoff

zusammenzufügen und planmäßig zu verbinden. Man setze also als Endzweck im bürgerlichen Rechte die Erhaltung der Gleichmäßigkeit des Rechtes in den Angelegenheiten und Verhandlungen der Bürger, wie sie durch die Gesetze und die Gewohnheit bestimmt ist.

189. Hierauf muß man die Gattungen bezeichnen und sie auf eine gewisse kleine Anzahl zurückführen. *Gattung* aber ist das, was zwei oder mehr Dinge umfaßt, welche eine gemeinschaftliche Ähnlichkeit untereinander haben, aber der *Art* nach unterschieden sind; *Arten* aber sind die Dinge, die den Gattungen, von denen sie herrühren, untergeordnet sind. Auch die Bedeutung sämmtlicher Namen, welche die Gattungen und Arten haben, muß man durch Begriffsbestimmungen erklären. Die Begriffsbestimmung ist nämlich eine kurze und scharf begränzte Erklärung der Merkmale des Gegenstandes, von dem wir einen bestimmten Begriff geben wollen.

190. Meiner Erörterung würde ich Beispiele hinzufügen, wenn ich nicht wüßte, vor welchen Männern mein Vortrag gehalten werde. So aber will ich, was ich gesagt habe, kurz zusammenfassen. Sollte es mir nämlich vergönnt sein meinen schon längst gefaßten Vorsatz auszuführen, oder irgend ein Anderer, wenn ich daran gehindert würde, mir hierin zuvorkommen oder nach meinem Tode das Werk zu Stande bringen, daß erstlich das ganze bürgerliche Recht in seine Gattungen, deren Anzahl nur sehr klein ist, eingetheilt, dann die Gattungen in gewisse Glieder zerlegt, endlich die eigentümliche Bedeutung jedes einzelnen durch Begriffsbestimmung erklärt wird: so werdet ihr ein vollständiges Lehrgebäude haben, das mehr umfassend und reichhaltig als schwierig und dunkel sein wird. Indeß jedoch, bis dieser zerstreut liegende Stoff zu einem Ganzen verbunden ist, kann man sich mit einer hinreichenden Kenntniß des bürgerlichen Rechtes ausrüsten, wenn man sie auch nur überall stückweise aufliest und sammelt.

191. Seht ihr nicht, daß der Römische Ritter Gajus Aculeo, der in meinem Hause wohnt und von jeher gewohnt hat, ein Mann, der an Scharfsinn seines Gleichen sucht, aber sonst in den Wissenschaften gar nicht

unterrichte ist, das bürgerliche Recht so gründlich versteht, daß ihm, wenn ihr unseren Scävola hier ausnehmt, keiner der größten Rechtskenner vorgezogen wird?

192. Alles liegt ja hier vor Augen und beruht auf der täglichen Erfahrung, auf dem Verkehre mit Menschen und auf den gerichtlichen Verhandlungen und ist in nicht eben vielen und bändereichen Schriftwerken enthalten. Denn dieselben Gegenstände sind erstlich von Mehreren behandelt und herausgegeben und dann mit Veränderung weniger Worte auch von denselben Schriftstellern öfter wiederholt.

193. Hierzu kommt aber auch noch Etwas, wodurch die Auffassung und Erlernung des bürgerlichen Rechtes erleichtert wird, worüber freilich gar Viele ganz anderer Ansicht sind, nämlich die außerordentliche Annehmlichkeit und Ergötzlichkeit, die in der Erlernung dieser Wissenschaft liegt. Denn findet Einer an der Beschäftigung mit der Alterthumskunde Gefallen, so bietet ihm sowol das ganze bürgerliche Recht, als auch die Bücher der Oberpriester und die Gesetze der zwölf Tafeln ein reiches Abbild des Alterthums, weil man die vor Alters gebrauchten Ausdrücke kennen lernt, und gewisse gerichtliche Verhandlungen die Gewohnheit und Lebensart unserer Altvordern klar an den Tag legen. Oder hat Einer eine Vorliebe für die Staatswissenschaft, die nach Scävola's Ansicht nicht dem Redner, sondern einer Wissenschaft anderer Art angehört; so wird er sie ganz in den zwölf Tafeln enthalten finden, in denen alle nützlichen Einrichtungen des Staates bestimmt und eingetheilt sind. Oder findet Einer an jener allmächtigen und preiswürdigen Philosophie Gefallen, so hat er – ich will es dreist heraussagen – in dem, was in dem bürgerlichen Rechte und in den Gesetzen enthalten ist, die Quellen aller seiner Untersuchungen.

194. Denn aus diesen erkennen wir einerseits, daß man die sittliche Würde vor Allem erstreben müsse, weil ja die Jugend und die ehrenwerthe Thätigkeit durch Ehren und Belohnungen geschmückt wird, andererseits daß die Laster und Verbrechen der Menschen mit Geldbußen, Beschimpfungen, Kerker, Schlägen, Verbannung, Tod bestraft werden,

und wir lernen nicht aus endlosen und mit Wortkämpfen angefüllten Streitschriften, sondern durch das Ansehen und den Wink der Besetze unsere Sinnlichkeit bezähmen, alle Begierden zügeln, das Unsrige bewahren, von fremdem Gute Sinn, Augen und Hände fernhalten.

195. Mag auch die ganze Welt sich unwillig über mich äußern, ich will sagen, was ich denke: wahrlich die Büchersammlungen aller Philosophen scheint mir das einzige Büchlein der zwölf Tafelgesetze, wenn man auf die Quellen und die Hauptplätze der Gesetze sieht, an Gewicht des Ansehens und an Reichhaltigkeit des Nutzens zu übertreffen.

196. Und wenn wir uns, wie es durchaus unsere Pflicht ist, unseres Vaterlandes freuen; und dieß Gefühl ist so mächtig und so natürlich, daß der weiseste Mann jenes Ithaka, das wie ein Vogelnest an rauhen Felsen klebt, der Unsterblichkeit vorzog; – mit welcher Liebe müssen wir denn gegen ein solches Vaterland entflammt sein, welches unter allen Ländern der erste Wohnsitz der Tugend, der Herrschaft und der Würde ist? Von ihm muß uns vor Allem sein Geist, seine Sitten und seine Verfassung bekannt sein, theils weil es unser aller Mutter ist, theils weil wir anerkennen müssen, daß seine Weisheit sich in der Feststellung des Rechtes wie in der Gründung der so großen Macht unserer Herrschaft gleich groß erwiesen hat.

197. Auch insofern werdet ihr aus der Erkenntniß des Rechtes Freude und Vergnügen schöpfen, als ihr die großen Verzüge unserer Vorfahren in der Staatsklugheit vor anderen Völkern dann am leichtesten einsehen werdet, wenn ihr unsere Gesetze mit denen eines Lykurgus und Solon vergleichen wollt. Denn es ist unglaublich, wie das bürgerliche Recht überall außer bei uns ungeordnet und, ich möchte fast sagen, lächerlich ist: worüber ich mich oft in meinen tätlichen Unterhaltungen so auszusprechen pflege, daß ich unseren Landsleuten in der Staatsklugheit vor allen Anderen und besonders vor den Griechen den Vorzug gebe. Aus diesen Gründen, Scävola, hatte ich behauptet, daß denen, die vollkommene Redner sein wollen, die Kenntniß des bürgerlichen Rechtes nothwendig sei.

198. Ferner wer weiß nicht, wie viel Ehre, Gunst und Ansehen diese Kenntniß an und für sich denen gewährt, die in dem Besitze derselben sind? Bei den Griechen freilich leisten Menschen aus dem geringsten Stande – sie heißen bei ihnen πραγματικοί (Geschäftsführer) – für einen geringen Lohn den Rednern in den Gerichten ihre Dienste; aber in unserem Staate findet gerade das Gegentheil statt. Denn die angesehensten und berühmtesten Männer, wie jener, der wegen seiner Kenntniß im bürgerlichen Rechte so von den größten Dichter gepriesen wird: Trefflich verständiger und sehr kundiger Aelius Sextus und außerdem viele andere brachten es, nachdem sie sich durch ihre Geistesgaben Ansehen erworben hatten, bei der Ertheilung von Rechtsbescheiden dahin, daß sie durch ihre Rechtsaussprüche mehr noch als durch ihre Geistesleben zu hoher Geltung gelangten.

199. Um dem Alten aber den Zuspruch der Menschen und ansehnliche Auszeichnung zu sichern, kann es wol eine ehrenvollere Zuflucht geben als die Auslegung des Rechtes? Ich wenigstens habe mir schon von meinem Jünglingsalter an diese Zuflucht bereitet, nicht allein zum Gebrauche bei den gerichtlichem Verhandlungen, sondern auch zur Zierde und Ehre des Alters, damit, wenn mich meine Kräfte – und diese Zeit nähert sich schon ziemlich – zu verlassen anfingen, ich mein Haus vor jener traurigen Einsamkeit bewahrte. Denn was ist schöner, als wenn ein Greis, der Ehrenstellen und Aemter des Staates verwaltet hat, mit vollem Rechte von sich sagen kann, was bei Ennius jener Pythische Apollo sagt, er sei es, bei dem sich, wenn auch nicht Völker und Könige, doch alle seine Mitbürger Raths erholen:

In ihren Sachen rathlos kommen sie zu mir,
Doch sichern Rathes voll entlaß ich sie, daß sie
Nicht trüben unbesonnen ihres Heiles Wohl.

200. Denn das Haus eines Rechtsgelehrten ist ohne Zweifel ein Orakel der ganzen Bürgerschaft. wovon unseres Quintus Mucius Thür und Vorhalle zeugt, die ungeachtet seiner sehr schwachen Gesundheit und seines schon

angegriffenen Alters täglich von einer großen Menge Bürger und der angesehensten Männer besucht wird.

201. ferner bedarf das keiner weitläufigen Auseinandersetzung, warum ich der Ansicht bin, daß auch die öffentlichen Rechte, die dem Staate und dem Reiche eigenthümlich sind, sowie auch die Denkmäler der Geschichte und die Beispiele des Altertums dem Redner bekannt sein müssen. Denn sowie bei den Verhandlungen von Privatangelegenheiten und vor Bericht die Rede oft aus dem bürgerlichen Rechte geschöpft werden muß, und deshalb, wie ich zuvor bemerkte, dem Redner die Kenntniß des bürgerlichen Rechtes nothwendig ist; so muß in den öffentlichen Verhandlungen vor Gericht, in den Volksversammlungen, im Senate die ganze neue und ältere Geschichte, die Aussprüche des Staatsrechtes, die Staatswissenschaft der Redner, die sich mit den öffentlichen Angelegenheiten beschäftigen, gleichsam als Redestoff zu Gebote stehen.

202. Denn nicht ist es ein alltäglicher Sachwalter und Schreier oder Rechtsschwätzer, den wir in unserem Gespräche aufsuchen, sondern ein Mann, der zuerst in *der* Kunst ein Meister ist, deren Erfindung, wenn auch die Natur dem Menschen dazu große Fähigkeiten verlieh, doch einem Gotte zugeschrieben wird, so daß selbst das, was Eigentum des Menschen war, nicht durch uns gewonnen, sondern durch göttliche Eingebung zu uns gebracht erschien; ein Mann, der zweitens nicht sowol durch den Heroldstab, als durch den Namen des Redners, mit dem er geschmückt ist, selbst unter den Schwertern der Feinde sich unverletzt bewegen kann; ein Mann, der ferner Tücke und Ränke des Missethäters durch die Rede dem Hasse der Bürger bloßstellen und durch Strafen zügeln, sowie auch durch den Schutz seines Geistes die Unschuld von der Strafe der Gerichte befreien und auch ein erschlaffendes und strauchelndes Volk entweder zum Ehrgefühl erwecken oder vom Irrthume abführen oder gegen Uebelthäter entflammen oder die gereizte Stimmung desselben gegen Gute besänftigen kann; ein Mann, der endlich jede Gemüthsstimmung, wie sie Zeit und Umstände erfordern, in den Menschen durch die Rede entweder hervorrufen oder stillen kann.

203. Wer nun meint, diese Kunst sei von denen, welche über die Redekunst geschrieben haben, entwickelt worden oder könne von mir in so kurzer Zeit entwickelt werden, der irrt sich sehr und begreift nicht meine Unkunde, ja kaum die Größe der Sachen. Ich glaubte, weil ihr es ja so wünschtet, euch die Quellen, aus denen ihr schöpfen könnt, und die Pfade selbst bezeichnen zu müssen, aber nicht so, um selbst euer Führer auf denselben zu sein, was unendlich schwierig und nicht nothwendig ist, sondern nur, um euch den Weg nach den Quellen zu weisen und, wie man zu thun pflegt, einen Fingerzeig zu geben.

204. Ich aber sollte meinen, versetzte Mucius, du habest der Lernbegierde dieser jungen Männer, wenn sie anders lernbegierig sind, reichlich Genüge geleistet. Denn sowie man von Sokrates erzählt, er habe zu sagen gepflegt, seine Arbeit sei vollendet, wenn jemand durch seine Ermahnung hinlänglich zu dem Streben angefeuert sei die Tugend kennen zu lernen und in sich aufzunehmen; denn wem die Ueberzeugung beiwohne, daß er nichts lieber zu sein wünsche als ein guter Mann, dem sei die übrige Lehre leicht: so weiß ich, daß auch ihr, wenn ihr die Bahn betreten wollt, die euch Crassus durch seinen Vortrag eröffnet hat, ihr sehr leicht zum Ziele euerer Wünsche gelangen werdet, da er ja euch den Zugang und die Thür dazu eröffnet hat.

205. Allerdings, erwiderte Sulpicius, sind uns seine Belehrungen höchst dankenswerth und höchst erfreulich; aber einiges Wenige vermissen wir noch und insbesondere das, was du, lieber Crassus, über die Kunst selbst nur kurz durchlaufen hast, da du doch zugestandst, daß du es nicht gering schätztest und es auch erlernt habest. Wolltest du dieses etwas weitläufiger erörtern, so würdest du die Erwartung unserer lang gehegten Sehnsucht ganz und gar erfüllen. Denn jetzt haben wir gelernt, worauf wir unseren Fleiß wenden müssen, und das ist allerdings auch schon etwas Großes; aber wir wünschen auch den Lehrgang und die Regeln dieser Sachen kennen zu lernen.

206. Nun, sagte Crassus, um euch leichter bei mir zu behalten, bin ich euch willfährig gewesen und habe weniger auf meine Gewohnheit und

Natur Rücksicht genommen; wie wäre es nun, wenn wir den Antonius bäten, das, was er bei sich zusammenhält und noch nicht zum Vorschein gebracht hat, wovon ihm, wie er kurz zuvor klagte, eine kleine Schrift entschlüpft ist, uns zu entwickeln und jene Geheimnisse der Beredsamkeit kund zu thun? – Wie es dir beliebt, erwiderte Sulpicius. Denn aus dem Vortrage des Antonius werden wir auch deine Ansichten kennen lernen.

207. Nun, lieber Antonius, sagte Crassus, da nun einmal die Lernbegierde dieser jungen Männer uns Alten diese Bürde auferlegt, so bitte ich dich deine Absichten über die Gegenstände zu entwickeln, über die sie, wie du siehst, von dir belehrt zu werden wünschen.

Da sehe und fühle ich mich, erwiderte Antonius, ganz und gar betroffen, nicht allein weil man Dinge von mir verlangt, deren ich unkundig und ungewohnt bin, sondern auch weil unsere jungen Freunde mir jetzt nicht das zu vermeiden gestatten, wovor ich mich bei den gerichtlichen Verhandlungen so sehr zu hüten pflege, dein Nachfolger, Crassus, im Reden zu sein.

208. Doch ich will um so dreister auf euer Verlangen eingehen, weil es, wie ich hoffe, bei der gegenwärtigen Unterredung ebenso der Fall sein wird, wie es bei meiner öffentlichen Rede zu sein pflegt, daß man keinen geschmückten Vortrag von mir erwartet. Ich gedenke ja nicht von der Kunst zu reden, die ich nie erlernt habe, sondern von meiner Gewohnheit, wie denn auch das, was ich in meinen Leitfaden aufgenommen habe, von derselben Art ist, nicht durch gelehrten Unterricht mir mitgetheilt, sondern beruhend auf Erfahrung und wirklichen Rechtshandlungen. Findet dieses nun bei euch, so gelehrten Männern, keine Billigung, so müßt ihr euere eigene Unbilligkeit entschuldigen, da ihr mich um Dinge befragt, die ich nicht weiß, und meine Nachgiebigkeit loben, wenn ich euch nicht aus eigenem Entschlusse, sondern auf euer Verlangen ohne viele Umstände Rede stehe.

209. Hierauf sagte Crassus: Fahre nur fort, lieber Antonius. Denn es hat keine Gefahr damit, du möchtest Etwas anders vortragen, als höchst

einsichtsvoll, und so wird es Niemand von uns bereuen dich zu dieser Erörterung aufgefordert zu haben. – Nun gut, erwiderte er, so will ich denn fortfahren und das thun, was meines Erachtens bei allen wissenschaftlichen Untersuchungen zu Anfang geschehen muß. Vor Allem nämlich möge der Gegenstand der Untersuchung klar und deutlich dargelegt werden, damit der Vortrag nicht unsicher umherzuschweifen und auf Abwege zu gerathen genöthigt werde, wenn die, bei denen eine Meinungsverschiedenheit obwaltet, nicht ein und dasselbe unter dem Gegenstande, von dem gesprochen wird, verstehen.

210. Würde etwa zum Beispiel die Frage aufgeworfen: Was ist die Kunst des Heerführers? so müßte man nach meiner Ansicht zuerst festsetzen, was ein Heerführer sei. Wäre nun festgesetzt, er sei ein Mann, der mit der Verwaltung eines Krieges betraut sei; so würde ich hierauf eine Erklärung hinzufügen von dem Heere, dem Feldlager, den Marschzügen, der Lieferung von Schlachten, der Bestürmung der Städte, der Zufuhr, der Anwendung und Vermeidung des Hinterhalts und den übrigen Dingen, die zur Verwaltung des Krieges gehören. Wer die Kenntniß von diesen Gegenständen in seinen Geist und seine Wissenschaft aufgenommen hat, den würde ich für einen Heerführer erklären und als Beispiele Männer, wie die beiden Afrikaner und Maximus, anführen; den Epaminondas und Hannibal und andere Männer der Art würde ich namhaft machen.

211. Beträfe aber unsere Frage den Begriff von einem Manne, der auf die Verwaltung des Staates seine Erfahrung, seine Wissenschaft und seinen Fleiß verwendet; so würde ich folgende Erklärung geben: Wer die Mittel kennt, durch die das Beste des Staates gewonnen und vermehrt wird, und dieselben anwendet; der muß als Denker des Staates und Stimmführer im öffentlichen Rathe betrachtet werden, und rühmend würde ich anführen den Publius Lentulus, jenen Ersten im Senate, Tiberius Gracchus, den Vater, Quintus Metellus, Publius Africanus, Gajus Lälius und unzählige Andere sowol aus unserem als aus anderen Staaten.

212. Wäre aber die Frage, wer in Wahrheit ein Rechtsgelehrter genannt werden könne; so würde ich denjenigen dafür erklären, welcher der

Gesetze und des unter Privatpersonen im Staate üblichen Herkommens kundig ist, um Rechtsbescheide zu geben, gesetzmäßige Anklagen zu erheben und Rath gegen die Ränke der Widersacher zu ertheilen, und aus dieser Klasse würde ich den Sextus Aelius, Manius Manilius, Publius Mucius kennen.

Und um auf die Beschäftigungen mit den geringfügigeren Künsten zu kommen, wenn die Frage den Tonkünstler, den Sprachforscher, den Dichter beträfe, so könnte ich auf ähnliche Weise erklären, was den Beruf eines jeden ausmache, und was die erforderlichen Eigenschaften seien, auf die man sich bei jedem beschränken müsse. Ja selbst von dem Philosophen, der sich nach der Fülle seiner Weisheit allein im Besitze fast alles Wissens zu sein rühmt, findet doch eine gewisse Begriffsbestimmung statt, indem man demjenigen, welcher aller göttlichen und menschlichen Dinge Wesen, Beschaffenheit und Ursachen zu kennen die ganze Sittenlehre zu wissen und auszuüben sich bemüht, diesen Namen ertheilt.

213. Was nun aber den Redner anlangt, der ja der Gegenstand unserer Untersuchung ist; so habe ich von ihm nicht dieselbe Verstellung, wie Crassus, der mir unter dem Einen Namen und der Einen Obliegenheit des Redners die gesammte Kenntniß aller Dinge und Wissenschaften zu begreifen schien; ich halte vielmehr den für einen Redner, welcher in gerichtlichen und öffentlichen Verhandlungen Worte, die angenehm zu hören sind, und Gedanken, die Ueberzeugung einzuflößen geeignet sind, zu gebrauchen versteht. Einen solchen nenne ich einen Redner und wünsche, daß er außerdem auch Stimme, äußeren Vortrag und einen gewissen Witz besitze.

214. Unser Crassus aber schien mir die Geschicklichkeit des Redners nicht nach den Schranken dieser Kunst, sondern nach den fast unermeßlichen Gränzen seines Geistes zu bezeichnen. Denn erstens gab er nach seinem Ausspruche das Ruder der Staatsverwaltung dem Redner in die Hände: wobei es mir recht auffallend war, daß du, Scävola, ihm dieses einräumtest, da dir der Senat so oft, wenn du kurz und schmucklos

redetest, in den wichtigsten Angelegenheiten beistimmte. Wenn aber Marcus Scaurus, der, wie ich höre, nicht weit von hier auf seinem Landgute verweilt, ein Mann von der gründlichsten Kenntniß in der Staatsverwaltung, vernähme, daß du, Crassus, dieses Ansehen seiner Würde und Staatsklugheit in Anspruch nähmest, indem du es als ein Eigenthum des Redners erklärst: so würde er, glaube ich, sofort hierher kommen und diese unsere Geschwätzigkeit schon durch seine Miene und seinen Blick in Schrecken setzen; denn wenn er auch als Redner nicht zu verachten ist, so beruht doch seine Stärke mehr auf einer umfassenden Staatsklugheit als auf Redekunst.

215. Wenn nun auch wirklich jemand in Beidem stark ist, so folgt hieraus noch nicht, daß ein Stimmführer im öffentlichen Rathe und der gute Senator schon darum auch ein Redner sein müßte, oder daß ein durch Beredsamkeit ausgezeichneter Mann, wenn er sich zugleich in der Staatsverwaltung hervorthut, diese Wissenschaft sich durch die Redefertigkeit angeeignet habe. Diese Fähigkeiten liegen weit auseinander und sind sehr von einander verschieden und abgesondert, und nicht war es ein und dasselbe Verfahren, durch welches Marcus Cato, Publius Africanus, Quintus Metellus, Gajus Lälius, die alle ausgezeichnete Redner waren, ihre Rede zu schmücken und die Würde des Staates zu verherrlichen wußten.

216. Es ist ja weder von der Natur bestimmt, noch durch irgend ein Gesetz oder durch das Herkommen verordnet, daß es einem einzelnen Menschen nicht vergönnt sein soll mehr als Eine Kunst zu verstehen. Wenn daher auch Perikles zu Athen ein großer Redner war und zugleich die oberste Leitung des Staates führte, so darf man darum nicht annehmen, daß beide Fähigkeiten Einer Person und Einer Kunst angehören, und wenn Publius Crassus zugleich beredt und rechtskundig war, so ist deshalb die Wissenschaft des bürgerlichen Rechtes nicht in der Redegewandtheit enthalten.

217. Denn wenn Jemand, der sich in einer Kunst und Fertigkeit auszeichnet und damit auch noch eine andere Kunst verbindet, uns zu

der Ansicht bestimmen könnte, seine Nebenwissenschaft sei als ein Theil derjenigen Wissenschaft, in welcher er sich auszeichnet, anzusehen: so könnten wir auf diese Weise auch behaupten, die Geschicklichkeit im Ballspiele und im Brettspiele gehöre zur Rechtsgelehrsamkeit, da ja Publius Mucius beides sehr gut verstand, und mit gleichem Rechte könnten die Philosophen, welche die Griechen Naturphilosophen nennen, auch Dichter genannt werden, da ja der Naturphilosoph Empedokles ein herrliches Gedicht verfertigt hat. Aber nicht einmal die Philosophen, die doch das ganze Gebiet des Wissens als ihren eigenen Besitz in Anspruch nehmen, unterfangen sich zu behaupten, die Geometrie oder die Tonkunst gehöre dem Philosophen an, weil Plato zugestandenermaßen in diesen Künsten höchst auszeichnet gewesen sei.

218. Will man nun auch alle Wissenschaften dem Redner unterordnen, so könnte man dieß noch eher zulassen, wenn man sich vielmehr also ausdrückte: Weil die Beredsamkeit nicht nüchtern und nackt, sondern durch eine angenehme Abwechslung von vielerlei Gegenständen gewürzt und geschmückt sein soll, so kommt es dem Redner zu Vieles gehört, Vieles gesehen, Vieles überlegt und durchdacht, Vieles auch gelesen zu haben, was er jedoch nicht als sein Eigenthum in Besitz genommen, sondern nur gleichsam als fremde Speisen gekostet hat. Denn ich bekenne, der Redner muß gewandt sein, in keiner Sache Anfänger und Neuling, noch unwissend und Fremdling in dem Rechtsverfahren.

219. Aber durch die hochfahrenden Worte, die du, Crassus, ganz in der Weise der Philosophen gebraucht hast, lasse ich mich nicht in Verlegenheit bringen. Du behauptetest nämlich, die Gemüther der Zuhörer könne Niemand durch die Rede entflammen oder die entflammten dämpfen, worin sich gerade des Redners Stärke und Größe zeige, der nicht das Wesen aller Dinge, die Sitten und Grundsätze der Menschen gründlich durchschaut habe, und zu diesem Zwecke müsse der Redner die Philosophie nothwendig erlernen, eine Wissenschaft, in der, wie wir wissen, auch die größten Geister, frei von allen Amtsgeschäften, ihre ganze Lebenszeit zugebracht haben. Den Reichthum und den Umfang ihrer Kenntniß und Wissenschaft verachte ich keineswegs, ja ich

bewundere sie gar sehr; doch uns, die wir in der Mitte unseres Volkes und auf dem Forum leben, genügt es von den Sitten der Menschen das zu wissen und zu sagen, was den Sitten der Menschen nicht zuwiderläuft.

220. Denn hat sich wol je ein großer und gewichtiger Redner, wenn er den Richter wider seinen Gegner zum Zorne reizen wollte, deßwegen verlegen gefühlt, weil er nicht gewußt hätte, was Zorn sei, ob eine Aufwallung des Gemüthes oder ein Verlangen seinen Schmerz zu rächen? Wer hat, wenn er die anderen Leidenschaften in den Gemüthern der Richter oder des Volkes durch die Rede aufrühren und in Bewegung setzen wollte, solche Dinge vorgetragen, wie sie von den Philosophen vorgetragen zu werden pflegen? EinigeDie Stoiker.von ihnen behaupten ja, man dürfe überhaupt den Leidenschaften keinen Raum geben, und diejenigen, welche dieselben in den Gemüthern der Richter erregten, begingen einen verruchten Frevel; andereDie Peripatetiker und Akademiker., die duldsamer sein und der Wirklichkeit des Lebens näher treten wollen, lehren, die Gemüthsbewegungen dürften nur sehr gemäßigt und ganz gelinde sein.

221. Der Redner hingegen stellt alles das, was man im gewöhnlichen Leben für böse, beschwerlich und verwerflich hält, in seiner Schilderung weit arger und greller dar, sowie er hinwiederum das, was der großen Menge begehrens- und wünschenswerth erscheint, durch seinen Vortrag verherrlicht und ausschmückt. Auch will er sich unter Thoren nicht so den Schein von Weisheit geben, daß entweder seine Zuhörer ihn für einen Gecken und pedantischen Griechen halten, oder, wenn sie auch wirklich seine Geisteskräfte anerkennen sollten, des Redners Weisheit zwar bewundern, über ihre eigene Thorheit aber Mißbehagen empfinden.

222. Wenn der Redner in die Seelen der Menschen eindringt, wenn er ihre Empfindungen und Gedanken bearbeitet, so vermißt er nicht die Begriffsbestimmungen der Philosophen und untersucht nicht in seinem Vortrage, ob das höchste Gut in der Seele oder im Körper liege, ob es nach der Tugend oder nach dem Vergnügen bestimmt werde, oder ob sich Beides mit einander verbinden und vereinigen lasse, oder aber ob man,

wie Einige meinen, nichts Bestimmtes hiervon wissen könne, Nichts sich deutlich erkennen und begreifen lasse. Die Wissenschaft dieser Dinge, ich bekenne es, ist groß und vielseitig, und es gibt viele ausführliche und mannigfaltige Lehrarten hierüber; aber unsere Absicht, lieber Crassus, ist auf etwas Anderes, ganz Anderes gerichtet.

223. Einen mit eindringendem Verstande ausgerüsteten und von Natur und durch Uebung gewandten Mann haben wir nöthig, der mit Scharfsinn erforschen kann, was seine Mitbürger und die Menschen, denen er durch seinen Vortrag eine Ueberzeugung einflößen will, denken, empfinden, meinen, erwarten; er muß gleichsam die Adern jedes Geschlechtes, Alters und Standes kennen und die Gedanken und Empfindungen derer, vor denen er jetzt oder später als Redner auftreten will, prüfen.

224. Die Schriften der Philosophen aber spare er sich für eine solche Tusculanische Erholung und Muße, wie wir sie jetzt genießen, auf, damit er, wenn er einmal über Gerechtigkeit und Treue reden muß, seine Gedanken nicht von Plato zu entlehnen braucht, der, als er seine Lehren hierüber niederzuschreiben gedachte, einen neuen Staat in seinen Schriften erdichtete. Bis zu dem Grade entfernten sich die Ansichten, die er über die Gerechtigkeit vortragen zu müssen glaubte, von dem gewöhnlichen Leben und den Sitten der Staaten.

225. Würden solche Grundsätze unter den Völkern und in den Staaten gutgeheißen, wie hätte man dir, Crassus, dem berühmtesten, angesehensten und ersten Mann im Staate gestatten können vor der zahlreichsten Versammlung deiner Mitbürger solche Aeußerungen zu thun:

„Entreißt uns dem Elende, entreißt uns dem Rachen derer, deren Grausamkeit durch unser Blut nicht gesättigt werden kann; laßt nicht zu, daß wir irgend Einem dienen, außer euch allen insgesamt, denen wir dienen können und müssen.“ Ich übergehe das *Elend*, in dem sich nach den Lehrsätzen der Philosophen ein tapferer Mann nicht befinden kann; ich übergehe den *Rachen*, dem du entrissen sein willst, damit dein Blut nicht durch unbillige Gerichte ausgesogen werde: was doch nach der

Meinung jener einem weisen Manne nicht begegnen kann: wie aber konntest du dich unterfangen zu sagen, nicht nur du, sondern der gesammte Senat, dessen Sache du damals führtest, diene?

226. Kann die Tugend, Crassus, dienen, wenn du die Ansicht derer billigst, deren Lehrsätze du in des Redners Wissenschaft aufnimmst? sie, die immer und allein frei ist und die, mag auch der Körper durch Waffengewalt gefangen oder durch Fesseln gebunden sein, dennoch ihr Recht und ihre Freiheit in allen Dingen ungeschmälert behaupten muß. Nun vollends der Zusatz: der Senat *könne* nicht nur dem Volke dienen, sondern *müsse* es auch! Welcher Philosoph ist so weichlich, so schlaff, so entnervt, bezieht so Alles auf den sinnlichen Genuß und auf den Schmerz, daß er die Aeußerung billigen könnte, der Senat diene dem Volke, der Senat, dem das Volk die Gewalt seiner Leitung und Lenkung wie Zügel in die Hände gegeben hat?

227. Diese Stelle nun, die mir unvergleichlich schön erschien, erklärte Publius Rutilius Rufus, ein gelehrter und der Philosophie ergebener Mann, nicht nur für sehr unangemessen, sondern auch für schimpflich und schmählich. Und ebenso pflegte er den Servius Galba, dessen er sich wohl zu erinnern versicherte, sehr hart zu tadeln, weil er bei einer peinlichen Untersuchung, die Lucius Scribonius gegen ihn anstellte, das Mitleid des Volkes erregt hätte, nachdem Marcus Cato, ein heftiger und bitterer Feind des Galba, vor dem Römischen Volke eine barsche und leidenschaftliche Rede gehalten hatte, die er selbst in seiner Urgeschichte mitgetheilt hat.

228. Es tadelte also Rutilius den Galba, weil er des Gajus Sulpicius Gallus, seines Verwandten, Sohn Quintus, seinen Mündel, selbst fast auf seine Schultern emporgehoben, um durch die Erinnerung und das Andenken an dessen berühmten Vater das Volk zu Thränen zu rühren, und seine beiden eigenen kleinen Söhne dem Schutze des Volkes empfohlen und, als ob er wie ein Krieger vor der Schlacht ohne Wage und Urkunde sein Testament machte, das Römische Volk zum Vormunde für diese Waisen eingesetzt hätte. Durch diese bühnenartigen Kunstgriffe, erzählte er, sei

Galba damals trotz des Unwillens und Hasses, mit dem das Volk gegen ihn erfüllt war, freigesprochen worden, wie ich auch bei Cato geschrieben sehe: „hätte er sich nicht der Knaben und Thränen bedient, so würde er Strafe gebüßt haben.“ Dieses Verfahren tadelte Rutilius sehr und erklärte, einer solchen Erniedrigung hätte die Verbannung oder der Tod vorgezogen werden müssen.

229. Und er sagte dieses nicht allein, sondern dachte und handelte auch so. Denn da dieser Mann ein Muster von Unbescholtenheit, wie ihr wißt, war, dem Niemand im Staate an Rechtschaffenheit und Sittenreinheit gleichkam; so wollte er die Richter nicht demüthig anflehen, ja er ließ es nicht einmal zu, daß seine Sache beredter oder freier geführt wurde, als es das einfache Verhältnis der Wahrheit gestattete. Nur einen kleinen Theil der Vertheidigung überließ er unserem Cotta hier, einem so beredten jungen Manne, seiner Schwester Sohne. Zum Theil führte auch Quintus Mucius seine Sache nach seiner Weise, ohne alles Gepränge, schlicht und deutlich.

230. Hättest du damals, Crassus, geredet, der du kurz zuvor behauptetest, der Redner müsse für die Fülle der Rede Beistand aus den Untersuchungen der Philosophen entlehnen, und wäre es dir gestattet worden für den Publius Rutilius nicht nach der Philosophen, sondern deiner Weise zu reden: die Kraft deiner Rede hätte den Richtern, – so frevelhaft sie auch gewesen wären, wie sie es auch wirklich waren, diese verderblichen und strafwürdigen Bürger, – dennoch alle Unverschämtheit aus ihrem innersten Herzen entrissen. Nun aber ging ein solcher Mann verloren, indem seine Sache so geführt wurde, als ob sie in dem erdichteten Staate Platos verhandelt worden wäre. Keiner der Sachwalter seufzte auf, keiner erhob laut seine Stimme, keinem ging die Sache zum Herzen, keiner klagte, keiner flehte den Schutz des Staates an, keiner bat flehentlich. Kurz, keiner stampfte in jenem Gerichte mit dem Fuße, ich glaube, damit es ja nicht den Stoikern wiedererzählt werden möchte.

231. Der Römer und Consular ahmte jenem alten Sokrates nach, der, da er der weiseste unter Allen war und den unsträflichsten Lebenswandel

geführt hatte, in dem peinlichen Gerichte für sich so redete, daß er nicht ein flehender oder Beklagter, sondern ein Lehrmeister und Gebieter der Richter zu sein schien. Ja als ihm der berühmte Redner Lysias eine geschriebene Rede brachte, die er, wenn es ihm gefiele, auswendig lernen möchte, um von ihr im Gerichte für sich Gebrauch zu machen; so las er sie nicht ungern und erklärte, sie sei recht schön abgefaßt. Aber, fuhr er fort, wie ich, wenn du mir Sicyonische Schuhe brächtest, sie nicht gebrauchen würde, so bequem sie auch sitzen und für den Fuß passen möchten, weil sie für Männer nicht anständig sind; ebenso scheint mir jene Rede beredt und rednerisch, aber nicht in gleichem Grade kräftig und männlich. So geschah es denn, daß auch jener verurtheilt wurde, und nicht allein bei der ersten Abstimmung, bei welcher die Richter nur entschieden, ob sie ihn verurtheilten oder freisprächen, sondern auch bei der zweiten, die sie nach den Gesetzen vornehmen mußten. Es bestand nämlich zu Athen für den Beklagten nach seiner Verurtheilung, wenn auf seinem Verbrechen nicht die Todesstrafe stand, gleichsam eine Abschätzung der Strafe.

232. und der Beklagte wurde, wenn die Dichter zur Abstimmung aufgefordert wurden, zuvor gefragt, was denn das für eine Strafe sei, die er nach seiner Abschätzung verdient zu haben bekenne. Als man dem Sokrates diese Frage vorgelegt hatte, erwiderte er, er habe verdient, daß man ihn durch die höchsten Ehren und Belohnungen auszeichne und ihm den täglichen Lebensunterhalt in dem Prytaneum auf Staatskosten reiche: eine Ehre, die bei den Griechen für die größte gehalten wird.

233. Ueber diese Antwort entbrannten die Richter so von Zorn, daß sie den unschuldigsten Mann zum Tode verurtheilten. Gesetzt, er wäre freigesprochen worden (was ich in der That, wenn uns die Sache auch weiter nichts angeht, doch wegen seiner Geistesgröße wünschte): wie konnten wir jene Philosophen ertragen, die auch jetzt, nachdem jener wegen keiner anderen Schuld, als wegen seiner Unkunde im Reden verurtheilt worden ist, gleichwol behaupten, man müsse von ihnen die Regeln der Beredsamkeit entlehnen? Ich will mit ihnen nicht streiten. welche von beiden Wissenschaften die bessere oder ächtere sei; aber so

viel behaupte ich, daß die Philosophie etwas Anderes sei, als die Beredsamkeit, und daß diese auch ohne jene höchst vortrefflich sein könne.

234. Daß du dich nun ferner, Crassus, des bürgerlichen Rechtes so eifrig angenommen hast, davon sehe ich den Grund ein und sah ihn schon ein, als du noch redetest. Zuerst hast du dich dem Scävola gefällig zeigen wollen, den wir alle wegen seiner ausnehmenden Freundlichkeit mit vollstem Rechte lieben müssen, und da du seine Wissenschaft unausgestattet und ungeschmückt sahst, so hast du sie durch die Ausstattung deiner Worte bereichert und geschmückt. Zweitens weil du auf dieselbe recht viel Fleiß und Arbeit verwendet hattest, da du den Ermunterer zu dieser Beschäftigung und den Lehrmeister in deiner FamilieScävola war ja der Schwiegervater des Crassus.hattest; so warst du besorgt, du möchtest dich vergeblich bemüht haben, wenn du nicht diese Wissenschaft durch deinen Vortrag verherrlichtest. Doch ich will auch mit dieser Wissenschaft mich in keinen Streit einlassen.

235. Mag sie immerhin eine so große Bedeutung haben, wie du meinst. Und in der That ist sie wichtig, findet eine vielfache Anwendung und gewährt vielen Menschen Nutzen; auch hat sie immer in hohen Ehren gestanden, und die berühmtesten Männer unsres Staates widmen sich noch heute dieser Wissenschaft. Doch sieh zu, lieber Crassus, ob du nicht die Rechtswissenschaft, indem du sie mit einem neuen und fremden Schmucke schmücken willst, auch des eigenen, der ihr zugestanden und eingeräumt wird, beraubest und entkleidest.

236. Denn wenn du dich so aussprächest, der Rechtsgelehrte sei auch Redner, und ebenso der Redner sei auch Rechtsgelehrter; so würdest du zwei herrliche unter einander gleiche und derselben Würde theilhaftige Wissenschaften aufstellen. Nun aber gestehst du ein, Rechtsgelehrter könne man auch ohne die Beredsamkeit, die wir zum Gegenstande unserer Betrachtung machen, sein, und dergleichen habe es schon sehr viele gegeben; Redner hingegen, behauptest du, könne Niemand sein, wenn er nicht jene Wissenschaft zu Hülfe nehme. Auf diese Weise ist dir

der Rechtsgelehrte an und für sich weiter nichts, als ein vorsichtiger und scharfsinniger Gesetzkrämer, ein Ausrufer der gerichtlichen Verhandlungen, ein Ableierer von Formeln, ein Silbenstecher; aber weil der Redner sich der Beihülfe des Rechtes in seinen Verhandlungen bedient, so hast du deßhalb diese Rechtswissenschaft der Beredsamkeit als Magd und Zofe beigegeben.

237. Wenn du dich aber über die Unverschämtheit derjenigen Sachwalter gewundert hast, welche, obwol sie das Kleine nicht wissen, sich zum Großen anheischig machen oder die schwersten Rechtsfragen vor Gericht zu verhandeln sich erdreisten, obwol sie dieselben nicht verstehen und nie gelernt haben: so ist die Vertheidigung beider Erscheinungen leicht und liegt auf der Hand. Denn man darf sich nicht darüber wundern, wenn Einer, der nicht weiß, mit welcher Formel der Ehekauf, geschlossen wird, dennoch die Sache einer Frau, welche einen solchen Ehekauf geschlossen hat, vertheidigen kann, und wenn die Steuerkunst bei einem kleinen und großen Fahrzeuge die nämliche ist, so dürfte darum derjenige, der nicht weiß, welcher Formeln man sich bei Erbschaftsvertheilungen bedienen muß, gleichwol einen Rechtsstreit über eine Erbschaftsvertheilung führen können.

238. Denn was die wichtigsten, auf dem Rechte beruhenden Verhandlungen des Centumviralgerichtes, die du anführtest, anlangt; war wol irgend eine derselben von der Art, daß sie nicht von einem beredten, aber des Rechtes unkundigen Manne auf das Schönste hätte geführt werden können? In allen diesen Verhandlungen, sowie eben in der Sache des Manius Curius, die du neulich vertheidigt hast, und in dem Rechtsstreite des Gajus Hostilius Mancinus und in der Angelegenheit des Knaben, der von der zweiten Frau geboren war ohne vorhergegangene Scheidung von der ersten, waltete in Betreff des Rechtes unter den erfahrensten Männern die größte Meinungsverschiedenheit ob.

239. Ich frage nun, was dein Redner bei diesen Verhandlungen die Rechtswissenschaft geholfen hätte, da nur derjenige Rechtsgelehrte den Sieg davon getragen haben würde, der sich nicht auf seine eigenen,

sondern auf eine fremde Wissenschaft gestützt hätte, d. h. nicht auf die Rechtswissenschaft, sondern auf die Beredsamkeit. So habe ich oft folgenden Vorfall erzählen hören. Als Publius Crassus sich um die Aedilität bewarb, und ihn Servius Galba, der älter war und schon Consular, begleitete, weil er die Tochter des Crassus mit seinem Sohne Gajus verlobt hatte; so trat ein Bauer zum Crassus, um sich bei ihm Raths zu erholen. Jener führte den Crassus bei Seite und trug ihm seine Angelegenheit vor. Die Antwort, die er erhielt, war zwar richtig, aber seiner Sache nicht vorteilhaft. Als Galba ihn verstimmt sah, redete er ihn beim Namen an und fragte ihn, in welcher Angelegenheit er den Crassus zu Rathe gezogen habe. Als er es vernommen hatte und den Mann erschüttert sah, sagte er: Ich sehe, Crassus hat dir in der Zerstreuung und mit anderen Dingen beschäftigt geantwortet.

240. Hierauf nahm er den Crassus selbst bei der Hand und sagte: Hör' einmal, wie kam dir in den Sinn einen solchen Bescheid zu geben? Jener, als der rechtskundigste Mann, betheuerte ihm jetzt zuversichtlich, die Sache verhalte sich natürlich so, wie er geantwortet habe, und unterliege keinem Zweifel. Galba aber, der auf mancherlei Weise und in reichlicher Fülle seinen Witz gegen ihn spielen ließ, führte viele ähnliche Fälle an und sagte Vieles für die Billigkeit gegen das Recht. Da nun Crassus ihm an Gewandtheit der Rede nicht gewachsen war, (denn wiewol er zu den beredten Männern gerechnet wurde, so kam er doch dem Galba keineswegs gleich;) so nahm er seine Zuflucht zu Gewährsmännern und zeigte, daß seine Ansicht in seines Bruders Publius Mucius Büchern und in des Sextus Aelius Denkschrift schriftlich zu lesen sei, und doch gab er zu, daß des Galba Erörterung ihm beifallswerth und beinahe wahr dünkte.

241. Aber die Fälle, die von der Art sind, daß über ihr Recht kein Zweifel obwalten kann, pflegen überhaupt nicht Gegenstand gerichtlicher Untersuchungen zu werden. Macht wol jemand nach einem Testamente, das ein Hausvater vor der Geburt eines Sohnes machte, auf eine Erbschaft Ansprüche? Niemand, weil es feststeht, daß durch die später erfolgende Geburt eines Sohnes das Testament seine Gültigkeit verliert. Also in dieser Art des Rechtes finden keine gerichtlichen Entscheidungen statt. Folglich

kann der Redner bei den Rechtsstreitigkeiten mit diesem ganzen Theile des Rechtes, der ohne Zweifel der bei Weitem größte ist, ohne Nachtheil unbekannt sein.

242. In den Fällen aber, wo in Betreff des Rechtes unter den erfahrensten Männern Zweifel obwalten, kann der Redner leicht für die Partei, die er vertheidigt, einen Rathgeber finden, und wenn er von diesem schwungkräftige Speere empfangen hat, so wird er selbst sie mit des Redners Armen und Kräften zu schleudern verstehen. Es müßte denn sein, daß du die Sache des Manius Curius aus den Schriften und nach den Lehren deines Schwiegervaters (der wackere Mann wird mir wol diese Aeußerung gestatten) vertheidigt hättest und nicht vielmehr auf Beschirmung der Billigkeit und auf Vertheidigung der Testamente und des Willens der Verstorbenen gedrungen wärest.

243. Und nach meiner Ansicht wenigstens (ich wohnte der damaligen Verhandlung fleißig bei) nahmst du den bei Weitem größeren Theil deiner Zuhörer durch den Witz deiner Gedanken, durch launige Einfälle und feine Scherzreden für dich ein, indem du bald des Scävola unendlichen Scharfsinn verspottetest, bald seine Geisteskraft bewundertest, weil er den tiefen Gedanken ergründet habe, man müsse eher geboren werden, als man sterben könne, dann wieder Vieles aus den Gesetzen, aus den Senatsbeschlüssen, aus dem Leben und der gewöhnlichen Redeweise nicht nur scharfsinnig, sondern auch witzig und scherzhaft zusammenstelltest, um darzuthun, daß, wenn man bloß auf die Worte und nicht auf die Sache sehe, Nichts ausgerichtet werden könne. Und so war das Gericht voll der heitersten und fröhlichsten Stimmung. Was dir hierin die Uebung im bürgerlichen Rechte genützt habe, sehe ich nicht ein; die ausgezeichnete Kraft der Rede, gepaart mit der heitersten Laune und der liebenswürdigsten Anmuth, war dir von Nutzen.

244. Selbst jener Mucius, der Vertheidiger des väterlichen Rechtes und der Verfechter seines väterlichen Erbgutes, was hat er in jener Verhandlung, als er gegen dich redete, vorgebracht, was aus dem

bürgerlichen Rechte entlehnt erschien? welches Gesetz hat er angeführt? was hat er durch seinen Vortrag enthüllt, das Unkundigen einigermaßen verborgen gewesen wäre? Sein ganzer Vortrag beschäftigte sich ja damit, daß er behauptete, das Geschriebene müsse die größte Geltung haben. Aber hierin werden alle Knaben bei ihren Lehrern geübt, wenn sie angewiesen werden in solchen Fällen bald den geschriebenen Buchstaben bald die Billigkeit zu vertheidigen.

245. Und in jener Sache des Kriegers, wenn du entweder den Erben oder den Krieger vertheidigt hättest, würdest du, sollte man wol gar meinen, zu den Hostilianischen Formeln und nicht zu deiner rednerischen Kraft und Gewandtheit deine Zuflucht genommen haben. O nein. Vielmehr würdest du, wenn du ein Testament vertheidigtest, die Sache so vortragen, als ob alles Recht aller Testamente auf diesem Gerichte beruhe, oder wenn du die Sache des Kriegers geführt hättest, so würdest du deiner Gewohnheit gemäß seinen Vater durch deinen Vortrag von den Todten erweckt und den Richtern vor die Augen gestellt haben; er hätte seinen Sohn umarmt und unter Thränen den Centumvirn empfohlen; alle Steine wahrlich hätte er zu Thränen und Wehklagen gerührt, so daß die ganze Formel: „Wie der Mund gesprochen“ nicht in den zwölf Tafeln, die du allen Büchersammlungen vorziehst, sondern unter den bei einem Schullehrer nachgeschriebenen Gesetzformeln zu stehen scheinen würde.

246. Ferner beschuldigst du unsere jungen Männer der Trägheit, weil sie diese Wissenschaft nicht erlernen wollen, die doch erstens sehr leicht sei. Was nun diese Leichtigkeit anlangt, so mögen jene darüber urtheilen, welche voller Stolz auf diese Wissenschaft, als ob sie die schwierigste sei, in Selbstgenügsamkeit einherschreiten; dann aber magst du auch selbst darüber urtheilen, der du diese Wissenschaft für leicht erklärst, die nach deinem eigenen Geständnisse überhaupt noch gar keine Wissenschaft ist, sondern erst einmal dann eine solche werden wird, wenn Jemand noch eine andere Wissenschaft dazu erlernt, durch die er diese wissenschaftlich gestalten kann. Zweitens, sagst du, sei sie voller Ergötzlichkeit. Dieses Vergnügen wollen dir Alle schenken und verzichten gern auf dasselbe, und nicht leicht wird sich Jemand finden, der, wenn er Etwas lernen soll,

nicht lieber den Teuker des Pacuvius auswendig lernen würde, als die Manilianischen Formeln über Kauf und Verkauf.

247. Wenn du aber ferner meinst, wir müßten aus Vaterlandsliebe die Erfindungen unserer Vorfahren kennen; siehst du nicht, daß die alten Gesetze theils von selbst durch die Länge der Zeit veraltet, theils durch neue Gesetze aufgehoben sind? Ja du glaubst sogar, gute Männer würden durch das bürgerliche Recht gebildet, weil durch die Gesetze Belohnungen für die Tugenden und Strafen für die Laster bestimmt seien. Aber ich war der Ansicht, die Tugend werde den Menschen, wenn anders sie wissenschaftlich gelehrt werden könne, durch Unterricht und Ueberzeugung, nicht aber durch Drohungen, Gewalt und Furcht gelehrt. Denn wie schön es ist sich vor dem Uebel zu hüten, das wenigstens können wir auch ohne die Kenntniß des Rechtes wissen.

248. Was mich aber selbst betrifft, dem du allein die Fähigkeit zugestehst ohne alle Rechtskenntniß dennoch Rechtssachen befriedigend zu verhandeln; so muß ich dir hierauf erwidern, daß ich nie das bürgerliche Recht erlernt und doch bei den Rechtssachen, die ich vor Gericht vertheidigen konnte, nie diese Wissenschaft vermißt habe. Denn etwas Anderes ist es ein Kunstverständiger in einem Fache oder einer Wissenschaft, etwas Anderes im gemeinen Leben und im gewöhnlichen Verkehre mit Menschen nicht dumm und unwissend zu sein.

249. Wem von uns ist es jetzt vergönnt seine Landgüter zu durchwandern und der Landwirtschaft entweder des Nutzens oder des Vergnügens wegen seine Aufmerksamkeit zu schenken? Und doch bringt Niemand sein Leben so ohne Augen, so ohne Verstand zu, daß er gar nicht wissen sollte, was Aussaat und Ernte sei, was Beschneidung der Bäume und Weinstöcke, zu welcher Jahreszeit oder auf welche Weise diese Geschäfte besorgt werden. Wenn nun Einer ein Landgut zu besichtigen, oder wenn er wegen des Ackerbaues dem Verwalter einen Auftrag oder dem Meier einen Befehl zu ertheilen hat, muß er wol deßhalb die Bücher des Karthagers Mago durchlesen, oder können wir uns mit unserem gemeinen Menschenverstande begnügen? Warum können wir also nicht gleichfalls

in dem bürgerlichen Rechte, zumal da wir uns in Rechtssachen, in Geschäften und vor Gericht abarbeiten müssen, hinlänglich gerüstet sein, wenigstens insoweit, daß wir in unserem eigenen Vaterlande nicht als Fremde und Ankömmlinge erscheinen?

250. Und sollte auch wirklich eine etwas schwierige Rechtssache uns übertragen werden, so dürfte es glaub' ich, eine schwierige Aufgabe sein mit unserem Scävola darüber Rücksprache zu nehmen, wiewol schon die streitenden Parteien uns über Alles eingeholte Rechtsbescheide und Erkundigungen zutragen. Wie aber? Wenn über den Zustand einer Sache selbst, wenn über Gränzstreitigkeiten, wo wir keine Besichtigung an Ort und Stelle vornehmen können, wenn über Rechnungsbücher und schriftliche Geldanweisungen ein Rechtshandel statt findet; so wissen wir uns, wenn es verlangt wird, in verwickelte und oft schwierige Streitpunkte hineinzuarbeiten; und wir sollten, wenn wir Gesetze oder Rechtsgutachten erfahrener Männer kennen zu lernen haben, Besorgniß hegen, wir möchten dieselben nicht begreifen können, wenn wir uns von Jugend auf weniger mit dem bürgerlichen Rechte beschäftigt haben?

Nützt also die Kenntniß des bürgerlichen Rechtes dem Redner nichts? Ich kann nicht sagen, daß irgend eine Wissenschaft ohne Nutzen sei, zumal für den, dessen Beredsamkeit mit reichhaltiger Sachkenntnis ausgerüstet sein muß; aber die Kenntnisse, die sich ein Redner aneignen muß, sind so vielfach, wichtig und schwierig, daß ich seine Thätigkeit nicht in noch mehr Beschäftigungen zersplittern möchte.

251. Wer kann leugnen, daß der Redner zu seiner rednerischen Bewegung und Stellung das Gebärdenspiel und den feinen Anstand eines Roscius nöthig hat? Und doch dürfte Niemand jungen Männern, die der Beredsamkeit obliegen, den Rath geben auf die Erlernung des Gebärdenspieles, wie Schauspieler, Fleiß und Mühe zu verwenden. Was ist dem Redner so nothwendig, als die Stimme? Und doch wird Niemand, der sich der Beredsamkeit befleißigt, wenn er meinen Rath hören will, der Ausbildung seiner Stimme sich so ergeben, wie es die Griechen und die tragischen Schauspieler thun, welche mehrere Jahre hindurch im Sitzen

die Kunst des Vortrages üben und täglich, bevor sie ihre Vorträge beginnen, im Liegen ihre Stimme allmählich erhöhen und sie, sobald sie in Bewegung gebracht ist, im Sitzen von dem höchsten Tone bis zum tiefsten sinken lassen und dann gleichsam wieder sammeln. Wollten wir dieß thun, so möchten die, deren Vertheidigung wir übernommen haben, eher verurtheilt werden, als wir so oft, als vorgeschrieben wird, einen Päan oder Munio abgesungen hätten.

252. Wenn wir nun auf das Gebärdenspiel, das doch dem Redner von großem Nutzen ist, und auf die Stimme, die vor Allem die Beredsamkeit empfiehlt und unterstützt, nicht besonders großen Fleiß verwenden dürfen und in Beidem nur so viel erreichen können, als uns in dem Schlachtgetümmel unserer täglichen Geschäfte Zeit dazu verstattet wird: um wie viel weniger dürfen wir uns auf die Erlernung und Beschäftigung mit dem bürgerlichen Rechte einlassen? In der Hauptsache läßt sich dasselbe auch ohne Unterweisung fassen und unterscheidet sich darin von jenen Gegenständen, daß die Stimme und das Gebärdenspiel nicht plötzlich angenommen und anderswoher aufgerafft werden kann, was hingegen aus der Rechtswissenschaft für jede einzelne Streitsache nützlich ist, selbst bei der größten Eile entweder von Rechtskundigen oder aus Büchern entlehnt werden kann.

253. So haben bei den Griechen die beredtesten Männer bei ihren Verhandlungen Rechtskundige in ihren Diensten, ich meine die, welche, wie von dir kurz zuvor bemerkt wurde, Pragmatiker heißen, da sie selbst in der Rechtswissenschaft sehr unerfahren sind. Hierin verfuhren freilich die Unsrigen weit besser, indem sie die Gesetze und Rechte durch das Ansehen der berühmtesten Männer geschützt wissen wollten. Aber doch würde dieses den Griechen nicht entgangen sein, wenn sie es für so nothwendig erachtet hätten den Redner selbst im bürgerlichen Rechte zu unterrichten und ihm nicht einen Pragmatiker als Gehülfen zur Seite zu setzen.

254. Was ferner deine Behauptung betrifft, unser Alter werde durch die Kenntniß des bürgerlichen Rechtes vor Einsamkeit bewahrt; so kann dieß

vielleicht auch durch großes Vermöge bewirkt werden; doch wir fragen jetzt nicht, was uns nützlich, sondern was dem Redner nothwendig ist. Gleichwol will ich hier noch einer Aeußerung des Roscius gedenken, des nämlichen Künstlers, von dem wir schon so Manches entlehnt haben, das mit der Kunst des Redners in naher Beziehung steht. Er pflegte nämlich zu sagen, je weiter er im Alter vorrücke, desto langsamer wolle er die Anweisen des Flötenspielers setzen und die Musik sanfter einrichten. Wenn nun dieser, obwol gebunden an ein bestimmtes Maß der Takte und Füße, dennoch zur Erleichterung für sein Alter auf ein Mittel bedacht ist; wie viel leichter können wir die Tonweisen nicht nur herabstimmen, sondern gänzlich umändern?

255. Es ist dir ja bekannt, Crassus, wie viele und mannigfaltige Arten des Vortrages es gibt, und ich möchte behaupten, daß du dieses zuerst gezeigt hast; denn schon lange redest du weit gelassener und sanfter, als es früher deine Gewohnheit war, und doch findet die jetzige Sanftheit deines würdevollen Vortrages nicht weniger Befall, als dein früheres Feuer und Heftigkeit. Auch hat es viele Redner gegeben, wie wir dieß von Scipio, und Lälius hören, die ihre gewöhnliche Redeweise nur ein Wenig steigernd Alles ausrichteten, nicht aber, wie Servius Galba, alle Kräfte ihrer Lunge und Stimme anstrengten. Wenn du aber dieses nicht thun kannst oder willst, so hegst du, ein so wackerer Mann und Bürger, die Besorgniß, dein Haus möge, wenn es von streitsüchtigen Menschen nicht mehr besucht werde, von den Andern verlassen werden? Ich meinerseits bin so weit von dieser Ansicht entfernt, daß ich in der Menge derer, die, um sich Raths zu erholen, Besuche machen, nicht nur keine Stütze des Alters suchen zu müssen glaube, sondern vielmehr der Einsamkeit, die du befürchtest, wie einem Hafen der Ruhe, entgegensehe. Denn die Ruhe von Geschäften ist meines Erachtens die schönste Erleichterung des Alters.

256. Die übrigen Kenntnisse, die allerdings der Beredsamkeit behülflich sind, ich meine die Geschichte, das Staatsrecht, die Kunde des Alterthums, die Kenntniß einer Menge von Beispielen, werde ich, wenn es Noth thut, von meinem Freunde Longinus, einem wackeren und mit diesen Kenntnissen reichlich ausgerüsteten Manne, entlehnen. Auch

werde ich Nichts dagegen einwenden, wenn unsere jungen Männer, wozu du zuvor auffordertest, Alles lesen, Alles hören und sich mit aller höheren Menschenbildung beschäftigen; aber wahrlich sie scheinen mir hierzu nicht so viel Zeit zu haben, wenn sie anders das thun und ausführen wollen, was du ihnen, Crassus, vorgeschrieben hast. Denn fast allzu harte Gesetze, glaub' ich, hast du der Jugend auferlegt, wenn sie auch zur Erreichung des erstrebten Zieles fast nothwendig sind.

257. Denn die Uebungen aus dem Stegreife über vorgelegte Fälle zu reden, die mit Sorgfalt und Nachdenken ausgearbeiteten Abhandlungen und der von dir so gerühmte Gebrauch des Schreibgriffels, den du den Vollender und besten Lehrmeister der Beredsamkeit nanntest, kosten viel Schweiß; und jene Vergleichung der eigenen Rede mit fremden Schriften und eine aus dem Stegreife vorgetragene Erörterung über ein fremdes Schriftwerk, das entweder gelobt oder getadelt, entweder begründet oder widerlegt werden soll, erfordert eine nicht geringe Anstrengung hinsichtlich des Gedächtnisses sowol als der Nachbildung.

258. Ich komme nun aber auf eine Forderung von dir, die entsetzlich ist und die, wie ich fürchte, wahrlich geeigneter sein dürfte abzuschrecken, als zu ermuntern. Du verlangtest nämlich, daß ein jeder von uns in seiner Art gleichsam ein Roscius sei, und sagtest, das Richtige finde weniger Beifall, als sich an das Fehlerhafte die mäkelnde Tadelsucht anhänge. Aber ich glaube, daß wir der mäkelnden Beurtheilung weniger ausgesetzt sind, als die Schauspieler.

259. So sehe ich, daß man uns oft, wenn wir an Heiserkeit leiden, mit der gespanntesten Aufmerksamkeit zuhört; denn die Sache selbst und der Gegenstand fesselt schon; aber Aesopus wird, wenn er ein wenig heiser wird, ausgepocht. Denn wo man nichts Anderes sucht als Ergötzung der Ohren, da nimmt man Anstoß, sobald diese Ergötzung nur etwas geschmälert wird. Bei einem Redner aber ist Vieles, was fesselt, und wenn auch nicht Alles in ihm höchst vollkommen, aber doch recht Vieles vorzüglich ist, so kann es nicht fehlen, daß auch schon dieses bewunderungswürdig erscheint.

260. Um also auf den Anfang unserer Unterredung zurückzukommen, so gelte mir derjenige für einen Redner, welcher, wie Crassus sich ausdrückte, auf eine überzeugende Weise zu reden fähig ist. Dieser beschränke sich aber auf die Kenntnisse, welche in den gewöhnlichen Staatsangelegenheiten und gerichtlichen Verhandlungen erforderlich sind, und mit Hintansetzung aller anderen Wissenschaften, so herrlich und vorzüglich sie auch sein mögen, liege er dieser einen Arbeit, so zu sagen, Tag und Nacht mit allem Eifer ob und ahme jenem Manne nach, dem ohne Zweifel die höchste Vollkommenheit der Beredsamkeit zugestanden wird, dem Athener Demosthenes. Dieser bewies, wie man erzählt, einen so großen Eifer und so große Anstrengung, daß er die Hindernisse der Natur durch Fleiß und beharrliche Thätigkeit überwand. Da er nämlich erstens so stammelte, daß er selbst von der Kunst, der er sich widmete, den ersten Buchstaben nicht aussprechen konnte, so brachte er es durch sorgsame Uebung dahin, daß Niemand eine deutlichere Aussprache gehabt haben soll.

261. Da er ferner an Engbrüstigkeit litt, so wußte er sich durch Anhalten des Athems beim Reden eine solche Ausdauer anzueignen, daß er, wie seine Schriften zeigen, Perioden, in denen zwei Hebungen und Senkungen der Stimme vorkommen, in Einem Athem zusammenfassen konnte. Ja er gewöhnte sich, wie berichtet wird, kleine Steine in den Mund zu nehmen und so mit der lautesten Stimme viele Verse in Einem Athem herzusagen, und zwar nicht an einem Orte stehend, sondern einhergehend und eine steile Anhöhe ersteigend.

262. Daß man durch solche Ermahnungen, wie Crassus, die jungen Männer zum Fleiße und zur Anstrengung anfeuern müsse, darin stimme ich dir von ganzem Herzen bei; die übrigen Kenntnisse aber, die du aus mannigfaltigen und verschiedenen Wissenschaften und Künsten gesammelt hast, müssen meines Erachtens, wenn du sie auch alle dir für deine Person angeeignet hast, doch von der eigentlichen Verpflichtung und dem Amte des Redners geschieden werden.

263. Als Antonius dieses gesagt hatte, schienen allerdings Sulpicius und Cotta zu zweifeln, welcher von beiden Vorträgen sich der Wahrheit mehr zu nähern scheine. Da rief Crassus aus: Zu einem Handlanger machst du uns den Redner, Antonius, und ich möchte fast meinen, daß du anders denkst und nur deine bewunderungswürdige Uebung und Gewandtheit im Widerlegen, worin es dir noch nie Jemand zuvorgethan hat, zeigen willst. Allerdings gehört diese Uebung auch zur Geschicklichkeit des Redners, aber häufiger wird sie doch von den Philosophen angewendet, besonders von denen, welche über jeden vorgelegten Gegenstand mit großer Ausführlichkeit dafür und dawider zu reden pflegen.

264. Doch ich war der Ansicht, zumal da diese jungen Männer meine Zuhörer waren, nicht bloß das Bild eines Redners entwerfen zu müssen, der nur in den Gerichtsbänken zu Hause ist und Nichts weiter vorbringen kann, als was das Bedürfniß der Rechtsverhandlungen nothwendig verlangt, sondern ein höheres Ziel hatte ich vor Augen, als ich urtheilte, der Redner dürfe, zumal in unserem Staate, keiner Kenntniß, die ihm zum Schmucke dienen könne, untheilhaftig sein. Da du nun aber das ganze Amt des Redners in so enge Gränzen eingeschlossen hast, so wirst du uns um so leichter auseinandersetzen, was du über die Pflichten des Redners und über die Regeln, die er zu beobachten hat, erforscht hast; doch dieß, denk' ich, lassen wir bis morgen; denn für heute haben wir genug geredet.

265. Jetzt kann Scävola, weil er nun einmal beschlossen hat auf sein Tusculanum zu gehen, ein Wenig ausruhen, bis sich die Hitze bricht, und wir anderen wollen, weil es dazu Zeit ist, der Gesundheit pflegen. Diesen Vorschlag billigten Alle. Hierauf sagte Scävola: Wirklich ich wünsche, ich hätte mich nicht mit Lälius verabredet heute auf das Tusculanum zu kommen Gern würde ich den Antonius hören. Und als er aufstand, fuhr er zugleich lächelnd fort: Denn es hat mich weniger verdrossen, daß er unser bürgerliches Recht so scharf durchzog, als es mir erfreulich gewesen ist von ihm das Geständniß zu hören, er verstehe davon Nichts.

Zweites Buch

I. 1. Zur Zeit unseres Knabenalters, mein Bruder Quintus, herrschte, wenn du dich erinnerst, die Ansicht, Gajus Crassus habe sich nicht mehr gelehrte Bildung angeeignet, als er in jenem ersten Jugendunterrichte erlernen konnte, Marcus Antonius aber sei überhaupt in aller Gelehrsamkeit unerfahren und unkundig gewesen; und Viele, obwol sie diese Ansicht nicht theilten, waren doch geneigt das Erwähnte an jenen Rednern zu rühmen, um uns, die wir von Liebe zur Beredsamkeit brannten, desto leichter von der Gelehrsamkeit abzuschrecken. Denn wenn Männer auch ohne gelehrte Bildung die höchste Staatsklugheit und eine außerordentlich große Beredsamkeit erreicht hätten, so folge daraus, daß unsere ganze Anstrengung eitel und die Bemühung unseres braven und einsichtsvollen Vaters für unsere gelehrte Bildung thöricht erscheinen müsse.

2. Diese Ansichten pflegten wir damals als Knaben durch Zeugnisse aus unserer eigenen Familie zu widerlegen, indem wir uns auf unseren Vater, auf Gajus Aculeo, unseren Verwandten, und auf Lucius Cicero, unseren Oheim, beriefen. Denn von Crassus hatten uns oft unser Vater und Aculeo, mit welchem unsere Base verheiratet war, und welchen Crassus unter Allen am Meisten achtete, Vieles erzählt, sowie unser Oheim, der mit Antonius nach Cilicien gegangen und zugleich mit ihm wieder zurückgekehrt war, von dessen wissenschaftlichem Eifer und Gelehrsamkeit. Und da wir mit unseren Vettern, den Söhnen des Aculeo, die von Crassus vorgeschlagenen Lehrgegenstände lernten und von *den* Lehren, die dieser selbst benutzte, unterrichtet wurden; so konnten wir auch oft, wenn wir in seinem Hause waren, einsehen, was wir selbst als Knaben beurtheilen konnten, daß er Griechisch mit solcher Gewandtheit sprach, als ob er keine andere Sprache kenne, und daß er unseren Lehrern solche Fragen vorlegte und solche Gegenstände selbst in seiner ganzen Unterredung behandelte, daß ihm Nichts neu, Nichts unbekannt zu sein schien.

3. Von Antonius aber hatte uns zwar oft unser so liebevoller Oheim erzählt, wie eifrig er sich zu Athen und Rhodus den Unterredungen der gelehrtesten Männer gewidmet habe; gleichwol richtete auch ich, als junger Mensch, so weit es die Blödigkeit meines jugendlichen Alters zuließ, oft manche Fragen an ihn. Es wird dir in der That das, was ich schreibe, nicht neu sein; denn schon damals sagte ich dir, daß mir dieser Mann nach den vielen und mannigfaltigen Unterhaltungen mit ihm in keiner Sache, die wenigstens in dem Bereiche der Wissenschaften, über welche mir ein Urtheil zustehe, liege, unerfahren und unwissend erschienen sei.

4. Aber es lag in dem Wesen beider Männer etwas Eigentümliches: Crassus wollte sich das Ansehen geben, nicht als habe er keine gelehrte Studien gemacht, sondern daß er sie verachte und die Einsicht unserer Landsleute in jeder Beziehung der der Griechen vorziehe; Antonius aber meinte, seine Rede würde sich bei einem Volke, wie das unsrige ist, eines größeren Beifalles zu erfreuen haben, wenn man von ihm die Ansicht habe, daß er überhaupt nie gelehrte Studien gemacht habe. Und so meinten Beide, sie würden mehr Gewicht haben, der Eine, wenn er die Griechen zu verachten, der Andere, wenn er sie nicht einmal zu kennen schiene.

5. Doch was sie für eine Absicht hierbei gehabt haben mögen, das zu beurtheilen eignet sich nicht eben für diese Zeit; wohl aber ist es der Aufgabe dieser unternommenen Schrift und dieser Zeit angemessen darzulegen, daß nie jemand ohne die wissenschaftliche Erlernung der Redekunst, ja sogar ohne die Kenntniß der gesammten Philosophie in der Beredsamkeit habe glänzen und hervorragen können.

II. Was die anderen Wissenschaften betrifft, so besteht fast jede für sich; die Wohlredenheit aber, d. h. die Kunst mit Sachkenntnis, Geschicklichkeit und Schmuck zu reden, hat nicht ein abgeschlossenes Gebiet, durch dessen Gränzen sie umschlossen gehalten wird. Ueber Alles, was auch immer bei den Menschen Gegenstand der Erörterung werden kann, muß derjenige gut reden, welcher sich für einen geschickten Redner ausgibt, oder er muß auf den Namen eines Redners verzichten.

6. Daher will ich freilich nicht in Abrede stellen, daß es sowol in unserem Staate, als auch in Griechenland selbst, das diese Wissenschaften von jeher vorzüglich in Ehren gehalten hat, viele geistreiche und im Reden ausgezeichnete Männer auch ohne die höchste Bildung in allen Zweigen der Wissenschaft gegeben hat; das aber muß ich behaupten: eine solche Beredsamkeit, wie sie Crassus und Antonius besaßen, konnte sich ohne die Kenntniß aller der Dinge, welche zu einer so tiefen Einsicht und einer so großen Redefülle, wie sie jene Männer besaßen, erfordert sind, nicht entwickeln.

7. Um so geneigter fühle ich mich daher die Unterredung, die sie einst unter sich über diese Gegenstände geführt haben, schriftlich aufzuzeichnen, theils um jenes Vorurtheil zu entfernen, das von jeher geherrscht hat, als wäre der Eine nicht sehr gelehrt, der Andere ganz ungelehrt gewesen, theils um die nach meiner Ansicht höchst ausgezeichneten Vorträge der größten Redner über die Beredsamkeit durch die Schrift aufzubewahren, wenn ich sie irgend wie zu begreifen und zusammenzufassen im Stande wäre, theils fürwahr auch um den schon fast alternden Ruf dieser Männer, so viel in meinen Kräften steht, der Vergessenheit der Menschen und dem Stillschweigen zu entreißen.

8. Denn könnte man sie aus ihren eigenen Schriften kennen lernen, so würde ich vielleicht meine Bemühung für minder nöthig erachtet haben; aber da der Eine nicht Viel, was wenigstens noch vorhanden ist, und auch dieß aus seinem Jünglingsalter, der Andere fast nichts Schriftliches hinterlassen hat; so glaubte ich es dem großen Geiste dieser Männer schuldig zu sein, das Andenken an sie, das wir jetzt noch lebendig in uns tragen, unsterblich zu machen, wenn ich es vermöchte.

9. Und mit um so größerer Hoffnung meine Behauptungen zu beweisen schreite ich an das unternommene Werk, weil ich nicht von der Beredsamkeit eines Servius Galba oder eines Gajus Carbo Etwas niederschreibe, wobei es mir gestattet wäre nach Belieben Erdichtetes

vorzutragen, da mich nicht mehr die Erinnerung eines Menschen widerlegen könnte; sondern ich veröffentliche diese Schrift, damit sie von denen geprüft werde, welche die Männer selbst, von denen ich rede, oft gehört haben. Und so empfehle ich die beiden großen Männer denen, welche keinen von beiden gesehen haben, indem ich mich auf das Gedächtniß der noch lebenden und gegenwärtigen Männer, die jene beiden Redner persönlich kannten, wie auf ein bestätigendes Zeugniß, berufe.

III. 10. Doch will ich dich jetzt nicht, teuerster und bester Bruder, zu deiner Belehrung mit gewissen rhetorischen Schriften, die du für abgeschmackt hältst, belästigen; denn wie kann ein rednerischer Vortrag an Reinheit oder Schmuck den deinigen übertreffen; aber entweder aus Grundsatz, wie du zu sagen pflegst, oder, wie jener Vater der Beredsamkeit, Isokrates, von sich selbst geschrieben hat, aus einer gewissen edelen Schüchternheit und Ängstlichkeit hast du dich gescheut öffentlich als Redner aufzutreten, oder auch, wie du selbst im Scherz zu sagen pflegst, weil du meintest, Ein Redekünstler sei genug nicht nur in Einer Familie, sondern fast in einem ganzen Staate. Nicht jedoch, glaube ich, wirst du diese Bücher zu denjenigen Schriften über die Redekunst zählen, welche man wegen der Dürftigkeit ihrer Verfasser in den edelen Wissenschaften mit Recht verspotten darf.

11. Denn in der Unterredung des Crassus und Antonius ist nach meiner Ansicht wenigstens Nichts übergangen, wovon man annehmen könnte, daß es bei den vortrefflichsten Geisteskräften, bei feueriger Lernbegierde, bei dem besten Unterrichte und der größten Uebung habe erkannt und erlernt werden können, und dieß wirst du am Leichtesten beurtheilen können, der du die wissenschaftliche Kenntniß der Beredsamkeit durch dich selbst, ihre Anwendung aber durch mich erlernen wolltest. Doch damit ich die nicht unwichtige Aufgabe, die ich mir gestellt habe, um so schneller zu Stande bringe, laß mich mit Uebergehung meiner Aufmunterung zu der Unterredung und Untersuchung der beiden Redner, die ich aufgestellt habe, kommen.

12. Am folgenden Tage also nach der ersten Unterredung etwa um sieben Uhr Morgens, als Crassus noch im Bette lag und Sulpicius bei ihm saß, Antonius aber mit Cotta in der Säulenhalle auf- und abging, kam plötzlich der alte Quintus Catulus mit seinem Bruder Gajus Julius. Sobald Crassus dieß hörte, stand er bewegt auf, und Alle verwunderten sich und vermuteten, irgend ein wichtiger Grund habe ihre Ankunft veranlaßt.

13. Als sie sich einander, wie es ihre Bekanntschaft mit sich brachte, auf das Freundschaftlichste begrüßt hatten, so sagte Crassus: Wie in aller Welt kommt ihr hierher? Bringt ihr etwas Neues? Nichts eben, erwiderte Catulus; du weißt ja, es ist die Zeit der Spiele; aber – magst du es nun für eine Unschicklichkeit unsererseits oder für Zudringlichkeit halten – als gestern Abend Cäsar von seinem Tusculanum zu mir auf mein Tusculanum kam, sagte er mir, er habe auf dem Wege von hier den Scävola getroffen und von ihm wunderbare Dinge gehört: du nämlich, den ich trotz aller möglichen Versuche nie zu einem wissenschaftlichen Gespräche hätte bringen können, habest dich mit Antonius in eine ausführliche Erörterung über die Beredsamkeit eingelassen und wie in einer Schule beinahe nach Art der Griechen einen gelehrten Vortrag gehalten.

14. So ließ ich mich von meinem Bruder erbitten mit ihm hierher zu kommen; denn ich selbst empfand eine nicht geringe Lust euch zu hören und war in der That nur besorgt, wir möchten euch durch unsere Dazwischenkunft lästig fallen. Scävola nämlich, versicherte er, habe gesagt, ein guter Theil des Gespräches sei auf den heutigen Tag verschoben. Glaubst du nun, wir hätten hierin zu leidenschaftlich gehandelt, so miß dem Cäsar die Schuld bei; findest du aber darin eine zu große Vertraulichkeit, so halte uns beide für schuldig. Uns wenigstens, wenn wir nicht etwa euch durch unsere Dazwischenkunft lästig fallen, macht es Freude gekommen zu sein.

IV. 15. Hierauf erwiderte Crassus: Was nun auch für ein Grund euch hierher geführt haben mag, ich würde mich in der That freuen so theuere und befreundete Männer bei mir zu sehen; aber doch – ich will die

Wahrheit gestehen – hätte ich jede andere Veranlassung lieber gewünscht, als die von dir angeführte. Denn, um zu reden, wie ich denke, nie habe ich mir weniger gefallen, als am gestrigen Tage; weit mehr aber habe ich dieß durch Nachgiebigkeit, als durch irgend etwas Anderes verschuldet; denn während ich mich den jungen Männern willfährig zeigte, vergaß ich mein Alter und that Etwas, was ich nicht einmal in meiner Jugend gethan hatte, indem ich über Gegenstände einen Vortrag hielt, die auf einer gewissen Gelehrsamkeit beruhen. Aber das trifft sich doch sehr günstig für mich, daß ihr, nachdem ich meine Rolle schon ausgespielt habe, gekommen seid, um den Antonius zu hören.

16. Hierauf entgegnete Cäsar: So sehr ich auch wünschte dich, lieber Crassus, in einem längeren und zusammenhängenden Vortrage zu hören; so will ich mich doch, wenn mir dieses Glück nicht zu Theil werden soll, auch mit deiner gewöhnlichen Unterhaltung begnügen. Und so will ich wenigstens mein Glück versuchen, ob ich es nicht bei dir erreichen kann, daß mein Freund Sulpicius oder Cotta nicht mehr, als ich, bei dir zu gelten scheinen, und dich in der That dringend bitten auch mir und dem Catulus einigen Antheil an deiner Anmuth zu gönnen. Sollte dir aber dieß nicht genehm sein, so will ich nicht in dich dringen und nicht verschulden, daß du, während du befürchtest, du möchtest etwas Unschickliches thun, von mir solches denken müßtest.

17. Hierauf erwiderte jener: Ich bin fürwahr immer der Ansicht gewesen, daß unter allen lateinischen Worten dieses die umfassendste Bedeutung hat. Denn wenn wir von Einem sagen, er handele *unschicklich*, so scheint dieser Ausdruck seinen Ursprung daher zu leiten, daß er sich *nicht zu schicken* wisse, und dieß hat in unserem Sprachgebrauche einen weiten Umfang. Denn wer, was die Zeit fordert, nicht sieht, oder wer zu Viel redet oder von sich viel Aufhebens macht oder auf die Würde und den Vortheil derer, mit denen er verkehrt, keine Rücksicht nimmt oder endlich in irgend einer Beziehung den Anstand verletzt oder aufdringlich ist, von dem sagt man, er handele *unschicklich*.

18. Das ist ein Fehler, mit dem die sonst so gebildete Nation der Griechen in vollem Maße behaftet ist. Daher haben die Griechen, weil sie das Wesen dieses Uebels nicht kennen, auch diesem Fehler keinen Namen gegeben. Denn mag man auch Alles durchsuchen, so wird man kein Wort finden, mit dem die Griechen den unschicklich Handelnden bezeichneten. Unter allen Unschicklichkeiten aber, deren es unzählige gibt, dürfte vielleicht keine größer sein, als wenn man, wie jene zu thun pflegen, an jedem Orte und unter allen Menschen, wo es auch immerhin belieben mag, über Gegenstände, die entweder sehr schwierig oder nicht nöthig sind, einen spitzfindigen Vortrag hält. Und dieß zu thun, so wenig es auch meiner Neigung zusagt, und so sehr ich mich auch weigerte, haben mich gestern diese jungen Männer genöthigt.

V. 19. Hierauf sagte Catulus: Auch die Griechen, mein Crassus, die in ihren Staaten berühmt und groß waren, sowie du es bist, und wir alle es in unserem Staate zu sein wünschen, waren den jetzigen Griechen, die sich unseren Ohren aufdringen, nicht ähnlich, und doch verschmähten sie in Mußestunden solche Gespräche und gelehrte Vorträge nicht.

20. Und wenn dir diejenigen, welche auf Zeit, auf Ort und Personen keine Rücksicht nehmen, unschicklich zu handeln scheinen, wie sie es auch müssen: meinst du denn, dieser Ort sei nicht passend, wo schon diese Säulenhalle, in der wir umherwandeln, und die Ringschule und die Sitzplätze an so vielen Orten gewissermaßen die Erinnerung an die Gymnasien und die gelehrten Vorträge der Griechen hervorrufen? oder die Zeit sei nicht gelegen bei so viel Muße, die sich uns selten darbietet und jetzt sich so ganz nach Wunsche dargeboten hat? oder die Menschen seien einem derartigen Vortrage abhold, da wir doch alle die Überzeugung hegen, daß ein Leben ohne die wissenschaftlichen Beschäftigungen gar keinen Werth habe?

21. Dieses Alles, erwiderte Crassus, deute ich auf eine andere Weise. Zuerst nämlich, glaube ich, die Ringschule und die Sitze und die Säulenhalle haben auch die Griechen selbst, mein Catulus, zur Uebung und Ergötzlichkeit erfunden. Denn viele Jahrhunderte früher wurden die

Gymnasien gegründet, ehe die Philosophen in ihnen zu schwatzen anfingen, und selbst in der Gegenwart, wo die Philosophen alle Gymnasien besetzt halten, wollen doch ihre Zuhörer lieber die Wurfscheibe hören als den Philosophen; denn sobald diese sich hören läßt, verlassen sie alle, um sich zu salben, den Philosophen, wenn er mitten in seinem Vortrage über die erhabensten und wichtigsten Gegenstände begriffen ist. So ziehen sie das geringfügigste Vergnügen einer Unterhaltung vor, deren hohen Nutzen sie selbst rühmen. Wenn du aber sagst, wir hätten Muße; so stimme ich dir bei; aber der Genuß der Muße besteht nicht in einer Anstrengung der Seele, sondern in ihrer Abspannung.

VI. 22. Oft habe ich meinen Schwäher erzählen hören, sein Schwäher Lälius habe sich fast immer in Gesellschaft des Scipi auf dem Lande aufgehalten, und sie seien dann ganz und gar wieder Kinder geworden, wenn sie der Stadt, wie einem Kerker, entflogen seien. Kaum wage ich es von solchen Männern zu behaupten, aber doch pflegte es Scävola zu erzählen, Muscheln und Meerschnecken hätten sie bei Cajeta und bei Laurentum aufgelesen und sich auf allerlei Gemüthserholungen und Spielen eingelassen.

23. Es geht uns ja, wie den Vögeln: sowie wir diese für ihre Brut und für ihr eigenes Bedürfniß Nester bauen und einrichten, sobald sie aber Etwas zu Stande gebracht haben, zur Erleichterung ihrer Arbeit, ihrer Beschäftigung entbunden, nach allen Seiten hin frei umherfliegen sehen; so frohlocken auch unsere Gemüther, wenn sie sich von den gerichtlichen Geschäften und städtischen Arbeiten ermüdet fühlen und wünschen, frei von Sorge und Mühe, umherzufliegen.

24. Und so habe ich das, was ich bei dem Rechtsstreite des Curius dem Scävola sagte, nicht anders gesagt, als ich dachte. „Denn, sagte ich, Scävola, wenn kein Testament richtig gemacht ist, als das du abgefaßt hast, so werden wir Bürger alle zu dir mit unseren Tafeln kommen, und Aller Testamente wirst du allein abfassen. Wie nun? fuhr ich fort. Wann willst du ein Geschäft für den Staat, wann für deine Freunde, wann für

dich besorgen? Wann endlich willst du Nichts thun? Denn, fügte ich hinzu, mir scheint der nicht frei zu sein, der nicht zuweilen Nichts thut." Und bei dieser Ansicht, mein Catulus, verbleibe ich, und nachdem ich hierher gekommen bin, erfreut mich gerade dieses Nichtsthun und das völlige Müssigsein.

25. Was du aber drittens hinzugefügt hast, ihr hättet die Ueberzeugung, ein Leben ohne diese gelehrten Beschäftigungen sei unerquicklich, das muntert mich zu einem Vortrage nicht auf, nein, es schreckt mich davon ab. Denn sowie Gajus LuciliusS. zu I. Kap. 16., ein gelehrter und sehr fein gebildeter Mann, zu sagen pflegte, er wünsche sich für seine Schriften weder ganz ungelehrte noch sehr gelehrte Leser, weil die ersteren Nichts verständen, die letzteren vielleicht mehr, als er selbst – und in diesem Sinne sagte er: „Daß mich Persius lese, daran liegt mir nichts," dieser war nämlich, wie wir ihn kannten, fast unter allen unsren Landsleuten der gelehrteste; „daß aber Lälius Decimus, das wünsche ich;" ihn kennen wir als einen braven und wissenschaftlich nicht ungebildeten Mann, der aber mit dem Persius nicht zu vergleichen war: ebenso wünschte auch ich, wenn ich nun einen Vortrag über unsere Studien halten sollte, allerdings nicht vor Ungebildeten, aber noch weit weniger vor euch zu reden. Denn es ist mir lieber, wenn meine Rede nicht verstanden, als wenn sie getadelt wird.

VII. 26. Hierauf sagte Cäsar: Ich meinerseits, Catulus, glaube schon meine Mühe gut angewandt zu haben, daß ich hierher gekommen bin; denn selbst diese Ablehnung des Vortragt war mir wenigstens ein sehr angenehmer Vortrag. Aber warum halten wir den Antonius ab, welchem, wie ich höre, es obliegt sich über die ganze Beredsamkeit auszusprechen, und auf welchen Cotta und Sulpicius schon lange warten?

27. O nein, sagte Crassus, ich werde den Antonius kein Wort reden lassen und werde selbst verstummen, wofern ihr mir nicht zuvor eine Bitte gewährt. Und die wäre? fragte Catulus. – Daß ihr heute hier bleibt. – Hierauf, als er noch unschlüssig war, weil er sich schon bei seinem Bruder versagt hatte, sagte Julius: Ich antworte für uns beide: Das wollen wir

thun, und zwar unter dieser Bedingung würdest du mich halten, gesetzt auch, du wolltest kein Wort mehr reden.

28. Da lächelte Catulus und sagte zugleich: Die Bedenklichkeit ist mir wenigstens abgeschnitten; denn einerseits habe ich zu Hause keine Befehle ertheilt, andererseits hat der, bei dem ich bleiben wollte, ohne meine Ansicht anzuhören, so leicht zugesagt. Da waren Aller Augen auf Antonius gerichtet, und er ließ sich also vernehmen: Hört denn, hört! Einen Mann sollt ihr hören aus der Schule, der von einem Lehrmeister gebildet und in der Griechischen Literatur unterrichtet ist. Und zwar werde ich mit um so größerem Selbstvertrauen reden, weil Catulus als Zuhörer hinzugekommen ist, dem nicht allein wir in der Lateinischen Sprache, sondern auch die Griechen selbst in der ihrigen Feinheit und Zierlichkeit des Ausdrucks zuzugestehen pflegen.

29. Aber dennoch, weil nun einmal diese ganze Sache, was sie auch sein mag, gleichviel, ob eine Wissenschaft oder kunstmäßige Fertigkeit der Rede, gar nicht bestehen kann, wenn nicht eine dreiste Stirn hinzutritt, will ich euch, meine Schüler, lehren, was ich selbst nicht gelernt habe, und euch meine Ansicht über die Beredsamkeit im Allgemeinen vorlegen.

30. Man lächelte bei diesen Worten, er aber fuhr also fort: Ich sehe sie als eine Sache an, die, als Geschicklichkeit betrachtet, ausgezeichnet, als Kunst, unbedeutend ist. Denn die Wissenschaft gehört nur *den* Dingen an, welche gewußt werden; des Redners ganze Thätigkeit aber beruht auf Meinungen und nicht auf Wissen. Denn wir reden vor Leuten, die unwissend sind, und reden über Gegenstände, von denen wir selbst Nichts wissen. Sowie nun jene über dieselben Gegenstände bald so bald anders denken und urtheilen, so vertheidigen wir oft entgegengesetzte Rechtshändel. So kommt es, daß nicht nur Crassus zuweilen gegen mich redet oder ich gegen Crassus, obwol einer von beiden nothwendig die Unwahrheit sagen muß, sondern auch wir beiden über denselben Gegenstand zu verschiedenen Zeiten verschiedene Ansichten verfechten, obwol es nur Eine Wahrheit geben kann. Wie von einem Gegenstande also, der sich auf Unwahrheit gründet, der sich nicht oft bis zum Wissen

erhebt, der nach den Meinungen der Menschen und oft nach ihren Irrthümern hascht, so werde ich von der Beredsamkeit reden, wenn ihr Grund zu haben glaubt mich anzuhören.

VIII. 31. Ei freilich, sagte Catulus, und zwar recht sehr glauben wir Grund zu haben, und um so mehr, weil du, wie ich glaube, alle Prahlsucht vermeiden wirst. Denn du hast ohne Ruhmredigkeit mehr mit dem begonnen, was nach deiner Ansicht der eigentliche Sachbestand ist, als mit einer Gott weiß wie erhabnen Würde.

32. Sowie ich nun von der Beredsamkeit im Allgemeinen zugestanden habe, fuhr Antonius fort, daß sie keine sehr bedeutende Wissenschaft sei; so behaupte ich, daß sich sehr scharfsinnige Vorschriften darüber geben lassen, wie man die Gemüther der Menschen behandeln und ihre Zuneigungen erhaschen müsse. Will man die Kenntniß hiervon für eine große Wissenschaft erklären, so habe ich Nichts dagegen. Denn da gar Viele ohne Plan und Ueberlegung in Rechtsklagen auf dem Forum als Redner auftreten, Einige dagegen wegen der Uebung oder einer gewissen Gewohnheit dieß mit größerer Geschicklichkeit thun: so unterliegt es keinem Zweifel, daß, wenn man auf die Ursachen achtet, warum die Einen besser, als die Anderen reden, man sich dieß aufzeichnen könne. Wer nun dieses in allen Theilen der Rede thut, der wird, wenn auch nicht eine vollständige Wissenschaft, doch etwas der Wissenschaft Aehnliches erfinden.

33. Und möchte ich doch, sowie ich auf dem Forum und in den Rechtssachen solche Beobachtungen zu machen glaube, so auch jetzt im Stande sein euch auseinanderzusetzen, wie sie gefunden werden! Doch ich will versuchen, was ich vermag; jetzt trage ich euch vor, was meine Ueberzeugung ist: mag auch immerhin die Beredsamkeit keine Wissenschaft sein, so gibt es doch nichts Herrlicheres, als einen vollkommenen Redner. Denn um von dem Nutzen der Rede zu schweigen, der sich in jedem friedlichen und freien Staate so mächtig zeigt, so liegt in der Redefertigkeit selbst ein so großes Vergnügen, daß

die Mengen weder für das Gehör noch für den Geist etwas Angenehmeres empfinden können.

34. Denn welchen Gesang kann man lieblicher finden, als den Vortrag einer wohlgemessenen Rede? welches Gedicht schöner gefügt, als einen kunstreich gegliederten Satzbau? welcher Schauspieler kann uns durch die Nachahmung der Wahrheit mehr anziehen, als der Redner durch die Vertheidigung derselben? Was erregt mehr unsere Bewunderung, als wenn ein Gegenstand durch den Glanz der Worte beleuchtet wird? Was ist reichhaltiger als eine mit jeder Art von Sachen reichlich ausgestattete Rede? Denn es gibt keinen Gegenstand, der nicht dem Redner angehörte, wenn er mit Schmuck und Nachdruck vorgetragen werden soll.

IX. 35. Dem Redner kommt es zu, wenn Rath ertheilt werden soll, über die wichtigsten Angelegenheiten seine Ansicht mit Würde zu entwickeln; ihm gleichfalls ein Volk, wenn es sich schlaff zeigt, anzufeuern, wenn es zügellos ist, in Schranken zu halten; durch dieselbe Geschicklichkeit wird dem Verbrechen der Menschen Verderben und der Unschuld Sicherheit bereitet. Wer kann feuriger zur Tugend auffordern, wer von den Lastern nachdrücklicher zurückrufen? wer die Schlechten strenger tadeln? wer die Guten schöner loben? wer die Leidenschaft gewaltiger durch Anklage bändigen? wer die Trauer sanfter durch Trost mindern?

36. Die Geschichte aber, die Zeugin der Zeiten, das Licht der Wahrheit, das Leben der Erinnerung, die Lehrmeisterin des Lebens, die Verkünderin alter Zeiten, durch welche andere Stimme, als durch die des Redners wird sie der Unsterblichkeit geweiht? Denn gäbe es noch irgend eine andere Wissenschaft, welche die Kenntniß Worte zu schaffen oder auszuwählen in Anspruch nähme, oder könnte man von irgend einem Anderen außer dem Redner behaupten, er verstehe die Rede zu bilden, ihr eine abwechselnde Färbung des Ausdruckes zu verleihen und sie auszuschmücken mit hervorstechenden Worten und Gedanken; oder würde irgend wo anders, als in dieser einzigen Wissenschaft das Verfahren gelehrt Beweise oder Gedanken zu finden oder überhaupt Einteilung und Anordnung zu gewinnen: so müßten wir bekennen, daß

entweder das, was unsere Wissenschaft lehrt, ihr nicht angehöre, oder daß sie es mit irgend einer anderen Wissenschaft gemein habe.

37. Und wenn unsere Wissenschaft allein im Besitze dieser kunstmäßigen Lehrart ist, so bleibt, wenn sich auch Manche in anderen Wissenschaften gut auszudrücken verstehen, dieser Vorzug darum nicht weniger unserer Wissenschaft allein als Eigenthum, und sowie der Redner über Gegenstände, welche anderen Wissenschaften angehören, sobald er sich nur mit ihnen bekannt gemacht hat, wie gestern Crassus sagte, am Besten reden kann, so tragen auch Gelehrte anderer Wissenschaften ihre Kenntnisse geschmackvoller vor, wenn sie Etwas von unserer Wissenschaft gelernt haben.

38. Denn wenn sich über landwirtschaftliche Gegenstände ein Landmann oder auch, was vielfach geschehen ist, ein Arzt über Krankheiten oder ein Maler über Malerei mündlich oder schriftlich gut ausdrückt; so darf man deßhalb die Beredsamkeit noch nicht als ein Eigentum dieser Wissenschaften ansehen; denn in derselben bringen es Viele in allen Fächern und Wissenschaften auch ohne gelehrte Bildung zu einer gewissen Fertigkeit, weil die natürlichen Anlagen der Menschen eine große Kraft besitzen. Aber obwol sich das Eigentümliche jeder Wissenschaft dadurch beurtheilen läßt, daß man untersucht, was jede lehrt, so kann doch Nichts ausgemalter sein, als daß, weil alle anderen Wirtschaften auch ohne Beredsamkeit ihre Aufgabe lösen können, der Redner aber ohne dieselbe seinen Namen nicht behaupten kann, die Anderen, wenn sie beredt sind, Etwas von diesem besitzen, er aber, wenn er sich nicht mit eigenen Mitteln gerüstet hat, anderswoher Fülle der Rede nicht entlehnen kann.

X. 39. Hierauf sagte Catulus: Obwol es sich keineswegs geziemt den Lauf deiner Rede, mein Antonius, durch eine Unterbrechung zu hemmen; so wirst du es doch geschehen lassen und mir verzeihen. Denn ich kann nicht umhin mich laut auszusprechen, wie jener im Trinummus sagt; so scharfsinnig schienst du mir die Bedeutung des Redners darzulegen, mit solcher Fülle zu loben. Freilich einem großen Redner muß es am Besten gelingen die Beredsamkeit zu loben; denn um sie zu loben, muß er gerade die Kunst anwenden, die er lobt. Doch fahre nur weiter fort; denn ich stimme dir darin bei, daß diese ganze Kunst beredt zu reden euer Eigenthum ist, und daß, wenn jemand in einer anderen Wissenschaft dieses leistet, er sich eines anderswoher geborgten Gutes, nicht aber seines eigenen bedient.

40. Und Crassus fügte hinzu: Die Nacht hat dich uns, mein Antonius, abgeschliffen und dich wieder als Menschen zurückgegeben. Denn in deiner gestrigen Unterredung hattest du uns den Redner als einen Ruderknecht oder Reffträger, der immer dieselbe Taglöhnerarbeit treibt, wie Cäcilius sagt, beschrieben, als einen Menschen, der aller höheren und feineren Menschenbildung entbehrt. – Hierauf erwiderte Antonius: Ja, gestern hatte ich mir vorgenommen dich zu widerlegen und dadurch dir diese Schüler abwendig zu machen; jetzt aber, da Catulus und Cäsar Zuhörer sind, glaube ich nicht sowol mit dir streiten, als meine eigene Ansicht darlegen zu müssen.

41. Zunächst also, weil wir den, von dem wir reden, auf das Forum und vor die Augen der Bürger hinstellen sollen, müssen wir untersuchen, welches Geschäft wir ihm übertragen und welchem Amte wir ihn vorgesetzt sehen wollen. Denn Crassus hat gestern, als ihr, Catulus und Cäsar, noch nicht zugegen wart, in Betreff der Einteilung der Wissenschaft einen kurzen Abriß gegeben, in derselben Weise, wie es die meisten Griechen gethan haben, und ich möchte wol sagen, nicht seine eigene Ansicht ausgesprochen, sondern die Lehrsätze jener vorgelegt: es gebe nämlich zwei Hauptmassen von Streitfragen, mit denen sich die Beredsamkeit beschäftige, die eine der unbestimmten, die andere der bestimmten.

42. Unbestimmte schien er mir diejenigen zu nennen, bei welchen man im Allgemeinen fragt, z. B. auf *die* Weise: Ist die Beredsamkeit wünschenswerth? sind Ehrenämter wünschenswerth? Bestimmte aber diejenigen, bei welchen sich die Frage auf Personen und auf einen festgesetzten und bestimmten Gegenstand bezieht, von welcher Art die

Fragen sind, welche auf dem Forum und in den Rechtshändeln und Streitigkeiten der Bürger vorkommen.

43. Dieselben finden nach meiner Meinung statt, entweder wenn man einen Vortrag über eine Streitsache hält, oder wenn man Rath ertheilt. Denn jene dritte Klasse, die von Crassus berührt worden ist, und die, wie ich höre, selbst Aristoteles, von dem diese Gegenstände am Meisten aufgestellt worden sind, hinzugefügt hat, ist, wenn auch ganz nützlich, doch minder nothwendig. Welche denn? fragte Catulus, etwa die der Lobreden? denn diese, weiß ich, nimmt man als die dritte Klasse an.

XI. 44. So ist es, sagte Antonius, und was diese Gattung betrifft, so weiß ich, daß ich und alle Anwesenden ein ungemein großes Wohlgefallen an der Lobrede fanden, die du zu Ehren euerer Mutter Popilia hieltest, welche, glaub' ich, die erste Frau in unserem Staate gewesen ist, der diese Ehre erwiesen wurde. Aber nicht Alles, was wir reden, darf man nach meiner Meinung auf Kunstregeln zurückführen.

45. Denn aus *den* Quellen, aus denen man allen Schmuck der Rede entlehnt, wird man auch für eine Lobrede den geeigneten Schmuck entnehmen können und nicht jene Regeln der Schule vermissen; denn wer sollte, auch wenn dieselben Niemand lehrt, nicht wissen, was an einem Menschen zu loben sei. Nimmt man nämlich das als richtig an, was Crassus im Anfange jener Rede, die er als Censor gegen seine Amtsgenossen hielt, äußerte: „In *den* Dingen, welche den Menschen Natur oder Glück verliehen, könne er es mit Gleichmuth ertragen sich übertroffen zu sehen; in denjenigen aber, welche der Mensch sich selbst zu erwerben im Stande sei, könne er es nicht ertragen sich übertroffen zu sehen;“ so wird man einsehen, daß, wenn man jemanden loben will, es nöthig ist, dessen Glücksgüter auseinanderzusetzen.

46. Dergleichen sind Abkunft, Geld, Verwandte, Freunde, Einfluß, Gesundheit, Schönheit, Körperstärke, geistige Anlagen und die übrigen Vorzüge, die entweder mit dem Körper verbunden sind oder von Außen hinzutreten. Besaß Jemand dieselben, so zeige man, daß er einen guten Gebrauch von ihnen machte; besaß er sie nicht, daß er sie mit Weisheit

entbehrte; verlor er sie, daß er ihren Verlust mit Mäßigung ertrug; ferner, worin der, den er lobt, Weisheit, Edelsinn, Tapferkeit, Gerechtigkeit, Hochherzigkeit, Pflichttreue, Dankbarkeit, Menschenfreundlichkeit, kurz worin er irgend eine Tugend bewiesen habe, sei es im Handeln, sei es im Dulden. Dieses und was dahin gehört wird man leicht einsehen, wenn man Jemanden loben, sowie das Gegentheil davon, wenn man Jemanden tadeln will.

47. Warum trägst du also Bedenken, fragte Catulus, hieraus eine dritte Klasse zu bilden, da sie doch in dem Verhältnisse der Dinge begründet ist? Denn wenn sie auch leichter ist, so darf man sie darum nicht aus der Reihe herausnehmen. – Weil ich, erwiderte er, keine Lust habe Alles, was einmal dem Redner vorkommen kann, mag es auch noch so geringfügig sein, so zu behandeln, als ob man über keinen Gegenstand ohne besondere Vorschriften darüber reden könne.

48. So muß man ja oft auch ein Zeugniß ablegen und zuweilen mit großer Sorgfalt, wie ich es gegen Sextus Titius, einen aufrührischen und unruhigen Bürger, thun mußte; ich entwickelte nämlich, als ich ein Zeugniß gegen ihn ablegte, alle Maßregeln, die ich in meinem Consulate genommen hatte, um diesem Volkstribun zum Besten des Staates Widerstand zu leisten, und erörterte, was er nach meiner Meinung gegen den Staat unternommen hatte. Lange wurde ich hierbei aufgehalten, Vieles mußte ich hören, Vieles antworten. Meinst du nun, man müsse, wenn man Vorschriften über die Beredsamkeit gibt, auch über die Ablegung von Zeugnissen Unterricht in schulgerechter Weise ertheilen? O nein, antwortete Catulus, das dürfte nicht eben nöthig sein.

XII. 49. Wie? fuhr Antonius fort, wenn, wie es oft bei hochgestellten Männern der Fall ist, Aufträge ausgerichtet werden sollen entweder in dem Senate von einem Feldherrn oder von dem Senate an einen Feldherrn oder an einen König oder an ein Volk, glaubst du, weil in solchen Fällen eine große Sorgfalt im Ausdrucke nöthig ist, man müsse deßhalb dieses als eine besondere Abtheilung von Verhandlungen aufzählen und mit besonderen Vorschriften versehen? – Keineswegs, sagte Catulus; denn einen beredten Mann wird bei solchen Gelegenheiten die Fertigkeit nicht im Stiche lassen, die er durch andere Fälle und Verhandlungen gewonnen hat.

50. Aus demselben Grunde, fuhr er fort, finden auch andere Gegenstände, die oft einen beredten Vortrag erfordern, und die ich kurz zuvor, als ich die Beredsamkeit lobte, dem Bereiche des Redners zugewiesen habe, keine eigene Stelle bei der Zerlegung der Theile und keine besondere Gattung von Vorschriften, obwol sie nicht minder beredt vorgetragen werden müssen, als die Gegenstände, welche bei einer Rechtssache abgehandelt werden, ich meine Verweise, Aufmunterungen, Tröstungen. lauter Gegenstände, welche den ausgezeichnetesten Schmuck der Rede verlangen; aber Regeln der Kunst bedürfen sie nicht. Ich stimme dir vollkommen bei, sagte Catulus.

51. Wohlan denn, fuhr Antonius fort, welche Beredsamkeit und welche Gewandtheit in der Darstellung, meinst du, muß der Mann besitzen, der eine Geschichte schreiben will? – Wenn er sie, wie die Griechen, schreiben will, sagte Catulus, eine ausnehmend große; wenn, wie die Unsrigen, so bedarf es nicht des Redners; es genügt nicht unwahr zu sein. – Doch, damit du nicht die Unsrigen verachtest, sagte Antonius; so wisse, auch die Griechen selbst haben anfänglich so geschrieben, wie unser Cato, Pictor, Piso

52. Die Geschichte war nämlich nichts Anderes, als eine Abfassung von Jahrbüchern. Zu diesem Zwecke und um das Andenken an die öffentlichen Begebenheiten zu erhalten, war es vom Beginne des Römischen Staates bis auf den Oberpriester Publius Scävola gebräuchlich, daß der Oberpriester alle Begebenheiten jedes Jahres schriftlich verzeichnete und auf eine Tafel eintrug, die er alsdann in seiner Wohnung aufstellte, damit jeder Bürger Gelegenheit habe sie einzusehen. Das sind die Jahrbücher, die noch heute die großen Jahrbücher heißen.

53. Eine dieser ähnliche Schreibart befolgen viele Andere, welche ohne allen Schmuck der Darstellung nur Urkunden von Jahreszahlen, Namen, Gegenden und Begebenheiten hinterließen. Wie also bei den Griechen

Pherekydes, Hellanikus, Akusilas und sehr viele Andere waren, so sind bei uns Cato, Pictor und Piso. Unkundig alles Redeschmuckes (denn erst kürzlich hat dieser bei uns Eingang gefunden;) und zufrieden, wenn nur das, was sie sagen, verstanden wird, halten sie die Kürze für den einzigen Vorzug der Rede.

54. Ein wenig mehr erhob sich und verlieh der Geschichte einen höheren Ton der vortreffliche Antipater, des Crassus vertrauter Freund. Die übrigen trugen die Geschichte ohne Schmuck der Darstellung vor und waren nichts Anderes, als einfache Erzähler.

XIII. Es ist so, wie du sagst, versetzte Catulus. Aber selbst dieser Cälius verstand es nicht in die Geschichte durch Mannigfaltigkeit hervorstechender Punkte Abwechslung zu bringen, noch durch Stellung der Worte und durch sanften und gleichmäßigen Fluß der Rede seinem Werke Feinheit und Glätte zu verleihen, sondern, da er weder ein Gelehrter war noch für die Rede sehr befähigt, so hat er die Geschichte, so gut er konnte, aus dem Groben herausgearbeitet; doch hat er, wie du bemerkst, seine Vorgänger übertroffen.

55. Man darf sich gar nicht verwundern, sagte Antonius, wenn die Geschichte in unserer Sprache noch nicht erhellt ist. Denn keiner von unseren Landsleuten liegt der Beredsamkeit in anderer Absicht ob, als um in den gerichtlichen Verhandlungen und auf dem Forum zu glänzen; bei den Griechen hingegen waren es die beredtesten Männer, welche, entfernt von Rechtshändeln, sich sowol anderen erhabenen Beschäftigungen, als auch ganz besonders der Geschichtschreibung zuwandten. So wissen wir von dem berühmten Herodotus, der zuerst die Geschichte mit Geschmack behandelt hat, daß er sich mit gerichtlichen Verhandlungen gar nicht befaßt hat; und doch besitzt er eine so außerordentlich große Beredsamkeit, daß er mich wenigstens, soweit ich Griechische Schriften zu verstehen vermag, ungemein anzieht.

56. Und nach ihm hat Thukydides nach meinem Urtheile Alle an Kunst des Vortrages unbedenklich übertroffen; denn er ist so reich an einer Fülle von Sachen und Gedanken, daß der Zahl seiner Worte beinahe die Zahl

seiner Gedanken gleichkommt; so treffend ferner im Ausdrucke und genau, daß man nicht weiß, ob die Sache mehr durch den Vortrag, oder die Worte mehr durch die Gedanken erhellt werden. Aber auch dieser, obwol er an der Staatsverwaltung Theil nahm, gehörte, wie uns überliefert ist, nicht zu denjenigen, welche Rechtshändel führten, und seine Geschichtsbücher soll er damals geschrieben haben, als er von Staatsgeschäften entfernt und – ein Schicksal, das den Edelsten zu Athen zu widerfahren pflegte – aus seinem Vaterlande verwiesen war.

57. Auf ihn folgte der Syrakusier Philistus, der dem Herrscher Dionysius sehr befreundet war. Er widmete seine Muße der Geschichtschreibung und nahm sich in derselben, wie es mir scheint, den Thukydides zum Muster. Später aber gingen aus eines Redekünstlers berühmten Werkstätte, wenn ich mich so ausdrücken darf, zwei hochbegabte Männer hervor, Theopompus und Ephorus, die sich auf Antrieb ihres Lehrers Isokrates der Geschichtschreibung zuwandten, mit Rechtshändeln sich aber niemals auch nur im Entferntesten befaßten.

XIV. 58. Endlich sind auch aus der Schule der Philosophen Geschichtschreiber hervorgegangen, zuerst Xenophon, der berühmte Sokratier, später der Schüler des Aristoteles, Kallisthenes, ein Begleiter Alexander's. Der letztere bedient sich einer fast rednerischen Darstellungsweise, der erstere aber eines sanfteren Tones, der nicht den Aufschwung des Redners besitzt; vielleicht ist er minder feurig, aber doch, wie es mir wenigstens scheint, ungleich löblicher. Der jüngste unter allen diesen, Timäus, aber, soweit mir darüber ein Urtheil zusteht, der bei Weitem gelehrteste und an Fülle der Sachen und an Mannigfaltigkeit der Gedanken der reichhaltigste, der selbst in der Fügung und Anordnung der Worte einer gewissen Glätte nicht entbehrt, brachte große Beredsamkeit zur Geschichtschreibung mit, aber keine Erfahrung in gerichtlichen Verhandlungen.

59. Als Antonius sich so ausgesprochen hatte, sagte Cäsar. Wie steht es, mein Catulus? wo sind die, welche behaupten, Antonius verstehe kein Griechisch? Wie viele Geschichtschreiber hat er genannt? wie

einsichtsvoll hat er über sie gesprochen und wie treffend eines jeden Eigentümlichkeit auseinandergesetzt? Ja wahrlich, erwiderte Catulus, indem ich dieses bewundere, höre ich jetzt auf mich über das zu verwundern, was zuvor meine Verwunderung in noch weit höherem Grade erregte, daß er nämlich auch ohne diese Kenntnisse ein so ausgezeichneter Redner sei. Ja, lieber Catulus, sagte Antonius, allerdings pflege ich die Werke dieser Schriftsteller und einige andere zu lesen, wenn ich Muße habe; aber ich richte hierbei mein Augenmerk nicht auf einen Vortheil für die Beredsamkeit, sondern ich thue es zu meiner Unterhaltung.

60. Was gewinne ich also hieraus? Jedenfalls, ich will es nur bekennen, ist es Etwas. Sowie, wenn ich in der Sonne mich ergehe, wiewol ich es in einer anderen Absicht thue, ich doch natürlich braun gefärbt werde; so merke ich auch, daß, wenn ich diese Schriften bei Misenum (denn zu Rom ist es mir kaum vergönnt) recht eifrig lese, meine Rede durch ihre Berührung eine gewisse Färbung annimmt. Doch damit ihr euch von dem Umfange meiner Griechischen Gelehrsamkeit nicht eine zu hohe Vorstellung macht, so wißt: nur das verstehe ich in den Schriften der Grieben, was ihre Verfasser auch von den Ungelehrten verstanden wissen wollten.

61. Verirre ich mich aber einmal zu eueren Philosophen, getäuscht durch die Aufschriften ihrer Werke, die sich gemeiniglich auf bekannte und ausgezeichnete Gegenstände beziehen, auf Tugend, Gerechtigkeit, Ehrbarkeit, Vergnügen; so verstehe ich durchaus kein Wort; in so gedrängte und kurzgefaßte Untersuchungen haben sie sich verstrickt. Die Dichter vollends, die gleichsam eine andere Sprache reden, wage ich gar nicht anzurühren. Mit denen also verkehre ich, wie gesagt, zu meiner Unterhaltung, welche Geschichte oder ihre eigenen Reden geschrieben haben, oder so reden, daß man sieht, sie wollten auch Lesern meiner Art befreundet sein, die keine großen Gelehrten sind.

XV. 62. Doch ich kehre zur Sache zurück. Seht ihr nicht, wie schwierig die Aufgabe für den Redner ist Geschichte zu schreiben? Vielleicht in Betreff des Flusses der Rede und der Mannigfaltigkeit des Vortrages die schwierigste. Und dennoch finde ich nirgends die Geschichtsschreibung mit besonderen Vorschriften von den Lehrern der Beredsamkeit versehen; sie liegen ja vor Augen. Denn wer weiß nicht, daß es das erste Gesetz der Geschichte ist, sich zu scheuen etwas Unwahres zu sagen; das zweite, sich nicht zu scheuen etwas Wahres zu sagen, damit jeder Verdacht der Gunst oder Feindschaft vermieden werde?

63. Diese Grundlagen sind natürlich Allen bekannt. Die Aufführung des Gebäudes selbst aber beruht auf Sachen und Worten. Das Verhältnis der Sachen verlangt Anordnung der Zeiten und Beschreibung der Gegenden, und weil bei wichtigen und denkwürdigen Ereignissen die Erwartung zuerst auf die Absichten, dann auf die Thaten, endlich auf die Folgen gerichtet ist, so ist es auch erforderlich, daß einerseits in Betreff der Absichten angedeutet werde, was der Schriftsteller billige, andererseits in Betreff der Handlungen nicht bloß erklärt werde, was geschehen oder gesagt sei, sondern auch wie; endlich, wenn von den Folgen die Rede ist, müssen alle Ursachen entwickelt werden, mögen sie nun in Zufälligkeiten oder in Klugheit oder in Unbesonnenheit bestehen, und in Beziehung auf die Menschen genügt es nicht ihre Thaten zu erzählen, sondern wenn sie hervorragende Persönlichkeiten sind, so muß man auch ihr Leben und ihren Charakter schildern.

64. Was aber den Ausdruck und die Art des Vortrages betrifft, so muß man sich eine Schreibart anzueignen suchen, welche in ungezwungener Haltung und gemächlicher Breite sich bewegt und in einem sanften und gleichmäßigen Flusse dahingleitet, ohne die Rauheit gerichtlicher Verhandlungen und ohne die Stacheln richterlicher Urtheile. Für diese so vielen und wichtigen Gegenstände, seht ihr, lassen sich in den Lehrbüchern der Redekünstler keine Vorschriften finden. Ein gleiches Stillschweigen herrscht über viele andere Obliegenheiten der Redner, die Ermahnungen, Tröstungen. Belehrungen, Warnungen: lauter Gegenstände, welche sehr beredt vorgetragen sein wollen, aber in unseren Lehrbüchern keine besondere Stelle finden.

65. Und zu dieser Gattung gehört auch der unendlich reiche Stoff der unbestimmten Fragen. Denn die Meisten haben dem Redner, wie auch Crassus gezeigt hat, zwei Gattungen für den rednerischen Vortrag angewiesen, die eine über gewisse unbestimmte Sachen, wie diejenigen sind, welche bei Rechtshändeln und bei Beratungen vorkommen; wozu man auch, wenn man will, die Lobreden hinzufügen mag; die andere, welche fast alle Lehrer der Beredsamkeit anführen, aber keiner erklärt, nämlich die über die allgemeinen und unbestimmten Fragen ohne Beziehung auf gewisse Zeiten und Personen. Was das Wesen und der Umfang dieser Gattung sei, scheinen sie mir, wenn sie davon reden, nicht einzusehen.

66. Denn soll es zur Pflicht des Redners gehören über jede ihm vorgelegte unbestimmte Frage reden zu können, so wird er auch über die Größe der Sonne, über die Gestalt der Erde reden müssen; über Gegenstände der Mathematik und Musik zu reden wird er sich nicht weigern können, sobald er diese Bürde auf sich genommen hat. Kurz, wer es für seine Aufgabe erklärt nicht allein über solche streitige Gegenstände, die nach Zeiten und Personen bezeichnet sind, d. h. über alle gerichtlichen Verhandlungen, sondern auch über die allgemeinen und unbestimmten Fragen zu reden, für den kann keine Art des Vortragt eine Ausnahme machen.

XVI. 67. Aber wenn wir auch noch jenen ganz unbestimmten, willkürlichen und vielumfassenden Theil der allgemeinen Fragen über das Gute und Böse, über das Wünschenswerthe und Verabscheuungswürdige, über das Anständige und Schimpfliche, über das Nützliche und Schädliche, über Tugend, Gerechtigkeit, Enthaltsamkeit, Klugheit, Seelengröße, Edelmuth, Pflichtgefühl, Freundschaft, Treue, Pflicht und die übrigen Tugenden und die ihnen entgegenstehenden Laster, desgleichen über Staat, Herrschaft, Kriegswesen, Staatsverfassung und über die Sitten der Menschen dem Redner zuweisen wollen und meinen, er müsse über alle diese Gegenstände reden: so mögen wir immerhin auch diesen Theil hinzunehmen, jedoch nur unter der Bedingung, daß er auf mäßige Gränzen eingeschränkt werde.

68. Allerdings muß nach meiner Ansicht der Redner Alles, was sich auf den Nutzen der Bürger und auf die Sitten der Menschen bezieht, was die Gewohnheit des Lebens, die Verfassung des Staates, unsere bürgerliche Gesellschaft, das allgemeine Menschengefühl, das Wesen und den Charakter der Menschen betrifft, in seinem Geiste umfassen, wenn auch nicht auf die Weise, daß er über diese Gegenstände im Einzelnen und Besonderen Rechenschaft abzulegen im Stande sei, aber doch wenigstens so, daß er sie den Verhandlungen auf verständige Weise einflechten könne. Ueber diese Gegenstände selbst rede er so, wie diejenigen es thaten, welche Rechte, Gesetze, Staaten gegründet haben, einfach und deutlich, ohne zusammenhängende Reihenfolge wissenschaftlicher Erörterungen und ohne nüchternes Wortgezänk.

69. Damit ihr euch aber nicht verwundert, wenn über so viele und wichtige Gegenstände keine Vorschriften von mir ertheilt werden, so will ich mich jetzt hierüber aussprechen. Ich urtheile nämlich so: Sowie man es in anderen Wissenschaften nicht für nöthig hält, wenn das Schwierigste gelehrt ist, auch das Uebrige zu lehren, weil es entweder leichter oder dem Anderen ähnlich ist, wie z. B. in der Malerei der, welcher die menschliche Gestalt zu malen gründlich erlernt hat, auch Menschen von jeder Gestalt und von jedem Alter, ohne dieß besonders gelernt zu haben, malen kann, und wer einen Löwen oder Stier vortrefflich zu malen versteht, von dem nicht zu besorgen ist, er werde bei vielen anderen Vierfüßlern nicht ein Gleiches leisten; – es gibt ja überhaupt keine Kunst, in der Alles, was durch sie in's Werk gesetzt werden kann, von dem Lehrer vorgetragen wird, sondern wer von gewissen vorzüglichen Dingen das Allgemeine gelernt hat, der weiß auch das Uebrige ohne Schwierigkeit auszuführen:

70. ebenso wird nach meiner Ansicht auch in unserer Redekunst oder soll ich richtiger sagen? Redeübung derjenige, welcher in seinem Vortrage eine solche Gewalt besitzt, daß er auf die Gemüther derer, die ihn über den Staat oder über seine eigenen Angelegenheiten oder über diejenigen, für oder gegen welche er auftritt, reden hören und zugleich die Macht der Entscheidung haben, nach seinem Ermessen einwirken kann, in Betreff aller übrigen Vorträge über das, was er zu sagen habe, ebenso wenig in

Verlegenheit sein, als es jener Polykletus bei der Verfertigung der Bildsäule des Herkules war, wie er die Löwenhaut oder die Hydra bilden sollte, wiewol er diese Dinge nie besonders zu verfertigen gelernt hatte.

XVII. 71. Hierauf sagte Catulus: Vortrefflich scheinst du mir, lieber Antonius, vor die Augen geführt zu haben, was der, welcher sich zum Redner ausbilden will, lernen muß und was er, ohne es erlernt zu haben, aus dem Erlernten zu Hülfe nehmen könne. Du hast nämlich die ganze Aufgabe des Redners lediglich auf zwei Gattungen der Verhandlungen beschränkt, die übrigen unzähligen der Uebung und der Anwendung auf ähnliche Fälle überlassen. Doch siehe zu, ob sich nicht in diesen beiden Gattungen die Hydra und die Löwenhaut befinden, Herkules hingegen und andere wichtige Werke in den Dingen, die du übergehst, zurückbleiben. Denn mir scheint es keine geringere Arbeit zu sein über allgemeine Gegenstände, als über die Angelegenheiten Einzelner, und ungleich schwieriger über die Natur der Götter, als über Streitigkeiten der Menschen zu reden.

72. Das ist nicht der Fall, erwiderte Antonius. Dieß werde ich dir, lieber Crassus, zeigen nicht sowol als Gelehrter, als – und das ist wichtiger – aus eigener Erfahrung. Ueber alle anderen Gegenstände ist der Vortrag, glaube es mir, ein Spiel für einen Mann, der nicht stumpfsinnig und nicht ungeübt ist und der gewöhnlichen wissenschaftlichen Kenntnisse und feineren Bildung nicht entbehrt; in den Streitigkeiten über Rechtssachen aber liegt eine schwierige Arbeit und vielleicht unter allen menschlichen Arbeiten die schwierigste und in denselben wird die Geschicklichkeit des Redners gemeiniglich von den Unverständigen nach dem Ausgange und Siege beurtheilt. Wenn ein gerüsteter Gegner da ist, der geschlagen und zurückgetrieben werden muß; wenn oft der, in dessen Hand die Entscheidung der Sache liegt, abgeneigt und erzürnt oder auch ein Freund des Gegners und dein Feind ist; wenn man diesen unterweisen oder eines Besseren belehren oder in Schranken weisen oder anfeuern, wenn man auf jede Weise nach Zeit und Umständen durch den Vortrag auf seine Stimmung einwirken muß, indem oft sein Wohlwollen in Haß, sein Haß in Wohlwollen verwandelt und sein Gemüth wie durch ein Triebwerk bald

zur Strenge bald zur Nachsicht, bald zur Trauer bald zur Freude umgelenkt werden muß: da ist der ganze Nachdruck der Gedanken, das ganze Gewicht der Worte erforderlich.

73. Auch muß hinzutreten ein äußerer Vortrag, der sich durch Mannigfaltigkeit und Lebhaftigkeit auszeichnet, der voll Seele, voll Geist, voll tiefer Empfindung, voll Wahrheit ist. Wer in diesen Werken eine solche Meisterschaft errungen hat, daß er wie ein Phidias die Bildsäule der Minerva schaffen kann; der wird wahrlich wegen der Ausführung jener kleineren Werke ebenso wenig besorgt sein, wie dieser Künstler wegen der Ausschmückung des Schildes.

XVIII. 74. Hierauf sagte Catulus: Je wichtiger und bewundernswürdiger du diese Dinge geschildert hast, um so begieriger erwarte ich von dir die Mittel und Vorschriften zu vernehmen, durch die man sich eine so große Geschicklichkeit aneignen kann. Um meines Vortheiles willen bin ich jetzt freilich dabei wenig betheiligt; denn einerseits vermisse ich in meinem Alter dieß nicht, andererseits habe ich mich einer anderen Art der Beredsamkeit befleißigt, da ich nie Urtheilssprüche den Händen der Richter durch die Gewalt der Rede entwunden, sondern vielmehr durch Besänftigung ihrer Gemüther nur so viel, als sie selbst willig zugaben, erhalten habe; aber dennoch wünsche ich ohne alle Rücksicht auf meinen eigenen Nutzen aus bloßer Wißbegierde deine Ansichten kennen zu lernen.

75. Auch brauche ich keinen Griechischen Lehrmeister, der mir allbekannte Regeln ableiert, ohne selbst je das Forum, ohne je einen Gerichtshof gesehen zu haben, wie man von dem Peripatetiker Phormio erzählt. Als nämlich Hannibal, aus Karthago vertrieben, nach Ephesus zum Antiochus als Verbannter kam, so wurde er seiner allverbreiteten Berühmtheit wegen von seinen Gastfreunden eingeladen, wenn es ihm Vergnügen mache, einem Vortrage des eben genannten Philosophen beizuwohnen. Als er seine Geneigtheit dazu erklärt hatte, sprach der redselige Mann einige Stunden über die Pflicht eines Feldherrn und über das gesammte Kriegswesen. Hierauf, da alle Uebrigen, die ihn gehört

hatten, von dem Vortrage ganz entzückt waren, fragte man den Hannibal um sein Urtheil über diesen Philosophen. Da erwiderte der Punier, zwar nicht im besten Griechisch, aber doch mit Freimütigkeit, er habe schon oft viele aberwitzige Alte gesehen, aber so aberwitzig, wie den Phormio, habe er noch keinen gesehen. Und wahrlich nicht mit Unrecht.

76. Denn kann man sich wol eine größere Anmaßung und Geschwätzigkeit denken, als wenn einem Hannibal, der so viele Jahre um die Weltherrschaft mit dem Römischen Volke, dem Sieger über alle Volksstämme, gekämpft hatte, ein Grieche, der nie einen Feind, nie ein Lager gesehen, nie endlich sich bei der Verwaltung eines öffentlichen Amtes irgend wie betheiligt hatte, Vorschriften über das Kriegswesen ertheilen will? Ein Gleiches scheinen mir alle diejenigen zu thun, welche über die Redekunst Unterricht geben; denn was sie selbst nicht aus Erfahrung kennen, das wollen sie Anderen lehren. Doch irren sie vielleicht hierin weniger, weil sie nicht dich, wie einen Hannibal, sondern nur Knaben oder Jünglinge zu belehren suchen.

XIX. 77. Du irrst, Catulus, sagte Antonius; ich wenigstens bin schon auf viele Phormione gestoßen. Denn wer von diesen Griechen dürfte wol irgend Einem der Unsrigen irgend eine Einsicht zutrauen? Und was mich betrifft, so sind sie mir eben nicht lästig; ich dulde und ertrage sie ganz gern; denn entweder bringen sie Etwas vor, was mir nicht mißfällt, oder sie bewirken, daß ich es mir weniger leid sein lasse keine gelehrten Studien gemacht zu haben; auch fertige ich sie nicht so schmachvoll ab, wie Hannibal jenen Philosophen, habe aber auch dafür vielleicht um so mehr mit ihnen zu schaffen. Aber gleichwol ist ihre Gelehrsamkeit, so weit mir ein Urtheil darüber zusteht, sehr lächerlich.

78. Sie theilen nämlich das Ganze in zwei Theile, in Streitigkeiten von Rechtsfällen und in Streitigkeiten allgemeiner Fragen. Rechtsfall nennen sie einen Gegenstand, der auf den Verhandlungen und dem Streite der rechtenden Parteien vor Gerichte beruht; allgemeine Frage aber einen Gegenstand, der auf der Ueberlegung über einen unbestimmten Gegenstand. Ueber den Rechtsfall erteilen sie Vorschriften; über den

anderen Theil der Beredsamkeit herrscht ein seltsames Schweigen. Zweitens nehmen sie gleichfalls fünf Glieder der Beredsamkeit an, nämlich die Erfindung des Stoffes, die Anordnung des Gefundenen, die Ausschmückung durch den Ausdruck, das Auswendiglernen der Rede, zuletzt den Vortrag und die mündliche Darstellung: eine Vorschrift von einer nicht eben tiefen Weisheit. Denn wer dürfte nicht von selbst einsehen, daß Niemand reden könne, ohne zu wissen, was er sagen, und mit welchen Worten und in welcher Ordnung er es sagen soll, und ohne es auswendig gelernt zu haben? Nun will ich dieses nicht tadeln, aber ich sage, es liegt vor Augen, sowie dieß auch der Fall ist bei den vier, fünf, sechs oder auch sieben Theilen (die Einen nehmen nämlich diese, Andere eine andere Einteilung an), in welche sie die ganze Rede zerfallen lassen.

80. Sie geben nämlich folgende Vorschriften: Zuerst soll man den Eingang der Rede so einrichten, daß man das Wohlwollen der Zuhörer gewinnt, sie unserer Belehrung zugänglich macht und ihre Aufmerksamkeit fesselt; zweitens die Sache in einer Weise erzählen, daß die Erzählung wahrscheinlich, deutlich und kurz sei; drittens den Gegenstand der Verhandlung einteilen und vorlegen, die eigenen Behauptungen durch Beweise und Gründe bekräftigen, und dann die des Gegners widerlegen. Hierauf aber setzen Einige die Schlußrede und gleichsam das Nachwort; Andere schreiben vor, man solle vor dem Schlusse zur Ausschmückung und Hebung des Gegenstandes eine Abschweifung einschalten und dann erst die Schlußrede und das Nachwort hinzufügen.

81. Auch dieses will ich nicht tadeln. Die Eintheilung ist ja kunstgerecht, aber doch, wie es bei Menschen, die es nicht mit der Wirklichkeit zu thun haben, ganz natürlich ist, nicht der Erfahrung gemäß. Denn die Vorschriften, die sie für den Eingang und die Erzählung ertheilt haben, muß man in allen Theilen der Rede beobachten.

82. Ich kann nämlich das Wohlwollen des Richters leichter im Laufe der Rede gewinnen, als da, wo er noch Nichts vernommen hat; für meine Belehrung ferner werde ich ihn nicht da zugänglich machen, wo ich die Beweisführung verheiße, sondern da, wo ich sie darlege und entwickele;

die Aufmerksamkeit der Richter aber können wir dadurch wecken, daß wir während des ganzen Vortrages immer auf's Neue ihre Gemüther aufregen, nicht aber durch eine vorläufige Ankündigung.

83. Ferner wenn sie lehren, die Erzählung müsse wahrscheinlich, deutlich und kurz sein; so ist dieß eine richtige Bemerkung. Wenn sie aber meinen, diese Eigenschaften gehörten mehr der Erzählung, als der ganzen Rede; so scheinen sie mir sehr zu irren. Und überhaupt liegt der ganze Irrthum darin, daß sie der Ansicht sind, die Beredsamkeit beruhe, wie andere Wissenschaften, auf einem kunstmäßigen Lehrgebäude, wie Crassus am gestrigen Tage behauptete, daß von dem bürgerlichen Rechte selbst ein solches aufgestellt werden könne, indem man nämlich zuerst die Gattungen der Dinge aufstelle, wobei es ein Fehler ist, wenn man irgend eine Gattung übergeht, dann die Arten der einzelnen Gattungen, wobei es fehlerhaft ist, wenn sich eine Art zu wenig oder zu viel findet, endlich die Begriffsbestimmungen aller Kunstausdrücke, wobei weder Etwas mangeln noch überflüssig sein darf.

XX. 84. Aber wenn auch gelehrte Männer dieses im bürgerlichen Rechte oder auch bei anderen unbedeutenden oder nicht umfangreichen Wissenschaften erreichen können, so halte ich es doch in der Beredsamkeit wegen ihrer großen Wichtigkeit und ihres unermeßlichen Umfanges nicht für möglich. Wer es dafür hält, den muß man an die Lehrmeister dieser Gegenstände verweisen; bei ihnen wird er Alles schon entwickelt und auf das feinste ausgebildet finden; denn es gibt über diese Gegenstände unzählige Schriften, deren Anhalt nicht tief verborgen und deren Verständnis nicht dunkel ist. Aber man bedenke, was man für einen Zweck verfolge, ob man zu einem Spielgefechte oder zu einem wirklichen Kampfe die Waffen ergreifen will. Etwas Anderes verlangt Kampf und Schlacht, etwas Anderes Waffenspiel und unser Marsfeld. Gleichwol gewährt selbst die Kunst des Waffenspieles dem Fechter und dem Krieger einigen Nutzen; aber feuriger Muth und Geistesgegenwart und Scharfblick und Gewandtheit des Geistes bilden unüberwindliche Männer, und zwar ebenso leicht für sich allein, als wenn Kunst damit verbunden ist.

85. Daher will ich dir jetzt den Redner aufstellen, wie ich es vermag, und zwar so, daß ich zuvor genau zusehe, was er leisten könne. Er soll mir einen Anstrich von wissenschaftlicher Bildung besitzen, Einiges gehört und gelesen und selbst diese Regeln der Kunst in sich aufgenommen haben; ich will prüfen, was er für einen Anstand hat, was er hinsichtlich der Stimme, der Körperkraft, des Athems, der Zunge zu leisten vermag. Sehe ich ein, daß er die ausgezeichnetsten Redner erreichen kann; so werde ich ihn nicht bloß aufmuntern sich eifrig zu bemühen, ja, wenn er mir zugleich ein guter Mann zu sein scheint, ihn inständigst bitten. Eine so große Zierde für den Staat beruht meines Erachtens auf einem ausgezeichneten Redner, der zugleich ein guter Mann ist. Hat es aber den Anschein, als werde er es bei aller Anstrengung doch nur mittelmäßigen Rednern gleich thun können; so werde ich ihm selbst überlassen zu thun, was er will, und ihm nicht eben sehr beschwerlich fallen. Sollte er aber gar keine Neigung dazu haben und ohne alles Geschick sein, so werde ich ihn ermahnen sich dieses Faches zu enthalten und sich einem anderen zuzuwenden.

86. Denn wir dürfen ebenso wenig denjenigen, der Vorzügliches leisten kann, auf jede Weise zu ermuntern unterlassen, als denjenigen, der Etwas zu leisten vermag, abschrecken. Denn das Eine scheint mir etwas Göttliches zu sein; das Andere, Etwas zu unterlassen, worin man nicht Vorzügliches leisten kann, oder das zu thun, was man nicht ganz schlecht thun mag, halte ich für menschlich. Das Dritte aber, wie ein Marktschreier aufzutreten und wider Anstand und Befähigung zu reden, kann nur ein Mensch thun, der, wie du, Catulus, von einem solchen Schreier sagtest, durch sein eigenes Ausrufergeschrei möglichst viele Zeugen seiner Thorheit um sich versammelt.

87. Von dem nun, der der Ermunterung und Unterstützung würdig ist, wollen wir reden; doch werden wir ihm nur das vortragen, was uns die Erfahrung gelehrt hat, damit er unter unserer Anleitung dahin gelange, wohin wir selbst ohne Anleitung gelangt sind; denn Besseres zu lehren sind wir nicht fähig.

XXI. 88. Und um nun mit unserem Freunde den Anfang zu machen, so wisse, Catulus, unseren Sulpicius hier hörte ich zuerst in einer unbedeutenden Sache als noch sehr jungen Mann reden. Stimme, Gestalt, Bewegung des Körpers und die übrigen Eigenschaften waren für den Beruf, von dem wir reden, geeignet; seine Rede ferner war schnell und feurig, eine Folge seiner Gemüthsart; der Ausdruck aufbrausend und etwas zu überschwänglich, eine Folge seiner Jugend. Ich konnte ihn nicht mißbilligen; denn ich wünsche, daß sich bei einem jungen Manne eine üppige Fruchtbarkeit zeige. Sowie es nämlich an den Weinstöcken leichter ist die zu üppig wuchernden Ranken zu beschneiden, als, wenn das Holz nichts taugt, neue Reiser durch Pflege hervorzutreiben; so sehe ich es gern, wenn der junge Mann eine Fülle besitzt, von der ich Etwas abschneiden kann. Denn von nicht langer Ausdauer kann der Saft in einer Frucht sein, die gar zu schnell zur Reife gediehen ist. 89. Ich erkannte sofort seine geistige Begabung, und ohne Zeit zu verlieren, forderte ich ihn auf das Forum als die Schule zu betrachten, wo er lernen müsse, zum Lehrer aber sich Einen nach Belieben auszuwählen, wenn er auf mich hören wolle, den Lucius Crassus. Begierig erfaßte er diesen Rath und versprach dieß zu thun und fügte auch noch hinzu, natürlich bloß um sich dankbar zu beweisen, auch ich sollte ihm Lehrer sein. Kaum war ein Jahr seit dieser Unterredung mit ihm und meiner Aufforderung verlaufen, als er den Gajus Norbanus anklagte, den ich vertheidigte. Es ist unglaublich, welchen Unterschied ich zwischen ihm, wie er damals war, und wie er ein Jahr zuvor gewesen war, bemerkte. Allerdings leitete ihn zu jener großartigen und herrlichen Redeweise des Crassus seine eigene Naturanlage; aber mit dieser allein hätte er nicht genug ausrichten können, wenn er nicht zugleich Fleiß und Nachahmung auf dasselbe Ziel hin gerichtet und sich so zu reden gewöhnt hätte, daß er stäts mit ganzem Geiste und ganzem Gemüthe den Crassus als sein Vorbild anschaute.

XXII. 90. Die erste Stelle in meinen Vorschriften möge also die einnehmen, daß wir zeigen, wem man nachahmen soll, und zugleich die Bemerkung hinzufügen, daß man die vorzüglichsten Eigenschaften des Vorbildes auf das Sorgfältigste in's Auge zu fassen suchen müsse. Hierauf mag die Uebung hinzutreten, durch die man das gewählte Vorbild nachahmend abbilde und ausdrücke, aber nicht in der Weise vieler mir bekannten Nachahmer, die sich nur das Leichte oder auch gewisse hervorstechende und fast fehlerhafte Eigenheiten durch Nachahmung anzueignen eifrig bemüht sind.

91. Nichts ist leichter als Jemandes Tracht oder Stellung oder Bewegung nachzuahmen. Findet sich aber etwas Fehlerhaftes, so ist es kein großes Verdienst dieses aufzunehmen und dadurch selbst wieder in einen Fehler zu verfallen, wie es jener Fusius macht, der selbst jetzt nach dem Verluste seiner Stimme wie ein Rasender im Staate wüthet, den kraftvollen Vortrag des Gajus Fimbria aber, den doch dieser jedenfalls besaß, nicht erreicht, wohl aber dessen Mundverzerrung und breite Aussprache nachmacht. Aber einerseits verstand er nicht die rechte Wahl eines Vorbildes, dem er vorzugsweise nachstrebe, zu treffen, andererseits suchte er an dem gewählten selbst sogar die Fehler nachzuahmen.

92. Wer aber verfährt, wie es sich gebührt, der muß vor Allem bei der Auswahl Vorsicht anwenden und dann die hervorragendsten Eigenschaften dessen, den er gebilligt hat, auf das Sorgfältigste in's Auge fassen. Denn wie, meint ihr, läßt es sich erklären, daß jedes Zeitalter beinahe eine besondere Art der Beredsamkeit hervorgebracht hat? Dieß können wir zwar nicht so leicht bei unseren Rednern beurtheilen, weil sie Schriften, aus denen sich das Urtheil bilden konnte, nicht eben in großer Anzahl hinterlassen haben, wohl aber bei den Griechischen, aus deren Schriften man sehen kann, welche Grundsätze und Bestrebungen in der Beredsamkeit einem jeden Zeitalter eigentümlich gewesen sind.

93. Die ältesten, von denen wenigstens Schriften vorhanden sind, sind wol Perikles und Alkibiades und aus demselben Zeitalter Thukydides, feine, scharfsinnige, kurze Redner, reicher an Gedanken, als an Worten. Es wäre nicht möglich gewesen, daß Alle Eine Art des Vortrages hätten, wenn sie nicht ein Vorbild zur Nachahmung genommen hätten. Auf diese folgte Kritias, Theramenes und Lysias. Von Lysias sind viele Schriften vorhanden, von Kritias einige; von des Theramenes Reden wird uns nur

berichtet. Sie alle behaupteten noch immer die kraftvolle Sprache des Perikles, aber der Faden ihres Vortrages war etwas voller ausgesponnen.

94. Siehe, da trat Isokrates auf, (der Lehrer aller Redner seines Zeitalters) aus dessen Schule, wie aus dem trojanischen Pferde, lauter Helden hervorgingen; aber von diesen wollten einige in Prunkaufzügen, andere in der Schlachtordnung glänzen.

XXIII. Nun sind zwar Theopompus, Ephorus, Philiskus, Naukrat und viele Andere an Naturanlagen verschieden, aber in ihrer Absicht sowohl unter sich als ihrem Lehrer ähnlich. Ferner diejenigen, die sich den Rechtsverhandlungen zuwandten, wie Demosthenes, Hyperides, Lykurgus, Aeschines, Dinarchus und mehrere Andere, stimmten, obwol sie einander nicht gleich waren, doch darin überein, daß sie alle auf gleiche Weise in ihren Reden die Wirklichkeit darzustellen suchten. Und so lange man sich diese zum Vorbilde bei der Nachahmung nahm, so lange lebte auch diese Art der Beredsamkeit und eine gleiche Bestrebung.

95. Als aber nach ihrem Tode das Andenken an sie allmählich ganz verdunkelt wurde und verschwand, blühen andere Arten der Beredsamkeit, die einen weichlicheren und minder kräftigen Charakter hatten. Hieraus gingen Demochares, der ein Schwestersohn des Demosthenes gewesen sein soll, dann der berühmte Phalereer Demetrius, der meines Erachtens unter allen diesen Rednern der Eingebildeteste ist, und andere diesen ähnliche hervor. Sollen wir diese Erscheinungen bis auf unsere Zeit verfolgen, so werden wir sehen, daß, sowie noch heut zu Tage jener Menekles aus Alabanda und sein Bruder Hierokles, die ich gehört habe, von ganz Asien zu Vorbildern gewählt werden, so immer ein Redner gelebt hat, dem die Meisten ähnlich zu werden wünschten.

96. Wer nun sein Vorbild durch Nachahmung erreichen will, der muß es sowol durch häufige und angestrengte Uebung, als auch ganz besonders durch Schreiben zu erfassen suchen. Thäte dieß unser Sulpicius hier, so würde sein Vortrag weit bestimmter sein, während sich jetzt bisweilen, wie die Landleute von der Saat zu sagen pflegen, in der größten

Fruchtbarkeit eine wuchernde Ueppigkeit zeigt, die durch den Griffel beschnitten werden muß.

97. Da sagte Sulpicius: Du hast ganz Recht, daß du mir diesen Wink gibst, und ich nehme ihn dankbar an; aber auch du, lieber Antonius, glaub' ich, hast nicht viel geschrieben. Ei, entgegnete dieser, du sprichst ja gerade so, als ob ich Anderen nicht in dem Unterricht ertheilen sollte, was mir selbst abgeht; ja meint man doch, ich führe nicht einmal Rechnungsbücher. Doch wie ich in dieser Sache verfahre, läßt sich aus meinem Haushalte beurtheilen, wie aber in jener, aus meinen Reden, wie unbedeutend sie auch sein mögen.

98. Doch sehen wir auch Viele, die Niemandem nachahmen und durch eigene Naturanlage ohne irgend ein Vorbild ihr Ziel glücklich erreichen. Dieß läßt sich mit Recht an euch, Cäsar und Cotta, bemerken; denn du hast dir eine unseren Rednern ungewöhnliche Feinheit des Witzes, und du die scharfsinnigste und gründlichste Redeweise angeeignet. Auch euer Altersgenosse Curio scheint mir, obwol sein Vater meines Erachtens vielleicht der größte Redner seiner Zeit war, Niemandem vorzugsweise nachzuahmen, und doch hat er durch Würde, Zierlichkeit und Fülle des Ausdruckes seiner Rede eine eigene Form und besonderes Gepräge aufzudrücken verstanden: was ich am Besten in der Rechtssache beurtheilen konnte, die er gegen mich vor den Centumvirn für die Brüder Cossus führteDie hier erwähnte Rechtssache ist unbekannt., in welcher ihm keine Eigenschaft fehlte, die nicht bloß ein beredter, sondern auch ein einsichtsvoller Redner besitzen soll.

XXIV. 99. Doch um nun unseren Lehrling endlich einmal in die Rechtsverhandlungen einzuführen, und zwar in die, bei denen es etwas mehr Arbeit gibt, in die gerichtlichen und rechtsstreitigen; so wollen wir ihm – vielleicht dürfte Mancher über diese Lehre lächeln; denn sie ist weniger scharfsinnig, als nothwendig, und kommt mehr einem nicht einfältigen Rathgeber zu, als einem kenntnißreichen Lehrmeister; – also wir wollen ihm zuerst die Vorsicht ertheilen, sich mit allen

Verhandlungen, die er führen wird, sorgfältig und gründlich bekannt zu machen.

100. Dieß wird in der Schule nicht gelehrt; denn nur leichte Aufgaben werden den Knaben vorgelegt. „Das Gesetz verbietet dem Fremden die Mauer zu besteigen; er hat sie bestiegen, hat die Feinde zurückgetrieben; er wird angeklagt. Eine solche Aufgabe zu untersuchen hat gar keine Schwierigkeit. Mit Recht gibt man daher keine Vorschriften über die Untersuchung des Standes der Sache. Denn das ist so gemeiniglich der Zuschnitt der Aufgaben in den Schulen. Aber auf dem Forum muß man Urkunden, Zeugnisse, Vergleiche, Uebereinkünfte, Angelobungen, Blutsverwandtschaften, Verschwägerungen, Erkenntnisse, Rechtsgutachten, endlich alle Lebensverhältnisse derer, die einen Rechtsstreit haben, untersuchen; denn durch Vernachlässigung solcher Dinge sehen wir die meisten Rechtssachen, besonders in Privatangelegenheiten (diese sind ja oft weit dunkler) verloren gehen.

101. So führen gar Manche, welche, um von der Menge ihrer Geschäfte eine hohe Meinung zu erregen, sich auf dem ganzen Forum herumtummeln und von einem Gerichte zu einem andern eilen, ihre Rechtshändel, ohne sich zuvor mit dem Stande derselben vertraut gemacht zu haben. Hierbei gibt man ein großes Aergerniß entweder durch seine Sorglosigkeit, wenn man eine Sache übernahm, oder durch seine Treulosigkeit, wenn man sich für eine übertragene Sache verbürgte; ja größer, als man denkt, ist insofern dieses Aergerniß, als Niemand über einen Gegenstand, den er nicht kennt, anders, als höchst kläglich reden kann. So geschieht es, daß, während sie den Vorwurf der Ungeschicklichkeit, der doch schlimmer ist, gering achten, sich auch den der Trägheit, den sie selbst mehr scheuen, zuziehen. Ich meinerseits pflege dafür Sorge zu tragen, daß Jeder selbst mich über seine Angelegenheit belehre, und kein Fremder zugegen sei, damit er sich um so freimüthiger ausspreche, und die Sache des Gegners zu führen, damit er die seinige vertheidige und alle seine Gedanken über seine Angelegenheit mittheile.

102. Hat er mich nun wieder verlassen, so übernehme ich allein mit der größten Unparteilichkeit drei Rollen, meine eigene, die des Gegners und die des Richters. Findet sich ein Umstand, der für die Sache mehr Vortheil als Nachtheil bietet, so bin ich der Ansicht denselben in der Rede geltend machen zu müssen; worin ich aber mehr ungünstige, als günstige Seiten finde, das gebe ich auf und verwerfe es ganz.

103. Auf diese Weise gewinne ich den Vortheil, daß ich zu einer anderen Zeit über das, was ich vortragen will, nachdenke und zu einer anderen das Ueberdachte vortrage: zwei Dinge, welche die Meisten im Vertrauen auf ihre Geisteskraft zu gleicher Zeit thun. Aber sicherlich würden eben diese Leute ungleich besser reden, wenn sie sich eine andere Zeit zum Nachdenken und eine andere zum Reden wählen zu müssen glaubten.

104. Sobald ich den Gegenstand der Rechtssache gründlich erforscht habe, so tritt mir sogleich der eigentliche Streitpunkt vor die Seele. Denn worüber nun auch entgegengesetzte Ansichten unter den Menschen obwalten mögen, sei es, daß die Sache auf einer Beschuldigung beruhe, wie bei einer Missethat, oder auf einem Rechtsstreite, wie bei einer Erbschaft, oder auf einer Berathschlagung, wie über Krieg, oder auf einer Person, wie bei einer Belobung, oder auf einer wissenschaftlichen Untersuchung, wie über die Einrichtung unseres Lebens: überall fragt es sich, was geschehen ist oder geschieht oder geschehen wird, oder von welcher Beschaffenheit es ist und wie es benannt wird.

XXV. 105. In den bei uns gewöhnlichen Fällen nun wendet man, insofern sie sich auf peinliche Rechtssachen beziehen, zur Vertheidigung gemeiniglich die Ableugnung des Verbrechens an. So zum Beispiel bei den Klagen wegen des Ersatzes für Erpressungen, welche zu den wichtigsten Verhandlungen gehören, muß man gemeiniglich Alles ableugnen; auch bei den Klagen wegen Amtserschleichung wird es uns nur selten gestattet Freigebigkeit und Mildthätigkeit von unrechtmäßiger Bewerbung und Bestechung zu unterscheiden; bei Meuchelmord, Giftmischerei, Veruntreuung öffentlicher Gelder ist Ableugnung unumgänglich nothwendig. Dieß ist also die erste Klasse der gerichtlichen

Verhandlungen, die in einer streitigen Thatsache bestehen. Bei Beratschlagungen betrifft die Frage gemeiniglich etwas Zukünftiges, selten etwas Gegenwärtiges oder Geschehenes.

106. Oft fragt es sich nicht, ob eine Thatsache stattfinde oder nicht, sondern von welcher Beschaffenheit sie sei. So z. B., als der Consul Gajus Carbo, dessen Rede ich mit anhörte, die Angelegenheit des Lucius Opimius vor dem Volke vertheidigte, leugnete er in Betreff der Ermordung des Gajus Gracchus Nichts, behauptete aber, die That sei rechtmäßig für das Wohl des Vaterlandes geschehen; ferner als derselbe Carbo Volkstribun war und in der Staatsverwaltung noch anderen Grundsätzen huldigte, erhielt er von Publius Africanus, den er über den Tod des Tiberius Gracchus befragt hatte, die Antwort, er scheine ihm rechtmäßig getödtet zu sein. Als rechtmäßig aber werden alle Handlungen vertheidigt, die pflichtmäßig oder erlaubt oder nothwendig waren oder aus Unvorsichtigkeit oder durch Zufall geschehen zu sein scheinen.

107. Ferner fragt es sich, wie Etwas benannt werde, wenn man streitet, mit welchem Ausdrucke Etwas benannt werden müsse. So hatte ich selbst mit unserem Sulpicius in der Angelegenheit des Norbanus einen sehr heftigen Streit. Denn während ich die meisten Vorwürfe, die jener diesem machte, eingestand, so leugnete ich doch, daß die Staatshoheit von ihm verletzt sei; von diesem Ausdrucke nämlich hing nach dem Appulejischen Gesetze jene ganze Rechtssache ab.

108. Und für diese Klasse von Verhandlungen ertheilen Einige die Vorschrift, daß beide Parteien den Begriff *des* Wortes, das den Streitpunkt ausmacht, deutlich und kurz bestimmen sollen. Doch dieß scheint mir wenigstens in den meisten Fällen gar sehr knabenhaft. Denn anders verhält es sich mit der Begriffsbestimmung von Worten, wenn sich Gelehrte über wissenschaftliche Gegenstände unter einander besprechen, wie wenn gefragt wird: Was ist Gesetz? was ist Staat? Hier schreibt die wissenschaftliche Lehre vor, daß man die Bedeutung des Dinges, dessen

Begriff man bestimmen will, so ausdrücke, daß kein Merkmal fehlt oder zu viel ist.

109. Doch dieß hat weder Sulpicius in jener Verhandlung gethan, noch hab' ich es zu thun versucht. So viel nämlich jeder von uns vermochte, entwickelten wir mit der ganzen Fülle der Beredsamkeit auf das Umständlichste, was es heiße die Volkshoheit verletzen. Denn die Begriffsbestimmung läßt sich erstlich oft durch Aufgreifung eines einzigen Wortes, das entweder zu viel oder zu wenig da ist, aus den Händen entwinden und dann schmeckt sie schon an und für sich nach Gelehrsamkeit und fast knabenhafter Schulübung; endlich vermag sie auch nicht in das Gefühl und Gemüth des Richters einzudringen; denn sie schlüpft vorbei, ehe sie aufgefaßt ist.

XXVI. 110. Aber in der Klasse von Rechtsstreitigkeiten, in welchen die Beschaffenheit einer Sache bestritten wird, entsteht auch oft ein Streit aus der Auslegung einer Schriftstelle, wobei der Streit sich nur auf eine Zweideutigkeit beziehen kann. Denn der Fall selbst, wo das Geschriebene mit der Absicht des Schreibenden in Widerspruch steht, enthält eine Art von Zweideutigkeit, welche sich dann aufklären läßt, wenn man die fehlenden Worte einschiebt und zeigt, daß nach Hinzufügung derselben der Sinn des Geschriebenen deutlich sei. Und wenn aus solchen widersprechenden Schriftstellen auf Seiten beider Parteien ein Zweifel hervorgeht, so entsteht keine neue Art, sondern der Fall der vorigen Art verdoppelt sich. Und eine solche Sache wird entweder nie entschieden werden können oder nur dadurch entschieden werden, daß man durch Hinzufügung der übergangenen Worte die von uns vertheidigte Schriftstelle ergänzt. So bleibt also nur Eine Gattung für die Fälle zurück, welche wegen einer Schriftstelle bestritten werden, wenn die Schriftstelle eine Zweideutigkeit enthält.

111. Es gibt aber mehrere Arten von Zweideutigkeiten, von welchen, wie ich glaube, die sogenannten Dialektiker eine bessere Kenntniß haben, unsere Redekünstler dagegen, die sie nicht weniger kennen sollten, Nichts wissen; die häufigste aber in dem ganzen Gebrauche der Rede oder Schrift

ist die, wenn durch Weglassung eines oder mehrerer Worte eine Zweideutigkeit hervorgerufen wird.

112. Einen zweiten Fehler aber begehen sie, daß sie *die* Art von Rechtsfällen, die sich auf die Auslegung einer Schriftstelle bezieht, als verschieden von den Rechtsfällen, in denen über die Beschaffenheit einer Sache gestritten wird, betrachten. Denn nirgends wird die Frage über die Beschaffenheit einer Sache mehr erörtert als bei der Auslegung einer Schriftstelle, die gar Nichts gemein hat mit dem Streite über eine Thatsache.

113. So gibt es also überhaupt drei Arten von Fragen, welche Erörterung und Streit veranlassen können: Was geschieht, ist oder wird geschehen? oder: Wie ist die Sache beschaffen? oder: Wie ist sie zu benennen? Denn die Frage, welche einige Griechen hinzufügen, ob Etwas mit Recht geschehen sei, liegt schon in der Frage über die Beschaffenheit der Sache. Doch ich will jetzt zu meinem Vorhaben zurückkehren.

XXVII. 114. Wenn ich nun die Art des Rechtsfalles vernommen und erforscht habe und zur Behandlung der Sache selbst schreite, so setze ich vor Allem den Hauptgegenstand fest, auf den ich meine ganze Rede, die der gerichtlichen Untersuchung angemessen sein muß, zu richten habe. Dann ziehe ich Zweierlei auf das Sorgfältigste in Erwägung: erstens was mir und dem, den ich vertheidige, zur Empfehlung gereichen könne; zweitens was geeignet sei die Gemüther derer, vor denen ich rede, für meine Wünsche zu stimmen.

115. So stützt sich die ganze Kunst der Rede auf drei zur Ueberredung taugliche Mittel, indem wir zuerst die Wahrheit dessen, was wir vertheidigen, erweisen, dann die Zuneigung der Zuhörer gewinnen, endlich ihre Gemüther in die Stimmung, welche jedesmal der Gegenstand der Rede verlangt, versetzen sollen.

116. Zur Beweisführung aber steht dem Redner ein zwiefacher Stoff von Sachen zu Gebote, erstlich von solchen, welche nicht von dem Redner ausgedacht, sondern, auf Thatsachen beruhend, zweckmäßig behandelt werden, wie Urkunden, Zeugnisse, Verträge, Uebereinkünfte, peinliche

Untersuchungen, Senatsbeschlüsse, richterliche Entscheidungen, obrigkeitliche Verordnungen, Rechtsgutachten und was sonst noch von dem Redner nicht erzeugt, sondern dem Redner durch die Sache selbst und von dem Betheiligten dargeboten wird. Die zweite Art des Stoffes ist die, welche ganz auf der Erörterung und Beweisführung des Redners beruht.

117. So muß man also in der ersteren Art über die Behandlung der Beweise, in der letzteren aber auch über die Erfindung derselben nachdenken. Und die eigentlichen Redekünstler bringen nach Scheidung der Rechtsstreitigkeiten in mehrere Klassen für jede derselben eine Menge von Beweisgründen bei. Mag dieses Verfahren zur Belehrung junger Leute ganz geeignet sein, damit sie, sobald ihnen eine Aufgabe vorgelegt ist, wissen, wohin sie sich zu wenden haben, um von da sofort fertige Beweise entlehnen zu können: so verräth es doch einerseits eine geistige Trägheit, wenn man abgeleiteten Bächen nachgeht, die Quellen der Sachen aber nicht sieht, andererseits verlangt es schon unser Alter und unsere Erfahrung aus der Urquelle das Nöthige zu schöpfen und zu sehen, woraus Alles fließe.

118. Und was die erste Klasse von Sachen betrifft, welche dem Redner dargeboten werden; so müssen diese von uns für alle Zeiten zum Gebrauche für alle ähnliche Fälle durchdacht sein. Denn für Urkunden oder gegen Urkunden, für Zeugen oder gegen Zeugen, für peinliche Untersuchungen oder gegen peinliche Untersuchungen und ebenso über andere Gegenstände derselben Art pflegten wir entweder ohne alle Beziehungen im Allgemeinen oder mit bestimmter Rücksicht auf gewisse Zeiten, Personen und Sachen zu reden. Diese Beweisquellen (zu euch, mein Cotta und Sulpicius, rede ich) müßt ihr durch anhaltendes Nachdenken und fortgesetzte Uebung bereit und fertig zur Hand haben.

119. Es würde für jetzt zu weitläufig sein, wenn ich entwickeln wollte, auf welche Weise man Zeugen, Urkunden, peinliche Untersuchungen entweder bestätigen oder entkräften müsse. Dieß sind lauter Dinge, wozu nur mäßige Geistesanlagen, aber eine sehr große Uebung erforderlich ist;

Kunstregeln bedürfen sie nur insofern, als sie durch gewisse Lichtpunkte des Ausdruckes ausgeschmückt werden sollen.

120. Ebenso lassen sich die Beweisgründe der zweiten Art, welche der Redner aus sich erzeugt, ohne Schwierigkeit ausdenken, wohl aber verlangen sie in höherem Grade eine lichtvolle und sein ausgebildete Entwickelung. Da wir nun Zweierlei bei den Verhandlungen untersuchen müssen, einmal, was und dann, wie wir es sagen sollen; so scheint das Erstere allerdings einen Anstrich von Kunst zu haben und bedarf auch wirklich der Kunst; gleichwol gehört nur eine mäßige Klugheit dazu, um einzusehen, was zu sagen sei. Das Andere aber, worin sich jene göttliche Kraft und Tüchtigkeit des Redners zeigt, besteht darin, daß man das, was gesagt werden soll, mit Schmuck, Fülle und Mannigfaltigkeit vortrage.

XXVIII. 121. Demnach will ich mich, weil es euch nun einmal so beliebt hat, nicht weigern, jenen ersteren Theil sorgfältig zu bearbeiten und auszubilden (in wie weit mir dieß gelingen wird, möget ihr beurtheilen). Ich werde daher zu entwickeln suchen, aus welchen Quellen die Rede hergeleitet werden müsse, um die drei Eigenschaften zu gewinnen, welche allein ihr Glauben zu verschaffen fähig sind, nämlich daß die Gemüther gewonnen, daß sie belehrt, daß sie gerührt werden. Wie aber dieses lichtvoll dargestellt werde, das uns allen zu lehren steht hier *der* Mann, der diese Kunst zuerst unter uns einheimisch gemacht, der sie am Meisten verherrlicht, der sie allein vollendet hat.

122. Denn, lieber Catulus (ich darf es ja sagen, ohne den Verdacht der Schmeichelei zu fürchten), ich glaube, es gibt keinen einigermaßen berühmten Redner, weder einen Griechischen noch einen Lateinischen, den unser Zeitalter hervorgebracht hat, den ich nicht oft und mit Aufmerksamkeit gehört hätte. Wenn ich nun einige Geschicklichkeit im Reden besitze – und schon dürfte ich mir damit schmeicheln, da ihr ja, so geistvolle Männer, meinen Worten so eifrig Gehör schenkt – so rührt es daher, daß nie ein Redner, den ich hörte, einen Vortrag gehalten hat, der sich nicht tief meinem Gedächtnisse eingeprägt hätte.

123. Sowie ich nun bin, und so wenig ich auch mein Urtheil für maßgebend halte; so trage ich doch kein Bedenken meine Ansicht und mein Urtheil dahin auszusprechen, daß unter allen Rednern die ich gehört habe, keiner so viele und so ausgezeichnete Vorzüge der Beredsamkeit besaß, wie Crassus. Seid auch ihr derselben Ansicht, so wird es, wie ich glaube, keine unbillige Theilung der Arbeit sein, wenn ich den Redner, den ich jetzt bilde, nach dem begonnenen Plane erschaffe, ernähre und kräftige und ihn alsdann dem Crassus übergebe, daß er ihn bekleide und ausschmücke.

124. Hierauf sagte Crassus: Fahre du nur fort, Antonius, wie du begonnen hast. Denn nicht ziemt es einem guten und edelen Vater das Kind, das er erzeugt und aufgezogen hat, nicht auch zu bekleiden und auszuschmücken, zumal da du nicht leugnen kannst, daß du dazu wohl bemittelt bist. Denn welcher Schmuck, welche Kraft, welche Würde fehlte jenem Redner, der am Schlusse seines Vortrages kein Bedenken trug den beklagten Consular aufzurufen, ihm den Leibrock aufzureißen und den Richtern die vernarbten Brustwunden des greisen Feldherrn zu zeigen? Der gleichfalls bei der Vertheidigung eines aufrührerischen und rasenden Menschen gegen die Anklage unseres Sulpicius kein Bedenken trug die Empörungen selbst durch den Vortrag auszuschmücken und in den kräftigsten Ausdrücken zu zeigen, daß oftmals ungestüme Erhebungen des Volkes nicht ungerecht seien, für deren Folgen jedoch Niemand einstehen könne, daß viele Empörungen oft zum Wohle des Staates stattgefunden hätten, wie z. B. als man die Könige vertrieben, als man die tribunicische Gewalt eingesetzt habe, daß jener Aufstand des Norbanus, hervorgerufen durch die Trauer der Bürger und durch den Haß gegen Cäpio, der sein Heer verloren hatte, sich nicht habe dämpfen lassen und mit Recht angestiftet worden sei?

125. Hätte wol ein so zweideutiger, so unerhörter, so schlüpfriger, so neuer Gegenstand ohne die vorzüglichste Kraft und Gewandtheit der Rede behandelt werden können? Was soll ich von der Mitleid erregenden Rede für den Gnäjus Mallius, für den Quintus Rex sagen? was von unzähligen anderen Reden, in denen nicht *die* Eigenschaft, die dir alle einräumen,

dein ausgezeichneter Scharfsinn, am Meisten hervorglänzte, sondern gerade das, was du jetzt mir zuweisen willst, sich immer in hoher Vortrefflichkeit und Vollendung kund gab?

XXIX. 126. Hierauf sagte Catulus: Ja wahrlich, das pflege ich an euch beiden am Meisten zu bewundern, daß ihr trotz euerer so großen Verschiedenheit im Reden doch so redet, daß keinem irgend Etwas von der Natur versagt oder von der Wissenschaft nicht verliehen zu sein scheint. Darum wirst du einerseits, Crassus, uns nicht deiner Liebenswürdigkeit berauben, so daß du uns nicht, was etwa Antonius überging oder noch übrig ließ, entwickeln solltest; andererseits haben wir von dir, Antonius, die Ueberzeugung, daß, wenn du Etwas nicht gesagt hast, du dieß nicht aus Unkunde thatest, sondern vielmehr, weil du wünschtest, daß es von Crassus gesagt werde.

127. Da erwiderte Crassus: Ei, so übergehe das, Antonius, was du angekündigt hast, und was keiner der Anwesenden vermißt, aus welchen Quellen nämlich sich der Gedankenstoff in den gerichtlichen Reden auffinden lasse; denn obwol du die Vorschriften über diesen Gegenstand auf eine neue Weise und vortrefflich vorträgst, so sind sie doch theils an sich ziemlich leicht, theils durch die Lehrbücher allbekannt; jene Quellen eröffne uns vielmehr, aus denen du das schöpfest, was du so oft und immer so meisterhaft behandelst.

128. So will ich sie denn eröffnen, sagte Antonius, und damit ich desto leichter von dir erhalte, was ich begehre; so will ich dir Nichts verweigern, was du von mir verlangst. Meine ganze Redekunst und gerade die Fähigkeit im Reden, die Crassus eben bis in den Himmel erhob, beruhen, wie ich zuvor bemerkte, auf der dreifachen Rücksicht: erstens die Menschen zu gewinnen, zweitens sie zu belehren, drittens sie zu rühren.

129. Der erste dieser drei Theile erfordert einen sanften, der zweite einen scharfsinnigen, der dritte einen kräftigen Vortrag. Denn nothwendig muß der, welcher zu unseren Gunsten die Sache entscheiden soll, entweder durch die Neigung seines Willens uns gewogen sein oder durch die Beweisgründe unserer Vertheidigung überzeugt oder durch Bewegung

des Gemüthes gezwungen werden. Aber weil jener Theil, der sich mit der Entwickelung und Vertheidigung der Sachen selbst beschäftigt, gewissermaßen die ganze Grundlehre für die Redekunst zu enthalten scheint; so will ich zuvörderst von diesem reden und Weniges sagen. Nur weniges ist ja das, was ich mir durch lange Erfahrung angeeignet und gleichsam im Geiste verzeichnet zu haben glaube.

XXX. 130. Und gern pflichte ich deiner verständigen Erinnerung, Crassus, bei die Vertheidigungen der einzelnen Rechtssachen, worüber die Lehrmeister den Knaben Unterricht zu ertheilen pflegen, zu übergehen, dagegen die Hauptquellen zu eröffnen, aus denen für jede Sache und Rede die ganze Erörterung abgeleitet wird. Denn so wenig wir, wenn wir ein Wort zu schreiben haben, immer erst die Buchstaben dieses Wortes in Gedanken zusammensuchen sollen; ebenso wenig geziemt es sich, so oft wir eine Rechtsstreitigkeit führen sollen, immer erst wieder zu den in den Lehrbüchern besonders angeführten Beweisgründen seine Zuflucht zu nehmen, sondern wir müssen gewisse Fundstätten in Bereitschaft haben, die sich uns, sowie die Buchstaben zum Schreiben eines Wortes, ebenso für die Entwickelung der Sache sogleich darbieten.

131. Aber diese Fundstätten können nur dem Redner von Nutzen sein, der in den Sachen bewandert ist, entweder durch eigene Erfahrung, die das Alter erst verschafft, oder durch Hören und Nachdenken, wodurch man bei Eifer und Fleiß dem Alter voraneilt. Denn magst du mir auch einen Mann vorführen, der noch so gelehrt ist, noch so viel Scharfsinn und durchdringenden Verstand im Denken zeigt, noch so viel Gewandtheit in der Kunst des Vortrages besitzt: es werden ihm, wenn er dabei in dem Herkommen des Staates, in den Beispielen, in den Einrichtungen, in den Sitten und Neigungen seiner Mitbürger ein Fremdling ist, jene Fundstätten, aus denen die Beweisgründe entnommen werden, nicht viel nützen. Eines gründlich durchgebildeten Geistes bedarf ich, wie der Acker nicht Einmal, sondern zwei- und dreimal gepflügt werden muß, damit er desto bessere und größere Früchte hervorbringen könne. Eine gründliche Durchbildung des Geistes aber besteht in Uebung, in Hören, Lesen und Schreiben.

132. Zuvörderst nun muß man das Wesen der Sache, das niemals versteckt liegt, betrachten; man untersuche, ob es eine Thatsache sei, oder was sie für eine Beschaffenheit habe, oder welchen Namen sie führe. Sobald man dieß erkannt hat, so läßt uns sogleich der bloße gesunde Menschenverstand ohne die künstlichen Mittel, welche die Redekünstler lehren, deutlich vor die Seele treten, was den eigentlichen Hauptpunkt der Sache ausmache, d. h. der Umstand, nach dessen Wegnahme der streitige Fall als solcher sich nicht behaupten kann; sodann, was der Gegenstand der richterlichen Entscheidung sei. Hierbei schreiben die Redekünstler zum Beispiele folgende Fragen vor. Opimius hat den Gracchus getödtet. Was macht den Hauptpunkt der Sache aus? Daß er es zum Besten des Staates that, da er kraft eines Senatsbeschlusses zu den Waffen aufgefordert hatte. Nimm diesen Umstand weg, und die Sache wird nicht mehr dieselbe sein. Aber gerade dieses, behauptet Decius, sei den Gesetzen zuwider nicht erlaubt gewesen. Gegenstand der gerichtlichen Entscheidung wird also sein: „War die That kraft des Senatsbeschlusses zur Erhaltung des Staates erlaubt?" Solche Dinge sind freilich einleuchtend und lassen sich mit ganz gewöhnlichem Verstande begreifen; wohl aber muß man die Beweisgründe aufsuchen, welche in Beziehung auf den Gegenstand der ritterlichen Entscheidung von dem Ankläger und Vertheidiger vorgebracht werden müssen.

XXXI. 133. Hier müssen wir nun einen Punkt berücksichtigen, worin jene Lehrmeister, zu denen wir unsere Kinder schicken, einen sehr großen Irrtum begehen, nicht als ob dieß auf die Beredsamkeit einen großen Einfluß hätte, sondern nur, damit ihr sehet, wie stumpfsinnig und ungebildet die Klasse von Menschen ist, die sich für Gelehrte halten. Bei der Eintheilung der Reden nämlich setzen sie nach ihrer Beschaffenheit zwei Arten von Streitsachen fest. Unter der einen verstehen sie die, wobei ohne Beziehung auf Personen und Zeiten nach dem Allgemeinen gefragt wird; unter der anderen diejenige, welche nach gewissen Personen und Zeiten bestimmt wird. Sie sehen aber nicht ein, daß alle Streitsachen auf die Bedeutung und das Wesen des Allgemeinen zurückgeführt werden.

134. Denn z. B. in der Sache, die ich zuvor erwähnte, hat die Person des Opimius und Decius auf die Beweisgründe des Redners gar keinen Einfluß; es handelt sich ja nur um die allgemeine Frage, ob derjenige für straffällig gehalten werde, welcher einen Bürger kraft eines Senatsbeschlusses zur Erhaltung des Vaterlandes getödtet hat, da dieses nach den Gesetzen nicht erlaubt war. Ueberhaupt gibt es keine Sache, bei welcher die richterliche Entscheidung nach den Personen der Betheiligten und nicht vielmehr nach der gesammten Erwägung des Allgemeinen bestimmt würde. Ja sogar in den Fällen, wo über eine Thatsache gestritten wird, z. B. ob Publius Decius den Gesetzen zuwider Geld genommen habe, müssen die Beweisgründe sowol der Beschuldigung als der Vertheidigung auf den Gattungsbegriff und das allgemeine Wesen der Sache zurückgeführt werden.

135. Denn betrifft die Sache einen Verschwender, so muß man von der Schwelgerei reden; einen nach fremdem Gute Strebenden, von der Habsucht; einen Aufrührerischen, von unruhigen und schlechten Bürgern; einen von Vielen Beschuldigten, von der allgemeinen Beschaffenheit der Zeugen; und im entgegengesetzten Falle muß man Alles, was man für den Beklagten sagt, nothwendig von der Zeit und dem Menschen trennen und auf allgemeine Hauptpunkte und Grundsätze zurückführen.

136. Und vielleicht dürfte ein Mensch, der, was zum Wesen der Sachen gehört, nicht mit schnellem Blicke auffaßt, der Ansicht sein, die Anzahl der bei Untersuchung einer Thatsache vor Gericht vorkommenden Fragen sei sehr groß; aber nur die Menge der Beschuldigungen und Vertheidigungen ist unendlich, nicht die der Fundstätten.

XXXII. 137. Was nun aber die Frage über die Beschaffenheit von Rechtsfällen anlangt, wobei über die Thatsache kein Zweifel obwaltet; so sind sie, wenn man sie nach der Zahl der Betheiligten berechnet, unzählig und nicht zu überblicken, wenn man aber auf den Inhalt sieht, von mäßiger Anzahl und in die Augen fallend. Wenn wir z. B. die Rechtssache des Mancinus auf den Mancinus allein beschränken, so wird, so oft ein vom Bundespriester Ausgelieferter von den Feinden nicht angenommen wird, sogleich eine neue Verhandlung entstehen. Wenn aber die Sache auf der Streitfrage beruht, ob derjenige, den der Bundespriester ausgeliefert hat, wenn er von den Feinden nicht angenommen worden ist, das Recht in seinen früheren Rechtszustand wieder einzutreten zu haben scheine: so hat der Name Mancinus auf die Kunst der Rede und auf die Beweise der Vertheidigung gar keinen Einfluß.

138. Und wenn auch außerdem die Würdigkeit oder Unwürdigkeit eines Menschen von einiger Bedeutung ist, so liegt dieß außerhalb der Frage, und die Rede selbst muß doch auf die Erörterung der allgemeinen Grundsätze zurückgeführt werden. Diese Bemerkungen mache ich jedoch nicht in der Absicht, um gelehrte Redekünstler zu widerlegen, obwol sie Tadel verdienen, wenn sie bei der Bestimmung der Gattung lehren, daß solche Verhandlungen mit Beziehung auf bestimmte Personen und Zeiten eine besondere Klasse bilden.

139. Denn wenn auch Zeiten und Personen vorkommen, so muß man doch einsehen, daß nicht von diesen, sondern von der allgemeinen Frage die Sachen abhängen. Doch dieß kümmert mich nicht; es soll ja kein Streit zwischen ihnen und uns stattfinden. Es genügt uns, wenn man nur die Einsicht gewinnt, daß sie nicht einmal das erreicht haben, was sie doch bei ihrer so reichlichen Muße auch ohne unsere gerichtliche Uebung hätten bewerkstelligen können, die Gattungen der Dinge zu unterscheiden und sie mit einiger Gründlichkeit zu erläutern.

140. Doch dieß, wie gesagt, kümmert mich nicht; wohl aber muß mir und ungleich mehr euch, mein Cotta und Sulpicius, Folgendes beachtungswerth sein. Wie sich jetzt die Lehrgebäude dieser Redekünstler verhalten, so muß man sich vor der Menge von Rechtssachen entsetzen; denn sie ist unermeßlich, wenn sie nach den Personen bestimmt wird; so viel Menschen, so viel Sachen. Wenn sie aber auf die allgemeinen Fragen zurückgeführt werden, so ist ihre Anzahl so mäßig und gering, daß achtsame, mit einem guten Gedächtnisse begabte und besonnene Redner sie sämmtlich durchdacht haben und, so zu sagen,

an den Fingern herzählen können; es müßte denn sein, daß ihr glaubtet, Lucius Crassus sei erst von Manius Curius unterrichtet worden und habe deßhalb so viele Beweisgründe vorgebracht, warum Curius, wenn auch dem Coponius kein Sohn nachgeboren wäre, dennoch der Erbe desselben sein müsse.

141. Hierbei hatte der Name des Coponius oder Curius auf die Menge der Beweisgründe ebenso wenig Einfluß als auf die Bedeutung und das Wesen der Sache. Aus der allgemeinen Untersuchung über die Sache und den Rechtsfall und nicht auf Zeit und Namen beruhte die ganze Streitfrage, ob nämlich, wenn es im letzten Willen so lautet: „Wenn mir ein Sohn geboren wird, und dieser früher stirbt u. s. w.; dann soll der oder jener mein Erbe sein," in dem Falle, daß kein Sohn geboren ist, derjenige, welcher nach dem Tode des Sohnes zum Erben eingesetzt ist, als Erbe angesehen werde.

XXXIII. 142. Die Untersuchung über das unveränderliche Recht und das allgemein Gültige fragt nicht nach dem Namen der Menschen, sondern hat es nur mit der Lehrweise und den Beweisquellen zu thun. Hierbei legen uns auch die Rechtsgelehrten Schwierigkeiten in den Weg und schrecken uns vom Lernen ab. Denn ich sehe, daß in den Schriften des Cato und Brutus gemeiniglich bei den Rechtsbescheiden die Namen des Mannes oder Weibes, dem sie ertheilt sind, angeführt sind, vermutlich, um uns glauben zu machen, der Grund der Beratschlagung oder des Zweifels habe auf den Menschen und nicht auf der Sache beruht. So folgt denn, daß wir, weil es unzählig viel Menschen gibt, durch die große Menge des Stoffes entmuthigt, von der Erlernung des Rechtes abgeschreckt werden und den Wunsch es zu lernen zugleich mit der Hoffnung es gründlich zu erlernen aufgeben. Doch dieses wird uns Crassus einmal entwickeln und nach Klassen angeordnet auseinandersetzen. Er hat uns nämlich – das mußt du wissen, Catulus, – gestern versprochen, er wolle das bürgerliche Recht, das jetzt zerstreut und untergeordnet daliegt, nach gewissen Klassen vereinigen und in ein übersichtliches Lehrgebäude bringen.

143. Und dieses, erwiderte Catulus, ist für den Crassus durchaus keine schwierige Aufgabe; denn er hat nicht bloß Alles erlernt, was sich von dem Rechte erlernen ließ, sondern er wird auch, was seinen Lehrern fehlte, hinzufügen; so wird er Alles, was zum Rechte gehört, scharfsinnig ordnen und in einem geschmackvollen Vortrage aufklären können. Nun so werden wir denn, fuhr Antonius fort, hierüber von dem Crassus später belehrt werden, wenn er sich aus dem Gewühle der Gerichte in die Muße, wie er die Absicht hat, und auf seinen Sessel wird zurückgezogen haben.

144. Ja oft schon, sagte Catulus, habe ich ihn dieß äußern hören, es sei sein fester Entschluß die Gerichte und Rechtshändel aufzugeben; doch, wie ich ihm zu bemerken pflege, es wird ihm nicht vergönnt sein. Denn theils wird er es selbst nicht geschehen lassen, daß wackere Männer seine Hülfe oft vergebens anflehen, theils wird es auch der Staat nicht mit Gleichmuth ertragen, der, wenn er der Stimme des Lucius Crassus entbehren sollte, sich einer seiner Zierden beraubt glauben wird. Ja wahrlich, sagte Antonius, wenn diese Aeußerung des Catulus richtig ist, so mußt du, Crassus, mit mir in derselben Stampfmühle fortleben, und jene gähnende und schläfrige Weisheit müssen wir der Muße der Scävolas und anderer glückseliger Leute überlassen.

145. Da lächelte Crassus sanft und sagte: Webe nur das einmal angezettelt Werk fertig, lieber Antonius; mir jedoch soll jene gähnende Weisheit, sobald ich meine Zuflucht zu ihr genommen habe, noch zur Freiheit verhelfen.

XXXIV. Das Ergebniß der von mir eben begonnenen Entwickelung ist nun folgendes: Weil es einleuchtet, daß das Zweifelhafte in den gerichtlichen Verhandlungen nicht auf der Persönlichkeit der Menschen, die sich nicht zählen lassen, noch auf der unermeßlichen Mannigfaltigkeit der Zeitverhältnisse, sondern auf den allgemeinem, nach den Gattungen bestimmten Rechtsfragen und auf ihren wesentlichen Beschaffenheiten beruht, die Gattungen aber auf eine gewisse und zwar kleine Anzahl beschränkt sind: so müssen die Redebeflissenen den zu jeder Gattung gehörigen Redestoff nach allen Beweisquellen – ich meine Sachen und

Gedanken – geordnet, ausgerüstet und wohl versehen, mit ihrem Geiste auffassen.

146. Ein solcher Stoff wird von selbst die Worte erzeugen, die mir wenigstens immer schön genug zu dünken pflegen, wenn sie von der Art sind, daß sie die Sache selbst erzeugt zu haben scheint. Und, wollt ihr die Wahrheit wissen, wie sie mir wenigstens scheint, – nichts Anderes kann ich freilich mit Bestimmtheit aussprechen, als meine Ueberzeugung und Ansicht – dieses Rüstzeug von allgemeinen, nach den Gattungen bestimmten Rechtsfragen müssen wir auf das Forum mitbringen und nicht erst dann, wenn uns eine Sache übertragen wird, die Fundstätten durchstöbern, aus denen wir die Beweise heraussuchen. Denn wiewol diese von Allen, die nur einiges Nachdenken anwenden, bei Fleiß und Uebung gründlich erlernt werden können; so muß man doch auf jene Hauptquellen und schon so oft von mir genannten Fundstätten, aus denen für jede Rede alle Erfindungen abgeleitet werden, zurückgehen.

147. Ueberhaupt sind Kunst, Beobachtung und Erfahrung erforderlich, um die Gegenden zu kennen, in deren Bereiche man jagen und das, was man sucht, aufspüren will. Sobald du diesen ganzen Jagdbezirk mit deinen Gedanken eingezäunt hast, so wird dir, wenn dich nur Erfahrung in den Geschäften tüchtig gewitzigt hat, Nichts entfliehen, und Alles, was zur Sache gehört, wird dir aufstoßen und in deine Hände gerathen.

XXXV. 148. Und so, da zur Erfindung des Redestoffes drei Dinge erforderlich sind, Scharfsinn, zweitens wissenschaftliche Kenntniß, die wir, wenn wir wollen, auch Kunst nennen können, und drittens Fleiß, muß ich allerdings der natürlichen Anlage die erste Stelle einräumen; aber doch vermag der Fleiß die natürliche Anlage auch aus ihrer Schläfrigkeit aufzurütteln, der Fleiß, sage ich, der, sowie in allen Dingen, so ganz besonders in der Vertheidigung der Rechtsverhandlungen die größte Geltung hat. Für ihn müssen wir vorzüglich Sorge tragen, ihn stets anwenden, er ist es, der Alles zu erreichen vermag. Daß uns die Sache, wie ich anfänglich bemerkte, gründlich bekannt sei, bewirkt der Fleiß; daß wir den Gegner mit Aufmerksamkeit anhören und seine Gedanken nicht allein, sondern auch alle seine Worte auffassen, endlich alle seine Mienen durchschauen, welche gewöhnlich das Innere der Seele verrathen, bewirkt der Fleiß;

149. dieß jedoch verstohlen zu thun, damit der Gegner sich nicht einbilde, er richte Etwas aus, das räth die Klugheit; ferner daß der Geist sich mit den Beweisquellen, die ich bald nachher vorlegen werde, auf das Gründlichste beschäftige, daß er tief in die Sache eindringe, daß er gespannte Aufmerksamkeit und Nachdenken anwende, bewirkt der Fleiß; daß er, um den Stoff der Rede in das rechte Licht zu stellen, Gedächtniß, Stimme und Kräfte anstrenge, bewirkt der Fleiß.

150. Zwischen der Naturanlage und dem Fleiße ist nur ein kleiner Spielraum für die Kunst übrig. Die Kunst zeigt nur, wo man suchen müsse, und wo anzutreffen sei, was man aufzufinden sucht; das Uebrige beruht auf Sorgfalt, Aufmerksamkeit, Nachdenken, Wachsamkeit, Beharrlichkeit, Arbeitsamkeit; ich will Alles in dem Einen Worte, das ich schon so oft gebraucht habe, zusammenfassen, auf Fleiß, und in dieser Einen Tugend sind alle übrigen Tugenden enthalten.

151. An Wortfülle freilich, sehen wir, haben die Philosophen einen Ueberfluß, welche, wie ich glaube, – doch du, Catulus, weißt dieß besser – keine Vorschriften über die Beredsamkeit ertheilen, aber darum nicht weniger sich unterfangen über jeden ihnen vorgelegten Gegenstand mit dem größten Wortreichtum zu reden.

XXXVI. 152. Hierauf erwiderte Catulus: Es ist, wie du sagst, Antonius: die meisten Philosophen ertheilen keine Vorschriften über die Beredsamkeit, und doch haben sie in Bereitschaft, was sie über jeden Gegenstand sagen wollen. Aber Aristoteles – er, den ich am Meisten bewundere – hat gewisse Fundstätten aufgestellt, aus denen sich das Verfahren der ganzen Beweisführung nicht nur für philosophische Erörterungen, sondern auch für solche Vorträge, wie wir sie bei den Rechtsverhandlungen gebrauchen, herausfinden läßt. Von den Ansichten dieses Mannes weicht dein eben gehaltener Vortrag, Antonius, nicht ab, sei es nun, daß du durch die Aehnlichkeit mit diesem unvergleichlich großen Geiste in dieselben

Spuren geleitet wirst, sei es, daß du diese Sachen in seinen Schriften gelesen und gelernt hast, und dieses Letztere dünkt mir wahrscheinlicher; denn ich sehe, du hast mehr Fleiß auf die Griechischen Schriften verwandt, als wir glaubten.

153. Hierauf entgegnete jener: Du sollst die Wahrheit von mir hören, mein Catulus. Ich bin immer der Ansicht gewesen, ein Redner würde unserem Volke angenehmer und beifallswerther sein, wenn er sich erstens von Kunst so wenig, als möglich, und dann von Griechischer Weisheit gar Nichts merken lasse. Zugleich aber war ich hinwiederum der Ansicht, da die Griechen so wichtige Dinge unternehmen, verheißen und ausführen, da sie versprechen die Kunst das Verborgenste zu durchschauen, das Leben wohl zu ordnen und sich beredt auszudrücken den Menschen mitzutheilen, so müsse man einem Thiere ähnlicher als einem Menschen sein, wenn man ihnen nicht das Ohr leihen und, wagte man es auch nicht sie öffentlich zu hören, um nicht bei seinen Mitbürgern sein Ansehen zu schmälern, doch wenigstens lauschend ihre Worte aufnehmen und aus der Ferne ihren Vorträgen Aufmerksamkeit schenken wollte. Und so habe ich es gemacht, Catulus, und die Untersuchungen aller ihrer Schriftsteller im Wesentlichen und Allgemeinen gekostet.

XXXVII. 154. Ja wahrlich gar zu furchtsam, entgegnete Catulus, hast du deinen Geist der Philosophie, wie einer Klippe verlockender Lust, zugewandt: einer Wissenschaft, die unser Staat nie verschmäht hat. Denn Italien war einst mit Pythagoreern angefüllt, zu jener Zeit, als es in unserem Lande noch ein Großgriechenland gab: weßhalb auch Einige unseren König Numa Pompilius für einen Pythagoreer ausgeben, obwol er sehr viele Jahre vor dem Pythagoras selbst gelebt hat. Um so höher aber muß der Mann geachtet werden, da er jene Weisheit der Staatskunst beinahe zwei Jahrhunderte früher gekannt hat, ehe die Griechen von dem Dasein derselben Etwas wußten. Und dann hat gewiß unser Staat keine Männer hervorgebracht, die einen glänzenderen Ruhm, ein gewichtigeres Ansehen und feinere Bildung besaßen als Publius Africanus, Gajus Lälius, Lucius Furius, und diese hatten immer die gelehrtesten Männer aus Griechenland vor Aller Augen um sich.

155. Und oft habe ich aus ihrem Munde die Aeußerung gehört, die Athener hätten ihnen und vielen angesehenen Männern des Staates einen großen Gefallen erwiesen, daß sie wegen wichtiger Angelegenheiten die drei berühmtesten Philosophen jener Zeit, den Karneades, Kritolaus und Diogenes, als Abgeordnete an den Senat abgeschickt hätten; denn während ihrer Anwesenheit in Rom hätten sie und Andere ihre Vorträge häufig gehört. Da du dich auf das Beispiel solcher Männer berufen konntest, so wundere ich mich, Antonius, warum du der Philosophie, wie jener Zethus bei Pacuvius, beinahe den Krieg angekündigt hast.

156. Keineswegs, erwiderte Antonius, sondern vielmehr habe ich beschlossen so zu philosophiren, wie Neoptolemus bei Ennius, „ein Wenig; denn durchweg mag ich nicht." Aber gleichwol das ist meine Ansicht, wie ich sie auseinandergesetzt zu haben glaube: Ich mißbillige diese gelehrten Beschäftigungen nicht, nur muß man das rechte Maß darin halten; die Meinung aber, man liege denselben ob, und die Vermuthung, man befleißige sich der Kunstregeln, ist, glaub' ich, dem Redner bei denen, die das richterliche Amt verwalten, nachtheilig; denn es verringert das Ansehen des Redners und die Glaubwürdigkeit der Rede.

XXXVIII. 157. Doch, um von dieser Abschweifung auf die Hauptsache wieder zurückzukommen, weißt du nicht, daß von jenen drei berühmten Philosophen, die, wie du sagtest, nach Rom kamen, Diogenes es war, der behauptete, er lehre die Kunst einen Gegenstand gründlich zu erörtern und das Wahre von dem Falschen zu unterscheiden, die er mit dem Griechischen Worte Dialektik benannte? In dieser Kunst, wenn sie anders diesen Namen verdient, findet sich keine Vorschrift, wie man die Wahrheit finden, sondern nur, wie man sie beurtheilen könne.

158. Denn über Alles, wovon wir behaupten, es sei oder es sei nicht, unterfangen sich die Dialektiker, wenn die Behauptung unbedingt ausgesprochen ist, zu beurtheilen, ob es wahr oder falsch sei, und wenn sie bedingt aufgestellt ist und andere Bestimmungen hinzugefügt sind, urtheilen sie darüber, ob diese Bestimmungen mit Recht hinzugefügt seien, und ob die Folgerung jedes Schlußsatzes richtig sei; und zuletzt

schneiden sie sich selbst mit ihren Spitzfindigkeiten in's Fleisch, und durch viele Untersuchungen machen sie Dinge ausfindig, die sie selbst nicht mehr zu lösen vermögen, und durch die sie sich sogar genöthigt sehen ihr vorher angezetteltes oder vielmehr fast zu Ende geführtes Gewebe wieder aufzutrennen.

159. Hier hilft uns also dieser Stoiker Nichts, weil er nicht lehrt, wie ich das, was ich sagen soll, ausfinden kann; ja er ist sogar hinderlich, weil er Vieles ausfindig macht, wovon er behauptet, es lasse sich auf keine Weise lösen, und dabei sich einer Sprache bedient, die nicht durchsichtig, nicht ungezwungen und fließend, sondern mager, trocken, abgebrochen und zerstückelt ist, einer Sprache, die man nur mit der Einschränkung billigen kann, daß man gesteht, sie eigne sich nicht für den Redner. Denn unser Vortrag muß sich den Ohren der großen Menge anbequemen, damit er die Gemüther ergötze, damit er sie antreibe Behauptungen zu billigen, welche nicht auf der Goldwage, sondern auf der gewöhnlichen Wage abgewogen werden.

160. Darum sollen wir auf diese ganze Kunst verzichten, die für die Erfindung der Beweisgründe allzu stumm, für ihre Beurtheilung allzu geschwätzig ist. Jener Kritolaus, der, wie du erwähnst, zugleich mit Diogenes kam, hätte nach meiner Ansicht unserem Berufe einen größeren Dienst leisten können. Denn er war aus der Schule *des* Aristoteles, von dessen Erfindungen ich, wie du meinst, nicht sehr abweiche. Zwischen diesem Aristoteles nun – ich habe nicht nur sein Buch, in dem er die von allen seinen Vorgängern aufgestellten Lehrgebäude über die Redekunst auseinandergesetzt, sondern auch die, in denen er selbst einen Theil seiner eigenen Ansichten über dieselbe vorgetragen hat'Ρητορικά.– und diesen eigentlichen Lehrmeistern unserer Kunst findet meines Erachtens folgender Unterschied statt. Jener hat mit demselben Scharfblicke des Geistes, mit dem er das Wesen und die natürliche Beschaffenheit aller Dinge durchschaut hatte, auch das in Augenschein genommen, was sich auf die Redekunst, die er selbst gering achtete, bezog; diese hingegen, welche dieses Feld ausschließlich anbauen zu müssen glaubten, haben in dieser einen Wissenschaft ihren Wohnsitz aufgeschlagen, aber in der

Behandlung derselben zeigen sie nicht eine gleich tiefe Einsicht, wie jener, wenn sie ihn auch an Erfahrung und Fleiß in diesem einen Fache übertreffen.

161. Des Karneades unglaubliche Kraft und Mannigfaltigkeit der Rede aber dürfte uns sehr erwünscht sein; denn nie hat er in seinen Untersuchungen einen Gegenstand vertheidigt, ohne ihn zu erweisen, nie eine Ansicht bekämpft, ohne sie umzustoßen; doch dazu gehört etwas mehr, als man von unseren Redekünstlern fordern darf.

XXXIX. 162. Wenn ich einen völlig unwissenden Lehrling für die Beredsamkeit gebildet zu sehen wünschte, so würde ich ihn lieber den Lehrmeistern übergeben, die, unablässig mit derselben Mühe, auf denselben Ambos Tag und Nacht schlagen, die Alles in die feinsten Stückchen getheilt und möglichst klein gekaut, wie die Ammen kleinen Kindern, in den Mund stecken. Scheint er mir aber durch den Unterricht auf eine freisinnige Weise gebildet, durch einige Erfahrung schon geübt und mit ziemlich lebhaftem Geiste begabt zu sein, so werde ich ihn rasch dahin führen, wo nicht ein wenig Wasser in einem abgeschlossenen Raume aufbewahrt wird, sondern woher der ganze Strom hervorbricht, zu einem Manne, der ihm die Fundstätten und gleichsam die Wohnungen aller Beweise zu zeigen und diese kurz zu erläutern und mit Worten zu bestimmen vermag.

163. Denn wo könnte sich Jemand verlegen fühlen, wenn er erkannt hat, daß alle Gründe, die man in der Rede entweder zum Beweisen oder zum Widerlegen anwendet, entweder aus dem inneren Wesen und der natürlichen Beschaffenheit der Sache genommen oder von Außen her hinzugenommen werden? Aus dem inneren Wesen, wenn es sich fragt, was die ganze Sache oder ein Theil derselben sei, oder was für ein Name ihr zukomme, oder was in irgend einer Beziehung zu ihr stehe; von Außen her aber, wenn äußerliche Umstände, die dem Wesen der Sache nicht inwohnen, zusammengestellt werden.

164. Bezieht sich die Frage auf die ganze Sache, so muß man das ganze Wesen derselben durch eine Erklärung entwickeln, wie z. B.: „Wenn

Hoheit des Staates so viel bedeutet als Erhabenheit und Würde des Staates, so verletzt sie derjenige, welcher ein Kriegsheer den Feinden des Römischen Volkes übergibt, nicht derjenige, welcher den, der solches that, der Gewalt des Römischen Volkes übergibt."

165. Bezieht sie sich auf einen Theil der Sache, durch Eintheilung, auf folgende Weise: „Entweder mußte er, da es die Wohlfahrt des Staates galt, dem Senate Folge leisten oder eine andere Rathsversammlung einsetzen oder nach eigener Willkür handeln. Eine andere Rathsversammlung einsetzen wäre gewaltthätig; nach eigener Willkür handeln anmaßend gewesen. Also mußte er sich der Rathsversammlung des Senates fügen." Bezieht sie sich aber auf einen Ausdruck, so mache man es, wie Carbo: „Wenn Consul einen Mann bedeutet, der für das Vaterland sorgt; was Anderes hat Opimius gethan?"

166. Fragt es sich aber um Etwas, was in einer gewissen Beziehung zu der Sache selbst steht; so gibt es mehrere Fundstätten und Quellen der Beweisgründe. Denn wir werden das Verwandte aufsuchen und die Gattungen und die den Gattungen untergeordneten Arten, das Aehnliche und Unähnliche, das Entgegengesetzte, die Folgen, das Uebereinstimmende, das Vorangehende, das Widersprechende, die Ursachen der Dinge erforschen und die aus ihnen entstandenen Wirkungen und das Größere, Gleiche und Kleinere untersuchen.

XL. 167. Aus verwandten Begriffen werden Beweisgründe so abgeleitet: „Wenn kindlicher Liebe das höchste Lob ertheilt werden muß, so müßt ihr gerührt werden, da ihr den Quintus Metellus mit so viel kindlicher Zärtlichkeit trauern seht." Aus der Gattung: „Wenn die obrigkeitlichen Personen der Gewalt des Römischen Volkes unterwürfig sein müssen, warum klagst du den Norbanus an, der als Tribun dem Willen des Volkes gehorchte?"

168. Aus der der Gattung untergeordneten Art: „Wenn Alle, welche für die Wohlfahrt des Staates sorgen, uns theuer sein müssen; so müssen es gewiß vorzüglich die Heerführer sein, durch deren Rathschläge, Tapferkeit und Gefahren wir sowol unsere eigene Wohlfahrt als des

Reiches Würde behaupten." Aus der Ähnlichkeit ferner: „Wenn wilde Thiere ihre Jungen lieben, welch zärtliche Liebe müssen wir gegen unsere Kinder hegen?"

169. Dagegen aus der Unähnlichkeit: „Wenn es der Barbaren Sitte ist nur für den Tag zu leben, müssen nicht unsere Gedanken auf die Ewigkeit gerichtet sein?" Und zu beiden Arten der Beweisführung aus ähnlichen und unähnlichen Fällen müssen die Beispiele von den Thaten, Reden und Ereignissen Anderer, oft auch erdichtete Erzählungen gerechnet werden.

170. Ferner aus dem Gegentheile: „Wenn Gracchus frevelhaft handelte, so handelte Opimius edel." Aus den Folgen: „Wenn jener mit dem Schwerte getödtet, und du, sein Feind, mit einem blutigen Schwerte gerade an dem Orte ergriffen, und Niemand außer dir daselbst gesehen wurde, wenn kein Anderer zu dieser That Veranlassung hatte, du aber immer verwegen warst: wie sollten wir wegen der Frevelthat in Zweifel sein können?" Aus übereinstimmenden, vorangehenden und widerstreitenden Umständen, wie einst unser Crassus hier in seiner Jugend: „Wenn du den Opimius vertheidigt hast, Carbo, so werden diese dich darum noch nicht für einen patriotisch gesinnten Bürger halten. Daß du dich verstellt und etwas Anderes beabsichtigt hast, ist daraus ersichtlich, daß du des Tiberius Gracchus Tod oft in den Volksversammlungen beklagt, daß du an des Publius Africanus Ermordung Theil genommen, daß du in deinem Tribunate ein solches Gesetz in Vorschlag gebracht, daß du immer mit den Freunden des Vaterlandes in Uneinigkeit gelebt hast."

171. Aus den Ursachen der Dinge aber so: „Wollt ihr die Habsucht vertilgen, so müßt ihr die Mutter derselben, die Schwelgerei, vertilgen." Aus den Wirkungen: „Wenn wir das Vermögen der Schatzkammer im Kriege zur Hülfe, im Frieden zum Glanze brauchen, so müssen wir uns der Staatseinkünfte annehmen."

172. Größeres aber, Kleineres und Gleiches können wir so zusammenstellen: Nach dem Größeren: „Wenn der gute Ruf besser ist als der Reichtum, und doch das Geld so sehr erstrebt wird; um wie viel mehr

muß der Ruhm erstrebt werden;“ nach dem Kleineren so: Nach kurzem Umgang nimmt er schon An ihrem Tod gleich einem Freunde Theil. Wie, wenn Er sie geliebt? Was wird er einst dem Vater thun? Nach dem Gleichen so: „Wer sich nicht scheut öffentliche Gelder zu unterschlagen, der scheut sich auch nicht Gelder zu staatsverderblichen Bestechungen zu verwenden.“

173. Von außen her aber werden solche Beweisgründe zu Hülfe genommen, welche sich nicht auf ihre eigene Kraft, sondern auf äußere Verhältnisse stützen, wie z. B. folgende: „Das ist wahr; denn Quintus Lutatius hat es gesagt.“ „Das ist falsch; denn es ist ein peinliches Verhör angestellt.“ „Das ist die nothwendige Folge; denn ich lese die Urkunde vor.“ Doch über diese ganze Gattung von Beweisen habe ich kurz zuvor gesprochen.

XLI. 174. Ueber diese Gegenstände habe ich mich möglichst kurz ausgesprochen. Sowie es nämlich, wenn ich Jemandem Gold, das an verschiedenen Stellen vergraben ist, zeigen wollte, hinreichend sein müßte, wenn ich die Kennzeichen und Merkmale dieser Stellen angäbe, und er alsdann, sobald er sie kennen gelernt hat, selbst für sich graben und das, was er wünschte, mit geringer Mühe, ohne zu irren, finden würde: so habe auch ich nur die Merkmale der Beweisgründe aufgezeichnet, welche mir zeigen, wo ich dieselben zu suchen habe. Das Uebrige läßt sich durch Sorgfalt und Nachdenken ausfindig machen.

175. Welche Art von Beweisgründen aber sich für jede Art von Rechtssachen eigne, das vorzuschreiben vermag die vortrefflichste Kunst nicht; um es aber zu beurtheilen, dazu gehört nur eine mäßige Geisteskraft. Es ist ja auch jetzt nicht meine Absicht ein Lehrgebäude der Redekunst aufzustellen, sondern ich will nur gebildeten Männern aus meiner Erfahrung einige Winke mittheilen. Hat also der Redner diese Beweisquellen seinem Geiste und seiner Denkkraft tief eingeprägt und sich so angeeignet, daß er sich dieselben für jeden zum Reden vorgelegten Fall zu vergegenwärtigen vermag; so wird ihm Nichts entgehen können

nicht nur bei gerichtlichen Verhandlungen, sondern überhaupt bei jeder Art des Vortrages.

176. Wenn er nun vollends das erreicht, daß er so erscheint, wie er es wünscht, und die Gemüther seiner Zuhörer in eine solche Stimmung versetzt, daß er sie, wohin er will, mit sich fortzieht und fortreißt: so wird er wahrlich weiter Nichts für die Rede vermissen.

177. Ferner sehen wir, daß es keineswegs hinreichend ist zu erfinden, was man sagen soll, wofern man nicht auch das Erfundene zu behandeln versteht. Die Behandlung muß aber mannigfaltig sein, damit der Zuhörer weder die Kunst bemerke noch durch die Einförmigkeit des Vortrages ermüdet und mit Ueberdruß erfüllt werde. Man muß angeben, was man sagen will, und zeigen, warum es sich so verhalte; man muß aus den oben angeführten Beweisquellen bisweilen Schlußfolgerungen bilden, bisweilen aber es unterlassen und auf etwas Anderes übergehen; oft muß man den Hauptsatz nicht hinstellen, sondern durch Anführung des Sachverhältnisses selbst deutlich machen, was als Hauptsatz hätte hingestellt werden müssen. Bezieht sich das, was man sagt, auf etwas Aehnliches; so muß man zuvor die Aehnlichkeit des Falles begründen und dann den Fall, auf den es ankommt, hinzufügen; die einzelnen Absätze der Beweise muß man gemeiniglich verbergen, damit sie Niemand nachzählen könne, so daß sie der Sache nach geschieden werden, den Worten nach in einander verschmolzen zu sein scheinen.

XLII. 178. Diese Gegenstände aber durchlaufe ich eilig, da ich, als Halbgelehrter, vor so gelehrten Männern rede, um endlich einmal auf Wichtigeres zu kommen. Nichts nämlich, mein Catulus, ist in der Beredsamkeit wichtiger, als daß der Zuhörer dem Redner geneigt sei und selbst so erschüttert werde, daß er sich mehr durch einen Drang des Gemüthes und durch Leidenschaft als durch Urtheil und Ueberlegung leiten lasse. Denn weit häufiger urtheilen die Menschen nach Haß oder Liebe, nach Begierde, nach Zorn, nach Schmerz oder Freude, nach Hoffnung oder Furcht, nach irrigen Ansichten oder nach einer Aufwallung des Gemüses als nach Wahrheit oder Vorschrift oder nach einer Regel des Rechtes oder nach einer gerichtlichen Formel oder nach Gesetzen.

179. Darum laßt uns, wenn euch nicht etwas Anderes beliebt, zu diesen Gegenständen fortgehen. – Eine Kleinigkeit, entgegnete Catulus, scheint mir auch jetzt noch an deinem Vortrage, Antonius, zu fehlen; die mußt du zuvor entwickeln, ehe du dahin gehst, wohin du, wie du sagst, deinen Weg zu nehmen gedenkst. – Und die wäre? fragte er. – Welche Ordnung und Stellung der Beweise, sagte Catulus, nach deiner Ansicht anzuwenden sei; denn hierin pflegst du mir immer als der erste Meister zu erscheinen.

180. Ei sieh doch, Catulus, entgegnete er, was ich hierin für ein Meister bin. Wahrlich, hättest du mich nicht daran erinnert, es wäre mir nicht eingefallen. Hieraus kannst du beurtheilen, daß ich auf diese Dinge, in denen ich zuweilen Etwas zu leisten scheine, durch die Uebung im Reden oder vielmehr durch den Zufall geleitet zu werden pflege. Allerdings ist der Gegenstand, bei dem ich, weil ich ihn nicht kannte, wie bei einem unbekannten Menschen, vorüberging, von so großer Wichtigkeit in der Beredsamkeit, daß kein anderer dem Redner mehr zum Siege verhelfen kann; aber gleichwol hast du, wie ich glaube, vor der Zeit von mir die Lehre von der Anordnung und Stellung der Beweisgründe verlangt.

181. Hätte ich nämlich die ganze Bedeutung des Redners in die Beweisgründe und in die Bestätigung der Sache an und für sich gesetzt, so wäre es jetzt Zeit über die Anordnung und Stellung der Beweisgründe Etwas zu sagen; aber da ich drei Forderunge an den Redner gestellt und von diesen nur eine besprochen habe, so muß ich erst über die beiden anderen reden, und erst dann wird es zweckmäßig sein die Untersuchung über die Anordnung der ganzen Rede vorzunehmen.

XLIII. 182. Viel also trägt zur siegreichen Führung der Sache bei, daß der Charakter, die Grundsätze, die Handlungen und der Lebenswandel derer, welche als Sachführer auftreten, und derer, für die sie auftreten, Beifall, sowie dagegen dieselben Eigenschaften der Gegner Mißbilligung finden, und daß die Gemüther der Zuhörer so viel als möglich zum Wohlwollen für den Redner und für den, dessen Sache der Redner führt, gestimmt werden. Zum Wohlwollen aber werden die Gemüther gestimmt durch die Würde des Menschen, durch seine Thaten und durch den guten Ruf seines Lebenswandels: Eigenschaften, die sich leichter durch die Rede ausschmücken lassen, wenn sie nur vorhanden sind, als erdichten, wenn sie nicht vorhanden sind. Doch förderlich ist dem Redner auch eine sanfte Stimme, die Miene, der Ausdruck der Bescheidenheit, freundliche Worte und, so oft er Etwas mit einiger Heftigkeit vorträgt, der Anschein, als thue er es ungern und gezwungen. Von Leutseligkeit, edeler Gesinnung, Sanftmuth, Pflichtgefühl, Dankbarkeit, einer von Habsucht und Geldgier freien Denkungsart Merkmale an den Tag legen ist sehr nützlich, und alle Eigenschaften eines rechtschaffenen, anspruchslosen, von Heftigkeit, Hartnäckigkeit, Streitsucht, Bitterkeit freien Charakters sind in hohem Grade dazu geeignet Wohlwollen zu gewinnen und es denen zu entziehen, die diese Eigenschaften nicht besitzen. Die entgegengesetzten Eigenschaften muß man daher den Gegnern zur Last legen.

183. Aber diese ganze Art der Rede wird sich in solchen Verhandlungen trefflich bewähren, in welchen das Gemüth des Redners weniger durch eine feurige und leidenschaftliche Aufregung entflammt werden kann. Denn nicht immer ist eine kraftvolle Rede erforderlich, sondern oft eine ruhige, sanfte und gelinde, die vorzüglich den Betheiligten zur Empfehlung dient. Betheiligte aber nenne ich nicht nur diejenigen, welche verklagt werden, sondern Alle, deren Streitsache verhandelt wird. Denn so drückte man sich ehemals aus.

184. Den Charakter dieser nun in der Rede zu schildern, indem man sie als gerechte. unbescholtene, gewissenhafte, schüchterne, bei Kränkungen duldsame Menschen beschreibt, thut eine wunderbare Wirkung, und dieses Verfahren, mag es im Anfange oder bei der Erzählung oder am Schlusse der Rede angewendet werden, hat, wenn es mit Anmuth und Gefühl ausgeführt wird, einen so großen Einfluß, daß es oft mehr wirkt als die Sache selbst. Ein gefühlvoller Vortrag hat die Wirkung, daß die Rede gleichsam als der Abdruck von dem Charakter des Redners angesehen wird. Denn durch eine gewisse Art von Gedanken und Worten in Verbindung mit einem sanften und Leutseligkeit verrathenden

Vortrage verschaffen sich die Redner das Ansehen von rechtschaffenen, wohlgesitteten und tugendhaften Männern.

XLIV. 185. An diese Art der Rede aber schließt sich eine andere von ihr verschiedene, welche auf andere Weise die Gemüther der Richter bewegt und sie zu Haß, Liebe, Neid, Verlangen zu retten, Furcht, Hoffnung, Wohlwollen, Abscheu, Freude, Trauer, Mitleid, Rachsucht antreibt oder Empfindungen in ihnen hervorruft, welche diesen und solchen Gemüthsbewegungen ähnlich und verwandt sind.

186. Und der Redner muß wünschen, daß die Richter schon von selbst eine dem Vortheile des Redners günstige Gemüthsbewegung zu der Verhandlung mitbringen; denn es ist leichter, wie man sagt, den Laufenden anzufeuern als den Schläfrigen in Bewegung zu setzen. Ist dieß aber nicht der Fall oder tritt nicht deutlich hervor, so mache ich es, wie ein gewissenhafter Arzt. Sowie nämlich dieser, bevor er bei dem Kranken ein Heilmittel anzuwenden versucht, nicht allein die Krankheit dessen, den er heilen will, sondern auch seine gewohnte Lebensweise in gesundem Zustande und seine Körperbeschaffenheit erforschen muß; ebenso suche ich, wenn ich eine mißliche Sache übernehme, wobei es schwer hält die Gemüther der Richter zu bearbeiten, mit der ganzen Geisteskraft meine Gedanken und meine Sorge darauf zu richten, daß ich mit möglichst großer Scharfsichtigkeit aufspüre, was sie denken, urtheilen, erwarten und wünschen, und wohin sie wol durch meine Rede am Leichtesten gelenkt werden können.

187. Wenn sie sich mir hingeben und, wie ich zuvor sagte, von selbst sich dahin wenden und neigen, wohin ich sie bringen will; so benutze ich, was mir geboten wird, und richte meine Segel dahin, woher der Wind kommt. Ist aber der Richter unentschieden und in ruhiger Stimmung, so gibt es mehr Arbeit. Denn alsdann muß durch die Rede Alles in Bewegung gesetzt werden, da die Natur nicht zu Hülfe kommt. Aber die Rede, welche von einem guten Dichter die Lenkerin der Herzen und die Beherrscherin aller Dinge genannt wird, besitzt eine so gewaltige Kraft, daß sie nicht nur den Sinkenden auffangen und den Stehenden zum

Sinken bringen, sondern auch den Widerstrebenden und Widerstand Leistenden, wie ein guter und tapferer Feldherr, gefangen nehmen kann.

XLV. 188. Das sind nun meine Ansichten über jene Dinge, deren Entwicklung Crassus so eben scherzend von mir verlangte, als er sagte, sie pflegten von mir meisterhaft behandelt zu werden, und zugleich lobend erwähnte, ich hätte dieß in der vortrefflichen Führung der Sache des Manius Aquilius, des Gajus Norbanus und einiger anderen Rechtsklagen bewiesen. Aber wahrlich, wenn diese Gegenstände von dir, Crassus, in Rechtssachen behandelt werden, so pflegt mich ein Schauer zu befallen. Eine so gewaltige Kraft des Geistes, ein solches Feuer, ein so tiefes Gefühl pflegt aus deinen Augen, Mienen, Gebärden, ja sogar aus diesem deinem Finger zu sprechen; so gewaltig ist der Strom der gewichtigsten und vortrefflichsten Worte, so gediegen; so wahr, so neu, so frei von kindischem Anstriche und Schmucke sind deine Gedanken, daß du mir nicht allein den Richter zu entflammen, sondern selbst Feuer und Flamme zu sein scheinst.

189. Auch ist es nicht möglich, daß der Zuhörer Schmerz, Haß, Unwillen und Furcht empfinde, daß er zu Thränen und Mitleid gerührt werde, wenn sich nicht von allen den Gemüthsbewegungen, die der Redner in dem Richter hervorrufen will, in dem Redner selbst die Merkmale eingedrückt und eingeprägt zeigen. Müßte man einen erheuchelten Schmerz annehmen, und wäre in einer solchen Rede Nichts als Erdichtetes und durch Nachahmung Erkünsteltes; so dürfte vielleicht eine größere Kunst erforderlich sein. Nun aber weiß ich freilich nicht, wie es dir, mein Crassus, und Anderen ergeht; was mich aber betrifft, so habe ich keinen Grund vor so einsichtsvollen und befreundeten Männern etwas Unwahres zu sagen: wahrlich ich habe nie bei den Richtern Schmerz oder Mitleid oder Unwillen oder Haß durch meinen Vortrag erregen wollen, ohne mich selbst, so oft ich die Richter zu rühren suchte, von denselben Empfindungen, in die ich sie versetzen wollte, ergriffen zu fühlen.

190. Denn es ist nicht leicht zu bewirken, daß der Richter dem zürne, gegen den du seinen Zorn lenken willst, wenn du selbst die Sache

gleichgültig aufzunehmen scheinst, oder daß er den hasse, den du gehaßt sehen willst, wenn er dich selbst nicht zuvor von Haß entbrannt sieht; auch wird er sich nicht zum Mitleide stimmen lassen, wenn du ihm nicht Zeichen deines Schmerzes in Worten, Gedanken, Stimme, Mienen, ja in Thränen gegeben hast. Denn sowie es kein Holz gibt, das so leicht entzündbar ist, daß es ohne Heranbringung von Feuer Feuer fangen könnte; ebenso ist auch kein Gemüth so empfänglich die Gewalt der Rede aufzufassen, daß es entflammt werden könnte, wenn man sich nicht selbst feurig und glühend ihm naht.

XLVI. 191. Und um es nicht etwa schwierig und wunderbar zu finden, daß ein Mensch so oft zürne, so oft Schmerz empfinde, so oft von allen Arten der Gemüthsbewegungen ergriffen werde, zumal in fremden Angelegenheiten: so muß man wissen, groß ist die Gewalt der Gedanken und der Gegenstände, die man in der Rede vorträgt und behandelt, so daß es keiner Verstellung und keines Truges bedarf. Denn an sich schon setzt eine Rede, die man hält, um die Gemüther Anderer in Bewegung zu setzen, den Redner selbst mehr noch als irgend Einen der Zuhörer in Bewegung.

192. Und wir wollen uns nicht wundern, daß dieß bei Verhandlungen, vor Gericht, bei Gefahren von Freunden, bei einem Zusammenlaufe von Menschen, vor unseren Mitbürgern, auf dem Forum geschieht, wo nicht allein der Ruf unserer Redegabe auf dem Spiele steht – doch das wäre noch das Geringste; wiewol, wenn man sich öffentlich das Ansehen gegeben hat Etwas leisten zu können, was nur Wenige vermögen, auch dieß nicht unbeachtet bleiben darf; – nein auch andere ungleich wichtigere Dinge kommen in Betracht, die Ehrlichkeit, die Pflicht, die Gewissenhaftigkeit, die uns bestimmen, auch wenn wir ganz fremde Menschen vertheidigen, diese dennoch, falls wir selbst für redliche Männer gelten wollen, nicht als fremde anzusehen.

193. Doch, wie gesagt, um dieß an uns nicht wunderbar zu finden, so frage ich: wo kann mehr Erdichtung herrschen als in Versen, auf der Bühne, in den Schauspielen? Und doch habe ich hier oft gesehen, wie mir die Augen des Schauspielers aus seiner Maske hervorzugehen schienen, wenn er von seinem Lager herab die Worte sagte: Ihn verlassend wagst du nach Salamis zu kommen ohne ihn? Scheust nicht des Vaters Anblick?

Niemals sagte er das Wort *Anblick*, ohne daß mir der erzürnte Telamon aus Trauer über den Tod des Sohnes zu rasen schien. Aber wenn derselbe in einer zum Klagetone umgewandelten Stimme die folgenden Worte sagte: Den hochbejahrten, kinderlosen Greis Hast du zerfleischt, beraubt, gemordet. Dich hat nicht des Bruders Tod, Nicht der kleine Knabe, dir zur Obhut anvertraut, gerührt schien er sie weinend und in tiefer Trauer zu sagen. Wenn nun ein Schauspieler solche Stellen, obwol er sie täglich vortrug, doch nicht richtig ohne Rührung vortragen konnte; wie? meint ihr, Pacuvius habe sie in ruhiger und gelassener Stimmung niedergeschrieben? Das war unmöglich.

194. Denn oft habe ich gehört, und man sagt, es stehe auch in den Schriften des Demokritus und Platon, Niemand könne ohne innere Feuerglut und ohne den Anhauch der Begeisterung ein guter Dichter werden.

XLVII. Glaubt daher nicht, daß ich selbst, der ich nicht die alten Mißgeschicke und die erdichtete Trauer von Heroen durch die Rede nachahmen und darstellen will und nicht eine fremde, sondern meine eigene Rolle spielte, als ich den Manius AquiliusS. Kap. 28.für den Staat erhalten mußte, das, was ich am Schlusse der Verhandlung that, ohne inniges Mitgefühl gethan habe.

195. Denn da ich den Mann, von dem ich wußte, daß er Consul gewesen war, daß er als Heerführer von dem Senate ausgezeichnet worden war, daß er in feierlichem Siegeszuge das Kapitol bestiegen hatte, niedergeschlagen, gedemüthigt, von tiefer Trauer erfüllt, in der größten

Gefahr schwebend sah: so versuchte ich nicht eher bei Anderen Mitleid zu erregen, als ich selbst von Mitleid ergriffen war. Wohl bemerkte ich, daß die Richter lebhaft erschüttert wurden, als ich den tiefbetrübten und in Trauerkleider gehüllten Greis sich erheben ließ und das that, was du, Crassus, lobst, nicht nach den Regeln der Kunst, über die ich zu reden nicht verstehe, sondern von heftiger Gemüthsbewegung und tiefer Rührung ergriffen, indem ich ihm den Leibrock aufriß und die vernarbten Wunden zeigte.

196. Als Gajus Marius, der sich zu der Verhandlung eingestellt hatte und vor mir saß, meine Trauerrede durch seine Thränen sehr unterstützte, als ich ihn häufig anredete, ihm seinen Amtsgenossen empfahl und ihn selbst aufrief als Sachverständiger das gemeinsame Geschick der Heerführer zu vertheidigen: so konnte ich nicht, ohne selbst Thränen zu vergießen, ohne selbst inniges Mitgefühl zu empfinden, Mitleid erregen und den Schutz aller Götter und Menschen und Bürger und Bundesgenossen anflehen. Und hätte allen den Worten, die ich damals gebrauchte, das eigene Mitgefühl gefehlt; so würde mein Vortrag nicht Mitleiden, sondern vielmehr Gelächter erregt haben. Daher ertheile ich euch, Sulpicius, ich, der treffliche und hochweise Lehrmeister, die Lehre: ihr müßt beim Reden zürnen, Schmerz empfinden, Thränen vergießen können.

197. Doch wozu soll ich dir diese Lehre geben, der du bei der Anklage meines Freundes und Quästors nicht allein durch deine Rede, sondern weit mehr noch durch die Gewalt der Empfindung, durch das lebhafte Mitgefühl und die Glut der Seele einen solchen Brand angefacht hattest, daß ich kaum wagte zu dessen Löschung heranzutreten? Alle Vortheile des Redners standen dir in der damaligen Verhandlung zu Gebote: die Gewaltthätigkeit, die Flucht, die Steinigung, die Grausamkeit des Tribunen bei dem harten und bedauernswürdigen Mißgeschicke des Cäpio riefst du vor das Gericht; dann war es bekannt, daß der erste Mann des Senates und Staates, Marcus Aemilius, von einem Steine getroffen war; daß aber Lucius Cotta und Titus Didius, als sie gegen den Antrag Einrede thun wollten, von der Rednerbühne vertrieben worden waren, konnte Niemand ableugnen.

XLVIII. 198. Hierzu kam noch, daß dir als einem jungen Mann diese Anklage, als zum Besten des Staates angestellt, zur höchsten Ehre angerechnet wurde, während für mich, einen gewesenen Censor, die Vertheidigung eines aufrührerischen Bürgers, der sich bei dem Mißgeschicke eines Consulars so grausam bewiesen hatte, kaum recht ehrenhaft erscheinen konnte. Die wackersten Bürger waren Richter, das Forum war angefüllt mit gutgesinnten Bürgern, so daß mir kaum noch darin eine schwache Verzeihung und Entschuldigung blieb, daß ich doch einen Mann vertheidigte, der mein Quästor gewesen war. Was für eine Kunst, soll ich sagen, habe ich hierbei angewendet? Ich will erzählen, was ich gethan habe. Wenn es euch beliebt, so möget ihr meine Vertheidigung als ein Ergebniß der Kunst ansehen.

199. Von allen Aufständen stellte ich die Arten, Gebrechen und Gefahren zusammen und ging bei dieser Erörterung auf alle Wechsel der Zeitumstände in unserem Staate zurück und zog hieraus die Folgerung, daß, wenn auch alle Aufstände zu jeder Zeit peinlich, doch einige gerecht und beinahe nothwendig gewesen seien. Hierauf trug ich das vor, was Crassus eben erwähnte, daß weder die Könige aus unserem Staate hätten vertrieben, noch die Volkstribunen gewählt, noch durch Volksbeschlüsse so oft die konsularische Macht beschränkt, noch das Berufungsrecht zum Schutze des Bürgertums und zum Schirm der Freiheit dem Römischen Volke verliehen werden können, wenn nicht die Bürgerlichen mit den Adeligen in Zwietracht ausgebrochen wären. Wären aber jene Aufstände unserem Staate heilsam gewesen, so dürfe man nicht sofort, wenn eine Volksbewegung stattgefunden habe, dieses dem Gajus Norbanus als frevelhaftes Vergehen und der Todesstrafe würdiges Verbrechen anrechnen. Wenn nun jemals eine Aufregung des Volkes als rechtmäßig anerkannt worden wäre, so habe keine einen gerechteren Grund gehabt als jene. Alsdann leitete und wandte ich meine ganze Rede darauf hin, daß ich die Flucht des Cäpio heftig tadelte und den Untergang des Kriegsheeres bejammerte. Auf diese Weise gelang es mir durch meinen Vortrag den Schmerz derer, die die Ihrigen betrauerten, wieder aufzufrischen und die Gemüther der Römischen Ritter, vor denen, als den

damaligen Richtern, die Sache verhandelt wurde, zum Hasse gegen Quintus Cäpio, dem sie ohnehin wegen der Gerichte abgeneigt waren, auf's Neue zu entflammen.

XLIX. 200. Sobald ich nun merkte, daß ich mich zum Herrn des Gerichtes gemacht hatte, und daß meine Vertheidigung auf fester Grundlage ruhe, weil ich einerseits das Wohlwollen des Volkes gewonnen hatte, dessen Recht ich sogar in Verbindung mit Aufruhr vertheidigt hatte, andererseits die Gemüther der Richter theils durch die Erinnerung an das Mißgeschick des Staates und an die Trauer um die Verwandten und die Sehnsucht nach ihnen, theils durch den persönlichen Haß gegen Cäpio gänzlich meiner Sache zugewandt hatte: da fing ich an dieser leidenschaftlichen und aufgeregten Art des Vortrages jene andere, von der ich zuvor gesprochen habe, die der Milde und Freundlichkeit, beizumischen, indem ich erklärte, ich kämpfte für meinen Amtsgefährten, der mir nach Sitte der Altvordern einem Kinde gleich gelten müsse, und für meinen ganzen Ruf beinahe und meine Lebensverhältnisse; Nichts könne meiner Ehre schimpflicher sein, Nichts mich mit einem empfindlicheren Schmerze erfüllen, als wenn ich, der ich nach dem Urtheile der Leute oft ganz fremden Menschen, bloß weil sie meine Mitbürger waren, Rettung verschafft habe, nicht im Stande wäre meinem Amtsgefährten Hülfe zu leisten.

201. Ich bat die Richter, sie möchten in Rücksicht auf mein Alter, auf meine verwalteten Ehrenstellen, auf meine Thaten gegen mich Nachsicht üben, wenn sie mich von einem gerechten, von einem pflichtmäßigen Schmerze ergriffen sähen, zumal wenn sie bei anderen Verhandlungen die Einsicht gewonnen hätten, daß ich zu jeder Zeit nur für meine von Gefahren bedrohten Freunde, nie für mich selbst Fürbitten eingelegt hätte. So habe ich in jener ganzen Vertheidigung und Verhandlung das, was die Kunstregeln zu erheischen schienen, daß ich nämlich von dem Appulejischen Gesetze redete, daß ich den Begriff der Hoheitsverletzung entwickelte, nur sehr kurz und oberflächlich berührt. Aber *die* beiden Arten der Beredsamkeit, von denen die eine sich mit der Aufregung der Leidenschaft, die andere mit der Erwirkung der Zuneigung beschäftigt,

die beide am Wenigsten durch Kunstregeln ausgebildet sind, wurden von mir in der Behandlung meiner ganzen Sache benutzt, so daß ich einerseits, als ich den Haß gegen Cäpio erneuerte, sehr heftig, andererseits, als ich meine Gesinnung gegen meine Schutzbefohlenen an den Tag legte, sehr sanftmütig erschien. So gelang es mir mehr durch Rührung der Gemüther als durch Belehrung der Richter über deine Anklage, Sulpicius, den Sieg zu erringen.

L. 202. Da erwiderte Sulpicius: Wahrlich du erwähnst dieß mit Recht, Antonius. Denn noch nie sah ich Etwas so aus den Händen entschlüpfen, wie mir damals jene Sache entschlüpfte. Denn als ich dir, wie du bemerktest, nicht ein Gericht, sondern einen Feuerbrand übergeben hatte; wie, unsterbliche Götter, war da der Anfang deiner Rede! welche Besorgnis welche Bedenklichkeit! wie stotternd und lang gedehnt deine Worte! Aber kaum hattest du zu Anfang das, was dir allein die Nachsicht der Menschen gewann, erreicht, daß du nämlich für einen dir nahestehenden Mann, deinen Quästor, als Vertheidiger auftretest: wie wußtest du da vorerst dir die Bahn zu brechen, um dir Gehör zu verschaffen!

203. Aber siehe! Da ich meinte, du hättest Nichts weiter ausgerichtet, als daß die Menschen dir die Vertheidigung eines schlechten Bürgers wegen der Amtsgenossenschaft verleihen zu müssen meinten; begannst du unmerklich weiter um dich zu greifen, indeß die Anderen Nichts ahnten, ich aber äußerst besorgt wurde, du möchtest die Sache nicht als einen Aufruhr des Norbanus, sondern als die Wirkung von dem Zorne des Römischen Volkes, und zwar von einem nicht ungerechten, sondern verdienten und schuldigen, vertheidigen. Ferner welcher Umstand wurde von dir bei dem Angriffe auf Cäpio unbeachtet gelassen? Wie verstandst du in Allem Haß, Unwillen, Mitleid durcheinander zu mischen! Und das nicht allein bei der Vertheidigung, sondern auch gegen Scaurus und meine übrigen Zeugen, deren Zeugnisse du nicht durch Widerlegung, sondern dadurch, daß du deine Zuflucht zu demselben Ungestüme des Volkes nahmst, entkräftetest.

204. Als du dieses so eben erzähltest, vermißte ich darin keine Regeln der Kunst; doch glaube ich, daß es an sich schon eine nicht unerhebliche Unterweisung in sich schließt. – Nun denn, wenn es euch so gefällt, sagte Antonius, so will ich euch vortragen, was ich in meinen Reden zu befolgen und worauf ich mein Augenmerk zu richten pflege; denn ein langes Leben und die Erfahrung in den wichtigsten Angelegenheiten hat mich die Mittel erlernen lassen, durch welche die Gemüther der Menschen in Bewegung gesetzt werden.

LI. 205. Ich pflege daher zuerst zu überlegen, ob die Sache so Etwas erfordere. Denn weder bei geringfügigen Gegenständen darf man diese Feuerbrände der Rede anwenden, noch auch bei einer solchen Stimmung der Menschen, bei welcher wir durch unseren Vortrag auf die Rührung der Gemüther durchaus nicht einwirken können, ja uns der Gefahr aussetzen verspottet zu werden und uns verhaßt zu machen, wenn wir bei Possen Trauerspiele aufführen wollen oder das Unbewegliche in Bewegung zu setzen versuchen.

206. Weil es nämlich in der Regel besonders folgende Empfindungen sind, welche in den Gemüthern der Richter oder sonstiger Zuhörer, vor denen wir reden, in Bewegung gesetzt werden müssen: Liebe, Haß, Zorn, Neid, Mitleiden, Hoffnung, Freude, Furcht, Verdruß: so sehen wir ein, daß wir Liebe gewinnen, wenn man das, was gerade denen nützlich ist, vor denen man redet, zu vertheidigen, oder wenn man sich für rechtschaffene Männer oder wenigstens für solche, welche in ihren Augen rechtschaffen und tüchtig sind, zu bemühen scheint. Denn das Letztere gewinnt mehr Liebe, das Erstere hingegen, die Vertheidigung der Tugend, mehr Hochachtung, und mehr richtet man aus, wenn man die Hoffnung auf künftigen Vortheil ankündigt, als wenn man eine vergangene Wohlthat erwähnt.

207. Man muß sich Mühe geben zu zeigen, daß die Sache, die man vertheidigt, entweder mit Ehre oder mit Nutzen verbunden ist, und anzudeuten, daß der, dem man diese Liebe gewinnen will, Nichts auf seinen Vorteil bezogen und überhaupt Nichts in eigennütziger Absicht

gethan habe. Denn die Vortheile der Menschen selbst beneidet man; ihren Bemühungen aber Anderen Vorteile zu gewähren ist man günstig.

208. Auch muß man sich hierbei vorsehen, daß wir nicht von den Männern, die wir wegen ihrer guten Handlungen geachtet wissen wollen, Lob und Ruhm, die man am Meisten zu beneiden pflegt, allzu sehr zu erheben scheinen. Aus denselben Quellen schöpfen wir auch die Kunst Haß sowol gegen Andere aufzuregen als von uns und den Unsrigen zu entfernen und ein gleiches Verfahren müssen wir bei Erregung und Besänftigung des Zornes anwenden. Denn wenn man das, was den Zuhörern selbst verderblich oder schädlich ist, mit erhöhter Farbe darstellt, so erzeugt man Haß; wenn man aber in gleicher Weise bei der Erwähnung schlechter Handlungen, die man gegen brave Männer oder gegen solche, die es am Wenigsten verdient hatten, oder gegen den Staat ausgeübt hat, verfährt, so erregt man, wenn auch nicht einen gleich bitteren Haß, doch eine dem Unwillen oder dem Hasse nicht unähnliche Abneigung.

209. Auf gleiche Weise jagt man Furcht durch die Beschreibung eigener oder gemeinsamer Gefahren ein. Tiefer in's Herz dringt die Furcht vor eigener Gefahr; aber auch die gemeinsamen müssen so geschildert werden, daß sie jener gleich zu kommen scheinen.

LII. Ein ganz gleiches Verhältniß findet bei der Hoffnung, der Freude und dem Verdrusse statt; doch unter allen Gemüthsbewegungen dürfte der Neid wol die heftigste sein, und es ist nicht weniger Anstrengung erforderlich, um ihn zu unterdrücken, als um ihn zu erregen. Es beneiden aber die Menschen vorzüglich die ihnen gleich Gestellten oder auch Niedrigere, wenn sie meinen, daß sie zurückgeblieben sind, und die schmerzliche Bemerkung machen, daß diese sie überflügelt haben. Aber auch gegen Höhere empfindet man oft heftigen Neid, und um so mehr, je unerträglicher sie sich brüsten und wegen ihres Vorranges an Würde und Glück die Gränze des Allen gleichmäßig zukommenden Rechtes überschreiten. Sollen diese Vorzüge zur Entflammung des Neides benutzt werden, so muß man vor Allem behaupten, daß sie nicht durch Tugend, und dann, daß sie sogar durch Laster und Vergehungen erworben seien; ferner wenn sie zu ehrenvoll und bedeutend sein sollten, so erkläre man, daß doch kein Verdienst einen so hohen Werth habe, daß es der Anmaßung und dem schnöden Stolze des Menschen gleich komme.

210. Zur Beschwichtigung des Neides hingegen muß man zeigen, daß jene Vorzüge durch große Anstrengung unter großen Gefahren erworben seien, daß ihr Besitzer dieselben nicht zu eigenem, sondern zu Anderer Nutzen verwendet habe, daß er an dem Ruhme, den er sich etwa erworben zu haben scheine, obwol er kein unbilliger Lohn der Gefahr sei, doch kein Vergnügen finde, ihn vielmehr ganz fallen lasse und aufgebe. Und weil die meisten Menschen neidisch sind, und dieses Laster so allgemein und überall verbreitet ist, ein hervorragendes und blühendes Glück aber der Gegenstand des Neides zu sein pflegt; so muß man überhaupt sich eifrig bemühen diese Meinung hiervon den Leuten auszureden und zu zeigen, daß jenes dem Scheine nach so glänzende Glück durch Mühseligkeiten und Kümmernisse verbittert werde.

211. Das Mitleid ferner wird erregt, wenn der Zuhörer in die Gemüthsstimmung versetzt werden kann, daß er das Traurige, was an einem Anderen beklagt wird, nach den eigenen bitteren Schicksalen, die er entweder erduldet hat oder befürchtet, bemißt oder bei der Betrachtung eines Anderen häufig auf sich selbst zurückblickt. Sowie nun alle Zufälle des menschlichen Elendes schmerzlich empfunden werden, wenn man sie mit teilnehmender Rührung schildert; so ist es besonders die gemißhandelte und mit Füßen getretene Tugend, welche tiefe Betrübniß hervorruft; und sowie die eine Art der Beredsamkeit, welche den Charakter eines Menschen durch die Empfehlung seiner Rechtschaffenheit in einem vorteilhaften Lichte zeigen soll, einen sanften und gelassenen Vortrag, wie ich schon oft bemerkte, erfordert, so muß die andere, deren sich der Redner bedient, um die Gemüther umzustimmen und auf jede Weise zu lenken, mit gespannter Kraft und Feuer vorgetragen werden.

LIII. 212. Aber zwischen diesen beiden Arten, von denen wir die eine sanft, die andere feurig wissen wollen, findet eine gewisse, schwer zu unterscheidende Aehnlichkeit statt. Denn sowie von jener Sanftheit, durch die wir uns bei den Zuhörern beliebt machen, Etwas in diesen leidenschaftlichen Nachdruck, durch den wir sie erregen, einfließen muß; so müssen wir hingegen von diesem Nachdrucke zuweilen etwas Belebendes in jene Sanftheit hineinbringen, und keine Rede hat eine bessere Mischung als die, in welcher die Rauheit des leidenschaftlichen Vortrages durch die Freundlichkeit des Redners selbst gemildert, und die Schlaffheit der Sanftmuth durch Ernst und Nachdruck gekräftigt wird.

213. Bei beiden Arten des Vortrages aber, sowol bei jener, in der Kraft und Nachdruck erforderlich ist, als bei dieser, deren man sich bei der Schilderung des Lebens und Charakters bedient, müssen die Eingänge langsam sein, aber auch die Ausgänge sich Zeit nehmen und gedehnt sein. Man darf nämlich weder sogleich zu jener Art des Vortrages überspringen; denn sie geht ganz von dem Streitpunkte ab, und die Menschen wünschen zuerst den eigentlichen Gegenstand der gerichtlichen Untersuchung zu erfahren; noch auch, wenn man diesen Ton einmal angestimmt hat, ihn schnell verlassen.

214. Denn ein Beweisgrund wird allerdings, sobald er vorgelegt ist, gefaßt, und ein zweiter und dritter wird verlangt; aber nicht auf gleiche Weise kann man Mitleid oder Neid oder Zorn so schnell, als man davon zu reden begonnen hat, erregen. Der Beweisgrund erhält seine Kraft durch den vernünftigen Gedanken selbst, der, sobald er ausgesprochen ist, sofort im Geiste haftet; jene Art des Vortrages aber legt es nicht auf Belehrung des Richters an, sondern mehr auf seine Erschütterung, und diese kann Niemand auf eine andere Weise hervorbringen als durch einen umfangreichen, mannigfaltigen und reichhaltigen Vortrag, der von einer entsprechenden Lebhaftigkeit des Mienen- und Gebärdenspieles begleitet ist.

215. Wer daher kurz oder in sanftem Tone redet, der kann den Richter belehren, aber ihn zu erschüttern vermag er nicht: worauf doch Alles

beruht. Ferner ist auch das einleuchtend, daß die Fähigkeit über alle Gegenstände dafür oder dagegen zu reden aus denselben Quellen geschöpft wird. Aber den Beweisgrund des Gegners muß man entkräften theils dadurch, daß man das verwirft, was zur Bestätigung desselben angeführt wird, theils dadurch, daß man zeigt, daß das, was die Gegner daraus schließen wollen, nicht aus ihren Vordersätzen erwiesen werde und nicht folgerichtig sei; oder wenn auf diese Weise die Widerlegung nicht möglich ist, so muß man für das Gegentheil Beweisgründe beibringen, die entweder stärker oder gleich stark sind.

216. Was aber der Gegner entweder, um die Gemüther zu gewinnen, sanft, oder, um sie zu erschüttern, leidenschaftlich vorträgt, das muß man durch Erregung entgegengesetzter Gemüthsbewegungen zu entkräften suchen, indem man Haß durch Wohlwollen, Mitleid durch Neid aufhebt.

LIV. Angenehm aber und oft ausnehmend nützlich ist der Scherz und die witzigen Einfälle; aber wenn sich alles Andere durch Kunstregeln vortragen läßt, so sind diese doch Naturgaben und bedürfen keiner Kunst. Hierin zeichnest du dich, Cäsar, nach meinem Urtheile vor Anderen ganz besonders aus. Um so mehr kannst du mir auch bezeugen, daß es keine Kunstregeln über den Witz gibt, oder gibt es solche, so wirst du uns hierin den besten Unterricht geben.

217. Ja wahrlich, erwiderte er, über jeden Gegenstand, glaube ich, kann ein Mann von einiger Bildung leichter reden als über den Witz. Als ich nun einige Griechische Bücher sah, die die Aufschrift „Von dem Lächerlichen" führten; so machte ich mir einige Hoffnung hieraus etwas erlernen zu können. Ich fand allerdings viele lächerliche und witzige Aeußerungen der Griechen; denn die Sikuler, die Rhodier, die Byzantiner und vor Allen die Attiker zeichnen sich hierin aus; aber diejenigen, welche versucht haben Kunstregeln und ein Lehrgebäude hiervon aufzustellen, zeigen sich so alles Witzes bar, daß man über nichts Anderes bei ihnen lachen kann als eben über ihre Witzlosigkeit.

218. Daher läßt sich meines Erachtens ein kunstmäßiger Unterricht über diesen Gegenstand auf keine Weise ertheilen. Allerdings gibt es zwei

Arten des Witzes, von denen die eine gleichmäßig über die ganze Rede verbreitet ist, die andere in kurzen, scharf treffenden Einfällen besteht; die erstere nennen die Alten Laune, die letztere Spottwitz. Einen unbedeutenden Namen hat Beides; natürlich; unbedeutend ist ja die ganze Sache, die Erregung des Lachens.

219. Jedoch habe ich sehr oft die Erfahrung gemacht, daß man, wie du bemerkst, Antonius, in den Rechtsverhandlungen durch Laune und Witz viel ausrichtet. Aber da man für die erstere Art, für die gemütliche Laune, die sich durch den ganzen Vortrag hindurchzieht, keine Kunstregeln vermißt; denn die Natur bildet und schafft die witzigen Nachahmer und Erzähler, indem die Mienen, die Stimme und die ganze Ausdrucksweise das Ihrige dazu beitragen: wie könnte denn wol bei der letzteren Art, bei dem beißenden Witze, von Kunst die Rede sein, da das entsandte Witzwort eher haften muß, als man den Gedanken daran für möglich hielt?

220.Was konnte zum Beispiel meinem Bruder die Kunst helfen, als er dem Philippus auf die Frage: „Warum billst du so?" zur Antwort gab: „Ich sehe einen Dieb?" Was dem Crassus in der ganzen Rede vor den Centumvirn gegen Scävola oder gegen den Ankläger Brutus in seiner Vertheidigung des Gnäus Plancus? Denn das Lob, das du mir ertheilst, Antonius, muß man nach Aller Urtheil dem Crassus vielmehr zugestehen. Denn nicht leicht wird man außer ihm Jemanden finden, der in beiden Arten des Witzes abgezeichnet ist, sowol in der, welche sich durch die ganze Rede hindurchzieht, als auch in der, welche sich in schnellen scharf treffenden Einfällen äußert.

221. Denn diese ganze Vertheidigung des Curius gegen den Scävola floß durchweg von Heiterkeit und Scherz über; aber jene kurzen Witzworte enthielt sie nicht. Denn er schonte die Würde des Gegners, und dadurch bewahrte er seine eigene; dieß ist aber für witzige und spottsüchtige Menschen höchst schwierig, auf Menschen und Zeiten Rücksicht zu nehmen und die guten Einfälle da zurückzuhalten, wo sie sich am Witzigsten anbringen lassen.

222. So wissen denn einige Witzlinge eben dieses auf eine nicht abgeschmackte Weise zu erklären, indem sie des Ennius Anspruch anführen: „Der Weise könne leichter eine Flamme im brennenden Munde erdrücken als gute Worte zurückhalten." Gute Worte bedeuten nämlich witzige Worte. Denn mit dieser besonderen Benennung bezeichnet man jetzt Witzworte.

LV. Aber sowie sich Crassus gegen den Scävola dieser enthielt und sich jeder anderen Art, in welcher sich keine beschimpfenden Stachelreden befinden, bediente, indem er jene Verhandlung und Erörterung mit launigem Scherze führte; so kämpfte er gegen den Brutus, den er haßte und den er der Beschimpfung werth achtete, mit beiden Arten.

223. Wie Vieles sagte er von den Bädern, die dieser verkauft hatte, wie Vieles von dem durchgebrachten väterlichen Erbgute! Und ferner jene kurzen Stachelreden! Als jener sagte, er schwitze ohne Ursache, versetzte er: „Kein Wunder; du bist ja eben aus deinem Badehause herausgegangen." Unzähliges der Art kam vor; aber nicht minder anziehend war die heitere Laune, die den ganzen Vortrag durchdrang. Als zum Beispiel Brutus zwei Vorleser auftreten ließ, von denen er dem einen die Rede des Crassus von der Niederlassung zu Narbo, dem anderen die über die Servilische Bill zum Vorlesen gab, und die in beiden Reden in Betreff der Staatsverwaltung sich widersprechenden Stellen gegen einander hielt; so hatte unser Freund den höchst witzigen Einfall drei anderen Vorlesern drei Schriften von dem Vater des Brutus über das bürgerliche Recht zum Vorlesen zu geben.

224. Aus der ersten Schrift ließ er folgende Stelle verlesen: Zufällig traf es sich, daß wir uns auf unserem Landgute bei Privernum befanden. – „Brutus, dein Vater bezeugt, daß er dir ein Grundstück bei Privernum hinterlassen habe." – Hierauf aus der zweiten Schrift: Auf dem Landgute bei Alba befanden wir uns. ich und mein Sohn Marcus. – „Er, einer der klügsten Männer unseres Staates, kannte nämlich diesen Schlemmer; er war besorgt, wenn dieser Nichts mehr habe, so möchte man glauben, es sei ihm Nichts hinterlassen worden." Dann aus der dritten Schrift, mit der

er seine Schriftstellerei beschloß (denn nur so viel Bücher des Brutus sind, wie ich aus des Scävola Munde weiß, ächt): Auf unserem Landgute bei Tibur saßen wir zufällig bei einander, ich und mein Sohn Marcus. – „Wo sind diese Grundstücke, Brutus, die von deinem Vater in öffentlichen Denkschriften aufgezeichnet und dir hinterlassen sind? Wärest du nicht schon erwachsen gewesen, fährt er fort, er würde eine vierte Schrift abgefaßt und schriftlich hinterlassen haben, er habe sich mit seinem Sohne auch in seinen Bädern unterhalten."

225. Wer sollte also nicht gestehen, daß durch diese Laune und durch diese witzigen Einfälle Brutus nicht minder widerlegt wurde als durch die feierliche Sprache, die jener erhob, als zufällig während derselben Verhandlung die alte Junia zu Grabe getragen wurde? O ihr unsterblichen Götter, welche, wie große, wie unerwartete, wie plötzliche Wirkung brachte es hervor, als er, die Blicke auf ihn heftend, mit allen drohenden Gebärden in dem ernstesten Tone und mit hinreißender Schnelligkeit der Worte ihn so anredete: Brutus, was sitzest du hier? Was soll diese alte Frau deinem Vater verkünden? was allen denen, deren Bildnisse du vorüberziehen siehst? was deinen Ahnen? was dem Lucius Brutus, der unser Volk von der Zwingherrschaft der Könige befreite? Soll sie ihm erzählen, was du thust, welches Geschäftes, welches Ruhmes, welcher Tugend du dich befleißigst? Etwa der Vermehrung des väterlichen Gutes? Doch das ziemt deinem Adel nicht.

226. Aber angenommen, es zieme sich; es ist ja Nichts mehr übrig; deine Lüste haben Alles vergeudet. Oder des bürgerlichen Rechtes? Das wäre deines Vaters würdig. Aber sie wird ihm sagen, du habest bei dem Verkaufe deines Hauses unter den beweglichen Gütern nicht einmal den väterlichen Lehnsessel dir vorbehalten. Oder des Kriegswesens? Aber du hast nie ein Feldlager gesehen. Oder der Beredsamkeit? Aber von dieser weißt du gar Nichts, und was du noch durch Stimme und Zunge vermagst, hast du zu dem niederträchtigsten Gewerbe der Verleumdung verwendet. Und du wagst es noch das Tageslicht anzuschauen? Diese Männer anzublicken? auf dem Forum, in der Stadt, vor den Augen deiner Mitbürger zu verweilen? Du entsetzest dich nicht vor jener Leiche, nicht

vor jenen Ahnenbildern selbst? für deren Aufstellung, um von ihrer Nachahmung ganz und gar zu schweigen, du dir kein Plätzchen übrig gelassen hast.

LVI. 227. Doch dieß ist die feierliche und erhabene Sprache des Trauerspieles; aber geistreiche und witzige Aeußerungen sind euch noch unzählige aus einer einzigen Rede erinnerlich. Denn nie fand ein größerer Wettstreit statt, nie wurde vor dem Volke eine eindringlichere Rede gehalten als die, welche unser Crassus neulich gegen seinen Amtsgenossen in der Censur hielt, nie war eine Rede von Laune und heiterem Scherze gewürzter. Daher stimme ich dir, Antonius, in beiden Hinsichten bei, daß der Witz beim Reden oft von großer Wirkung sei, und daß er auf keine Weise kunstmäßig gelehrt werden könne; aber das befremdet mich, daß du mir in diesem Stücke einen so großen Vorzug beilegst und nicht vielmehr auch hierin, wie in allem Uebrigen, dem Crassus den Siegespreis zuerkennst.

228. Ja, erwiderte Antonius, das würde ich auch wirklich gethan haben, wenn ich nicht zuweilen den Crassus ein Wenig darum beneidete. Allerdings ist selbst die ausgezeichneteste Anlage zur Laune und zum Witze an und für sich nicht eben sehr beneidenswert; aber daß er Alle an Anmuth und Feinheit des Witzes übertrifft und zugleich ein Mann von der höchsten Würde und dem tiefsten Ernste ist und dafür gilt: – ein Vorzug, der diesem allein zu Theil geworden ist, – das schien mir kaum erträglich.

229. Bei diesen Worten konnte sich Crassus selbst des Lachens nicht enthalten, und Antonius fuhr fort: Du hast zwar behauptet, Julius, es gebe keine Kunst des Witzes; aber gleichwol hast du Etwas dargelegt, was man, wie es scheint, als eine Regel ansehen muß. Du bemerktest nämlich, man müsse Rücksicht nehmen auf Personen, Sachen und Zeiten, damit der Scherz der Würde keinen Abbruch thue: was ganz besonders Crassus zu beachten pflegt. Aber diese Vorschrift sagt nur, man solle den Witz nicht anwenden, wo er durchaus nicht nöthig ist. Wir aber wollen wissen, wie wir ihn gebrauchen sollen, wo er nöthig ist, wie zum Beispiel wider einen

Gegner, und zwar vorzüglich, wenn man seinen Unverstand verhöhnen kann, oder gegen einen thörichten, parteiischen und leichtsinnigen Zeugen, wenn man hoffen darf von den Menschen gern gehört zu werden.

230. Ueberhaupt werden witzige Einfälle beifälliger aufgenommen, wenn wir sie gereizt, als wenn wir sie ohne vorhergehende Veranlassung vorbringen. Denn einerseits ist die Raschheit des Geistes größer, welche sich im Antworten zeigt, andererseits entspricht die Antwort dem Wesen des menschlichen Gefühles. Denn es hat den Schein, als ob wir uns ruhig würden verhalten haben, wenn wir nicht gereizt worden wären, wie auch gerade in jener Rede fast keine Aeußerung, die nämlich für eine witzige gelten konnte, von Crassus vorgebracht wurde, die nicht eine Entgegnung auf eine Herausforderung gewesen wäre. Auch zeigte Domitius so viel Würde, so viel Ansehen, daß es zweckmäßiger schien seine Vorwürfe durch einen launigen Vortrag zu entkräften als durch heftigen Streit in ihrer Nichtigkeit darzustellen.

LVII. 231. Hierauf sagte Sulpicius: Wie nun? Sollen wir zulassen, daß Cäsar, der zwar dem Crassus die Gabe des Sitzes einräumt, aber sich mit demselben weit mehr wissenschaftlich beschäftigt, uns nicht das ganze Wesen des Scherzes entwickele und seine Beschaffenheit und seine Quellen darlege, zumal da er gesteht, der Witz und der feine Scherz sei von so großer Wirkung und so großem Nutzen? – Wie? versetzte Julius, wenn ich der Behauptung des Antonius beistimme, daß es kein wissenschaftliches Lehrgebäude des Witzes gebe?

232. Hier schwieg Sulpicius, und Crassus nahm das Wort: Ei wie? als ob es gerade von den Dingen, über die Antonius schon lange spricht, irgend ein wissenschaftliches Lehrgebäude gäbe. Nach seinem eigenen Geständnisse ist es eine Beobachtung solcher Dinge, welche beim Reden eine Wirkung hervorbringen. Könnte aber dieß die Menschen zu Rednern bilden, wer würde da nicht ein Redner sein? Denn wer vermöchte nicht so Etwas leicht oder wenigstens einigermaßen zu erlernen? Aber die Bedeutung und der Nutzen solcher Vorschriften besteht meines Erachtens zwar nicht darin, daß wir durch sie zu der Erfindung dessen, was wir sagen sollen,

kunstmäßig geleitet werden, wohl aber darin, daß wir zu einer festen Ueberzeugung und Einsicht gelangen, ob das, was wir durch Naturanlagen, durch Fleiß und Uebung erlangen, recht oder verkehrt ist, wenn wir gelernt haben, wo Jedes zweckmäßig zu gebrauchen sei.

233. Deßhalb ersuche auch ich dich, lieber Cäsar, uns, wenn es dir gefällig ist, über das ganze Wesen des Scherzes deine Ansichten zu eröffnen, damit nicht etwa irgend ein Theil der Beredsamkeit, weil ihr es nun einmal so gewünscht habt, in einer solchen Gesellschaft und in einer so gründlichen Unterredung übergangen zu sein scheine. – Nun ja, erwiderte jener, weil du nun einmal, mein Crassus, von deinem Gaste eine Beisteuer verlangst, so will ich nicht die Schuld tragen, als gäbe ich durch meine Ablehnung auch dir einen Vorwand zur Weigerung, wiewol ich mich oft über die Unverschämtheit derer zu verwundern pflege, die vor den Augen des Roscius auf der Bühne als Schauspieler auftreten. Denn wer kann hier eine Bewegung machen, an der dieser nicht Fehler bemerkte? Ebenso werde ich jetzt vor Crassus zum ersten Male von dem Witze reden und, wie die Sau im Sprüchworte, *den* Redner belehren, von dem neulich Catulus, als er ihn reden gehört hatte, sagte, in Vergleich mit ihm müßten die Anderen Heu essen.

234. Catulus scherzte, erwiderte jener, zumal da er selbst so redet, daß er mit Ambrosia gespeist zu werden verdient. Doch, lieber Cäsar, laß uns dich hören, um auf das zurückkehren zu können, was Antonius noch übrig gelassen hat. – Und Antonius sagte: Es ist zwar nur sehr wenig noch übrig; aber von dem mühsamen Wege meines Vortrages fühle ich mich jetzt ermüdet, und die Rede Cäsar's wird mir wie ein bequemes Gasthaus Gelegenheit zur Erholung geben.

LVIII. 235. Aber, entgegnete Julius, die Bewirtung, die du bei mir findest, wirst du eben nicht sehr freundlich nennen. Denn sobald du einige Bissen gekostet hast, werde ich dich wieder auf die Straße stoßen und hinauswerfen. Doch, um euch nicht länger aufzuhalten, will ich euch über diesen ganzen Gegenstand meine Ansicht ganz kurz darlegen. In Betreff des Lachens sind es fünf Punkte, die zur Untersuchung kommen: erstens, was es sei; zweitens, woher es entstehe; drittens, ob die Absicht Lachen zu erregen dem Redner gezieme; viertens, in wie weit; fünftens, was es für Arten des Lächerlichen gebe. Was nun den ersten Punkt anlangt, was das Lachen selbst sei, wie es erregt werde, wo es seinen Sitz habe, wie es entstehe und so plötzlich hervorbreche, daß wir es beim besten Willen nicht zurückhalten können, und wie es zugleich Brust, Mund, Adern, Augen, Mienen ergreife: das mag Demokritus zum Gegenstande seiner Untersuchungen machen. Denn dieß steht in keiner näheren Beziehung zu unserem Gespräche, und wäre dieß auch der Fall, so würde ich mich meiner Unwissenheit in einer Sache nicht schämen, die nicht einmal denen bekannt ist, welche sich rühmen sie zu kennen.

236. Der Sitz und so zu sagen das Gebiet des Lächerlichen (denn dieß ist die nächste Frage) findet sich in dem Unschicklichen und Häßlichen; denn nur das oder doch vorzüglich das wird belacht, wodurch eine Unschicklichkeit auf nicht unschickliche Weise kenntlich gemacht und bezeichnet wird. Um aber auf den dritten Punkt zu kommen, so kommt es dem Redner zu Lachen zu erregen, theils, weil die Heiterkeit an sich dem Wohlwollen gewinnt, durch den sie erregt worden ist, theils, weil Alle den Scharfsinn bewundern, der oft in einem einzigen Worte liegt, vorzüglich in Antworten, zuweilen auch im Angriffe, theils, weil dadurch der Gegner entmutigt, verwirrt, geschwächt, abgeschreckt, zurückgeschlagen wird, theils, weil es den Redner selbst als einen fein gebildeten, aufgeklärten, geistreichen Mann ankündigt, und ganz besonders, weil es den finsteren Ernst mildert und mäßigt, und oft verdrießliche Angelegenheit, die sich durch Beweisgründe nicht leicht widerlegen lassen, durch Scherz und Lachen entschieden werden.

237. In wie weit aber der Redner das Lächerliche behandeln soll, was wir als die vierte Frage aufgestellt hatten, das verdient eine sehr sorgfältige Erwägung. Denn weder die Verspottung einer ausgezeichneten und mit Ruchlosigkeit verbundenen Schlechtigkeit, noch hinwiederum die eines ausgezeichneten Elendes erregt Lachen. Denn lasterhafte Menschen will man mit schärferen Waffen als mit denen des Lächerlichen verwundet sehen; unglückliche aber will man nicht verspottet sehen, es müßte denn

sein, daß sie sich wichtig machten. Ganz besonders aber muß man die Hochachtung schonen, damit man nicht unbesonnen gegen die rede, welche in Achtung stehen.

LIX. 238. Diese Mäßigung muß man nun zuerst beim Scherzen anwenden. Darum kann man sich am leichtesten über solche Dinge zu scherzen erlauben, welche weder großen Haß noch sehr großes Mitleid verdienen. Aus diesem Grunde liegt der ganze Stoff des Lächerlichen in *den* Fehlern, welche sich im Leben von Menschen zeigen, die weder geachtet noch unglücklich sind noch auch wegen ihrer Handlungen die Todesstrafe zu verdienen scheinen, und eine feine Verspottung solcher Fehler ist geeignet Lachen zu erregen.

239. Einen recht hübschen Stoff zum Scherzen bieten auch Mißgestalt und körperliche Gebrechen; aber wir stellen hier dieselbe Frage auf, die man auch in allen anderen Dingen vorzüglich aufstellen muß: „In wie weit?" Hierbei wird nicht nur die Vorschrift gegeben, daß man nichts Abgeschmacktes sage, sondern der Redner muß auch, selbst wenn er etwas sehr Scherzhaftes vorbringen kann, Beides vermeiden, daß der Scherz nicht in Possenreißerei oder in das niedrig Komische ausarte. Wie dieß zu verstehen sei, werden wir bald leichter einsehen, wenn wir zu den Arten des Lächerlichen selbst kommen.

240. Es gibt zwei Arten des Witzigen, von denen die eine sich mit der Sache, die andere mit dem Worte beschäftigt. Mit der Sache, wenn man Etwas als eine Anekdote erzählt, wie du einst, Crassus, von dem Memmius, er habe dem Largius ein Stück aus dem Arme gebissen, als er sich mit ihm zu Tarracina um ein Mädchen gezankt hatte. Die Erzählung war schneidender Spott, aber ganz von dir selbst erdichtet. Zum Schlusse fügtest du hinzu, in ganz Tarracina hätten damals an allen Wänden die Buchstaben L. L. L. M. M. geschrieben gestanden. Auf deine Frage, was das bedeuten solle, habe dir ein alter Mann aus der Stadt gesagt: „Largius Linke letzt Memmius Maulgier".

241. Ihr seht, wie witzig, wie artig, wie rednerisch diese Art des Lächerlichen ist, mag man nun eine wahre Geschichte erzählen können,

die man jedoch mit kleinen erdichteten Zügen versetzen muß, oder mag man Etwas erdichten. Eine vorzügliche Eigenschaft in dieser Art des Witzes besteht darin, daß man das Geschehene so veranschaulicht, daß die Sitten dessen, von dem man erzählt, seine Sprache, alle seine Mienen ausgedrückt werden, so daß die Zuhörer meinen, die Sache geschehe und ereigne sich eben jetzt vor ihren Augen.

242. In der Sache liegt auch das Lächerliche, was man von einer spaßhaften Nachahmung zu entlehnen pflegt, wie gleichfalls Crassus that, als er sagte: „Bei deinem Adel, bei euerer Familie!"

Was war es Anderes, worüber die Versammlung lachte, als jene Nachahmung der Miene und Stimme? Als er aber sagte: „Bei deinen Bildsäulen" und den Arm ausstreckte und noch einige Gebärden hinzufügte, mußten wir noch heftiger lachen. Hierher gehört auch, wenn Roscius bei den Worten: „Für dich, Antipho, pflanze ich diese" den Greis nachahmt, Die Altersschwäche selbst sehe ich vor mir, wenn ich ihn diese Worte sagen höre. Diese Art des Witzes ist zwar an sich schon lächerlich. verlangt aber die vorsichtigste Behandlung. Denn die übertriebene Nachahmung, wie das Zotige, gehört in das Gebiet der gemeinen Possenreißer und Gebärdenspieler. Der Redner soll die Nachahmung nur verstohlen anwenden, so daß der Zuhörer dabei mehr zu denken als zu sehen hat; auch soll er Seelenadel und Schamgefühl bewahren, indem er in den Worten das Schmutzige und in den Sachen das Unanständige vermeidet.

LX. 243. Das sind also die beiden Arten des Lächerlichen, das in der Sache liegt. Sie sind eine Eigentümlichkeit der sich durch den ganzen Vortrag hindurchziehenden Laune, durch welche die Sitten der Menschen geschildert und dargestellt werden, daß man sie entweder durch eine Erzählung in ihrem Wesen erkennt oder durch eine kurze wohl angebrachte Nachahmung mit einem auffallend lächerlichen Fehler behaftet findet.

244. In dem *Worte* aber liegt das Lächerliche, das durch die Spitze eines Ausdrucks oder Gedankens erregt wird. Aber sowie in jener ersten Art des

Witzes, sowol in der Erzählung als auch in der Nachahmung, der Redner die Aehnlichkeit mit den nachäffenden Gebärdenspielern vermeiden muß; so muß er sich auch in dieser sorgfältig vor den Witzeleien eines Possenreißers in Acht nehmen. Wie nun wollen wir von Crassus, Catulus und Anderen eueren Bekannten den Granius oder meinen Freund Vargula unterscheiden? Wahrlich das ist mir noch nicht in den Sinn gekommen; sie haben ja beide beißenden Witz, und keiner mehr als Granius. Dadurch, glaube ich zuerst, daß wir Redner nicht, so oft sich eine Gelegenheit zu einem witzigen Einfalle darbietet, ihn immer anbringen zu müssen meinen.

245. Es trat ein winzig kleiner Zeuge auf. Ist es erlaubt eine Frage an ihn zu richten? sagte Philippus. Hierauf erwiderte der Vorsitzer des Gerichtes, der Eile hatte: „Nur mach es kurz!“ Da sagte jener: „Du sollst dich nicht beschweren. Ein kleines Ding will ich nur fragen. Ein witziger Einfall! Aber zu Gerichte saß Lucius Aurifex, der selbst noch kleiner war als der Zeuge. Das ganze Gelächter wandte sich gegen den Richter, und so erschien der Witz als eine Possenreißerei. Also das, was eine Person treffen kann, die wir nicht getroffen wissen wollen, gehört, mag es auch noch so hübsch sein, seinem Wesen nach in das Gebiet des Possenhaften.

246. So sehen wir den Appius, der für einen Witzkopf gelten will und es auch wirklich ist, zuweilen in diesen Fehler der Possenreißerei verfallen. „Ich will heute bei dir speisen,“ sagte er zu meinem Freunde Gajus Sextius, der einäugig war; „denn ich sehe, du hast für Einen noch Platz übrig.“ Das ist Possenreißerei; denn theils kränkte er ohne Veranlassung, theils paßten seine Worte auf alle Einäugigen. Weil man solche Witzeleien für gesucht hält, so werden sie weniger belacht. Aber vortrefflich war die Gegenantwort, die Sextius auf der Stelle gab: „Wasche dir die Hände und iß mit.“

247. Berücksichtigung der Zeit also, Mäßigung und Beschränkung des Spottes und seltene Anwendung witziger Einfälle wird den Redner vom Possenreißer unterscheiden, und dann der Umstand, daß wir uns des Spottes nur zu einem Zwecke bedienen, nicht um für Witzlinge zu gelten,

sondern um dadurch einen Vortheil zu gewinnen; das thun jene den ganzen Tag und ohne Zweck. Denn welchen Gewinn hatte Vargula davon, daß er, als ihn Aulus Sempronius als Amtsbewerber mit seinem Bruder Marcus umarmte, ausrief: „Bursche, jage mir die Fliegen fort!?“ Lachen suchte er zu erregen, und das ist meines Erachtens der geringste Gewinn geistiger Begabung. Die rechte Zeit also zu witzigen Einfällen müssen wir mit Klugheit und Ernst abmessen. Möchten wir doch dafür Kunstregeln haben; aber hier ist die Natur allein unsere Gebieterin.

LXI. 248. Jetzt wollen wir *die* Arten des Witzigen selbst in Kürze erörtern, welche das Lachen vorzüglich erregen. Die Haupteintheilung besteht nun darin, daß alles Witzige theils in der Sache, theils im Worte stattfinde; wobei es sich von selbst versteht, daß die Menschen das größte Wohlgefallen finden, wenn das Lachen durch Sache und Wort zugleich erregt wird. Doch das müßt ihr bedenken, daß fast alle Quellen, die ich als diejenigen berühren werde, aus welchen das Lächerliche abgeleitet wird, zugleich auch diejenigen sind, aus welchen sich ernste Gedanken ableiten lassen. Es findet nur der Unterschied statt, daß der Ernst in würdevoller Strenge sich mit dem sittlich Guten, der Scherz hingegen mit dem Schimpflichen und, so zu sagen, Verzerrten beschäftigt. So kann man zum Beispiel mit denselben Worten einen Sklaven, wenn er brav ist, loben und, wenn er ein Taugenichts ist, verspotten. Lächerlich ist jener alte Anspruch des Nero über einen diebischen Sklaven: „Er ist der einzige, dem im Hause Nichts weder versiegelt noch verschlossen ist.“ Ganz dasselbe pflegt man auch von einem ehrlichen Sklaven zu sagen. Und in diesem Falle bedient man sich sogar ganz derselben Worte; die Quellen aber, aus denen Alles entspringt, sind dieselben.

249. Zum Beispiel die Worte, die dem Spurius Carvilius, der von einer im Dienste des Staates empfangenen Wunde schwer hinkte und sich deßhalb unter die Leute zu gehen scheute, seine Mutter sagte: „Warum gehst du nicht aus, mein Spurius? Bei jedem Schritt, den du thust, kannst du dich deiner Verdienste erinnern;“ sind herrlich und würdig. Wenn aber Glaucia dem hinkenden Calvinus sagt: „Wo bleibt hier die alte Frage: Es hinkt doch nicht? Dieser führt ja den Hinker auf; so ist dieß geeignet Lachen zu

erregen. Und doch sind beide Aussprüche von dem abgeleitet, was sich beim Hinken wahrnehmen ließ. „Kann man sich wol einen unthätigeren Menschen denken als diesen Thätig?“ sagte Scipio in ernstem Tone; aber gegen einen übelriechenden Menschen sagte Philippus witzelnd: „Ich sehe mich durch dich von Geruch umgeben,“ indem er das Wort *Betrug* wie *Geruch* aussprach.

Beide Falle beruhen auf der Aehnlichkeit von Worten, die durch Veränderung von Buchstaben entsteht.

250. Der aus *Zweideutigkeit* entspringende Witz wird für ganz besonders sinnreich gehalten; aber er wird nicht immer im Scherze, sondern auch im Ernste angewendet. Zu dem berühmten älteren Africanus, als er bei einem Gastmahle sich einen Kranz auf den Kopf setzen wollte, und dieser öfter brach, sagte Publius Licinius Varus: „Wundere dich nicht, wenn er nicht paßt; denn dein Kopf ist groß.“ Schöne und ehrenvolle Worte! Aber zu derselben Art gehört auch Folgendes: „Kahl ist er in reichlichem Maße; denn er sagt gar zu wenig.“ Kurz, es gibt keine Art des Scherzes, aus der nicht zugleich auch Ernstes und Würdevolles abgeleitet werden könnte.

251. Auch die Bemerkung muß man noch hinzufügen, daß nicht alles Lächerliche witzig ist. Was kann zum Beispiel so lächerlich sein als ein Hanswurst? Aber man lacht nur über sein Gesicht, über seine Mienen, über sein Nachäffen der Eigenheiten anderer Menschen, über seine Stimme, kurz über seine ganze Figur. Einen solchen Menschen kann ich allerdings einen Spaßmacher nennen; doch ich kann nur wünschen, daß ein Possenreißer so beschaffen sei, aber nicht ein Redner.

LXII. Demnach geziemt sich diese erste Art, die ganz besonders Lachen erregt, für uns nicht, ich meine das Mürrische, Abergläubische, Argwöhnische, Prahlsüchtige, Alberne. Solche Charaktere sind an und für sich lächerlich, und Persönlichkeiten dieser Art pflegen wir durchzuziehen, aber nicht darzustellen.

252. Die zweite Art ist durch die Nachahmung recht sehr geeignet Lachen zu erregen; aber, wenn wir einmal von ihr Gebrauch machen wollen, so dürfen wir sie nur verstohlen und flüchtig anwenden; denn sonst ist sie

keineswegs anständig; die dritte aber, die Verzerrung des Gesichtes, ist unser nicht würdig; die vierte, der zotige Scherz, ist nicht allein des Forums unwürdig, sondern kaum bei einem Gastmahle freier Männer zulässig. Nach Entfernung so vieler Gegenstände also von unserer Stellung, die wir als Redner einnehmen, bleiben nur noch die Witze übrig, die nach meiner vorigen Eintheilung entweder in der Sache oder in dem Worte liegen. Denn was, mit welchen Worten man es auch sagen mag, doch witzig bleibt, besteht in der Sache; was aber nach Veränderung der Worte seine Spitze verliert, hat das Anziehende gänzlich in den Worten.

253. Zweideutigkeiten haben eine vorzügliche Schärfe und liegen im Worte; aber sie erregen nicht oft großem Gelächter, mehr als feine und von gelehrterer Bildung zeugende Witzworte werden sie gelobt. So zum Beispiel jene Aeußerung gegen den Titius; dieser spielte nämlich leidenschaftlich Ball, aber zugleich stand er im Verdachte, er zerbreche des Nachts die heiligen Bildsäulen; als er nun einmal auf das Marsfeld kam, und seine Spielgenossen nach ihm fragten, entschuldigte ihn Vespa Terentius, indem er sagte, er habe einen Arm zerbrochen. Ein anderes Beispiel ist jene Aeußerung des Africanus, die sich bei Lucilius findet: „Wie? entgegnete Decius, willst du das Nüßlein zermalmen?"

254. Ein drittes die Aeußerung deines Freundes Granius, mein Crassus: „Er ist nicht ein Sechstel werth." Und in der That der sogenannte Witzbold wird sich in dieser Art besonders hervorthun; doch Anderes erregt größeres Gelächter. Das Zweideutige findet zwar an und für sich, wie ich oben bemerkte, ganz vorzüglichen Beifall; denn in der Fähigkeit die Bedeutung eines Wortes in einer anderen Beziehung, als es Andere thun, zu nehmen scheint sich ein geistreicher Kopf zu offenbaren; aber es erregt mehr Bewunderung als Lachen, wenn es nicht etwa zugleich in eine andere Art des Lächerlichen einschlägt.

LXIII. 255. Die Arten will ich kürzlich durchlaufen. Aber ihr wißt, es gibt eine sehr bekannte Art des Lächerlichen, wenn wir etwas Anderes erwarten, als was gesagt wird. Hier werden wir durch unseren eigenen Irrtum zum Lachen gebracht. Wird dieser Art auch noch das Zweideutige beigemischt, so gewinnt sie an Schärfe. So zum Beispiel tritt bei Novius ein Mann auf, der voller Mitleid zu sein scheint; denn als er einen von den Richtern seinen Gläubigern Zugesprochenen wegführen sah, so fragt er: „Zu welchem Preise ist er dir zugesprochen?“ – „Für tausend Sestertien.“ – Hätte er nun bloß hinzugesetzt: „Du magst ihn wegführen,“ so gehörte dieß in die Art des Lächerlichen, das durch das Unerwartete veranlaßt wird; aber weil er hinzusetzte: „Ich füge Nichts hinzu; du magst ihn wegführen,“ so war seine Aeußerung durch Hinzufügung der anderen Art des Lächerlichen, nämlich der Zweideutigkeit, nach meinem Urtheile wenigstens, höchst witzig. Am Anziehendsten ist ein solcher Scherz, wenn in einem Wortwechsel von dem Gegner eine Aeußerung des Anderen aufgegriffen, und hiermit, wie es von Catulus gegen Philippus geschah, Etwas auf den Angreifer selbst geschleudert wird.

256. Aber da es mehrere Arten des Zweideutigen gibt, die sich ohne grübelnde Spitzfindigkeit auf Kunstregeln nicht zurückführen lassen; so muß man auf die Worte des Gegners lauernd achten. Wenn wir hierbei auch Alles vermeiden, was zu frostig ist; (denn man muß sich hüten, daß das Witzige nicht gesucht erscheine;) so werden wir doch sehr vieles Sinnreiche sagen können. Eine andere Art des Lächerlichen besteht in einer kleinen Veränderung des Wortes. Die Griechen nennen sie, wenn sie auf einem Buchstaben beruht, Paronomasie; so zum Beispiel änderte Cato in Mobilior; oder als derselbe zu Jemandem sagte: „Laß uns deambuliren,“ und dieser versetzte: „Wozu war DE nöthig?“ entgegnete er: O nein! vielmehr wozu warst du nöthig?“ oder ferner die Antwort, die derselbe einem Anderen gab: „Wenn du mit dem Gesichte *zu*gewandt und *ab*gewandt unzüchtig bist.“

257. Auch die Deutung eines Namens ist stechend, wenn man die Ursache, warum Einer so heiße, in's Lächerliche zieht, wie ich jüngst von dem Austheiler der Stimmtäfelchen Nummius sagte, sowie Neoptolemus vor Troja, so habe er auf dem Marsfelde seinen Namen erhalten. In allen diesen Arten beruht das Lächerliche auf dem Worte.

LXIV. Oft wird auch ein Vers witzig eingeschaltet, entweder wie er ist, oder mit einer kleinen Veränderung, oder ein Theil eines Verses. So zum Beispiel rief Statius dem zürnenden Scaurus folgende Verse zu, die, wie Einige meinen, zu deinem Gesetze, Crassus, über das Bürgerrecht Veranlassung gegeben haben:

Schweigt! Was lärmt ihr hier so? Weder Vater noch Mutter wißt ihr zu nennen, Und doch zeigt ihr solche Unverschämtheit! Fort mit eurem Dünkel!

Ja in der Sache des Cälius hatte sogar auf den Gang der Verhandlung jener Vers einen sehr großen Einfluß, den du, Antonius, als jener, der einen schwelgerischen Sohn hatte, als Zeuge aussagte, das Geld sei von ihm hergegeben, ihm beim Weggehen nachriefst:

Merkst du's nicht? Den Alten wurmen die dreißig Minen.

258. In diese Art wirft man auch die Sprüchwörter, wie zum Beispiel Scipio, als Asellus sich rühmte auf seinen Feldzügen alle Provinzen durchzogen zu haben, das Sprüchwort anführte: „Du magst ein Eselein treiben u. s. w." Auch von diesen, weil sie bei Veränderung der Worte nicht in gleichem Grade anziehend bleiben, dürfte man die Ansicht haben, daß sie nicht auf der Sache, sondern auf den Worten beruhen.

259. Es besteht auch noch eine andere nicht abgeschmackte Art des Witzes, die im Worte liegt; ich meine diejenige, welche daraus entspringt, daß man eine Aeußerung wörtlich und nicht nach ihrem Gedanken aufzufassen scheint. In dieser einen Art besteht der ganze Vormund, ein altes gewaltig lustiges Mimenspiel. Doch ich wende mich ab von den Mimenspielen; ich wünsche nur, daß das Wesen dieses Lächerlichen durch ein auffallendes und bekanntes Beispiel kenntlich gemacht werde. Dahin gehört die Antwort, die du, Crassus, neulich Jemandem ertheiltest, der dich gefragt hatte, ob er dir lästig fallen würde, wenn er ganz früh vor Tagesanbruch zu dir käme. „O nein," sagtest du, „du wirst mir nicht lästig

sein.“ – „Willst du dich also wecken lassen?“ fuhr jener fort. Und du hierauf: „Ich hatte ja gesagt, du würdest mir nicht lästig sein.“

260. Hierher gehört gleichfalls jene alte Erzählung von jenem Marcus Scipio Maluginensis. Als dieser nämlich nach der Abstimmung seiner Centurie die Wahl des Acidinus zum Consul verkünden sollte, und der Ausrufer ihn hierzu mit den Worten aufgefordert hatte: „Erkläre dich über Lucius Manlius!“ so sagte er: „Ich erkläre, daß er ein guter Mann und vortrefflicher Bürger ist.“ – Witzig ist auch jene Antwort, die Lucius (Porcius) Nasica dem Censor Cato auf die Frage: „Nach deines Herzens Meinung hast du eine Frau?“ ertheilte: „Nein wahrlich, nicht nach meines Herzens Meinung.“ – Solche Reden sind frostig und nur dann witzig, wenn man etwas Anderes erwartete. Denn wie ich zuvor bemerkte, es liegt in unserer Natur, daß wir in unserem eigenen Irrtume etwas Ergötzliches finden, und wir müssen lachen, wenn wir uns in unserer Erwartung gleichsam hintergangen sehen.

LXV. 261. Zu der Art des Lächerlichen, die auf Worten beruht, gehört auch das, was aus sinnbildlicher Darstellung oder aus dem bildlichen Gebrauche eines Wortes oder aus der versteckten Spottrede abgeleitet wird. Von der sinnbildlichen Darstellung folgendes Beispiel: Als einst Rusca sein Gesetz über die Jahresbestimmung in Vorschlag brachte, so sagte Marcus Servilius, der dasselbe widerrieth, zu ihm: „Sage mir, Marcus Pinarius: Wirst du wol, wenn ich gegen dich spreche, mich ebenso lästern, wie du es gegen Andere gethan hast?“ – Hierauf versetzte dieser: „Wie die Saat, so die Ernte.“

262. Von dem bildlichen Gebrauche eines Wortes will ich als Beispiel die Antwort Scipio's, des Aelteren, anführen, die er den Korinthiern ertheilte, als sie ihm eine Bildsäule an dem Orte, wo auch die Bildsäulen von anderen Feldherren standen, versprachen, indem er sagte: „Ich frage Nichts darnach im Geschwader zu stehen.“ Von der versteckten Spottrede hat uns Crassus ein Beispiel gegeben. Als er nämlich vor dem Richter Marcus Perperna den Aculeo vertheidigte, so trat gegen den Aculeo zu Gunsten des Gratidianus Lucius Aelius Lamia auf, ein

mißgestalteter Mann, wie ihr wißt. Da dieser ihm auf widerwärtige Weise in die Rede fiel, so sagte er: „Nun laßt uns den hübschen Knaben hören!" Es erhob sich ein Gelächter. Da erwiderte Lamia: „Die Gestalt konnte ich mir selbst nicht bilden, wohl aber den Geist." Hierauf Crassus: „Nun so laßt uns den großen Redner hören!" Jetzt erhob sich ein noch heftigeres Gelächter. Solche Aeußerungen haben einen gewissen Reiz sowol in ernsten Gedanken als im Scherze. Denn so eben bemerkte ich, daß Scherz und Ernst zwar ein verschiedenes Verhältnis haben, daß aber dem Ernsthaften und dem Scherzhaften ein und derselbe Stoff zu Grunde liege.

263. Einen besonders schönen Schmuck verleihen der Rede sodann die Gegensätze, in denen die Worte auf einander bezogen werden; in ihnen liegt zugleich auch oft etwas Witziges. Als zum Beispiel der bekannte Servius Galba dem Volkstribunen Lucius Scribonius seine vertrauten Freunde zu Richtern vorschlug, und Libo hierauf sagte: „Wann wirst du doch einmal, Glaucia, dein Speisezimmer verlassen?" so entgegnete dieser: „Sobald du das fremde Schlafgemach verlassen wirst." – Hiervon unterscheidet sich auch nicht sehr die Antwort, die Glaucia dem Metellus ertheilte: „Ein Landgut hast du bei Tibur, einen Viehhof auf dem Palatium."

LXVI. 264. Die auf den *Worten* beruhenden Arten des Lächerlichen glaube ich nun angeführt zu haben; diejenigen aber, welche auf den *Sachen* beruhen, sind noch zahlreicher und werden, wie ich zuvor bemerkte, mehr belacht. Denn man muß hier nicht allein die wahrscheinlichen Umstände ausdrücken und vor Augen stellen, worauf das Wesen der Erzählung beruht, sondern auch diejenigen, welche für den Gegner etwas Entstellendes in sich schließen, worauf das Wesen des Lächerlichen beruht. Hiervon mag, um kurz zu sein, immerhin als Beispiel jene oben erwähnte Erzählung des Crassus von Memmius gelten. Und zu dieser Art können wir auch die Fabelerzählungen rechnen.

265. Auch aus der Geschichte wird zuweilen ein Umstand herbeigezogen. Als zum Beispiel Sextus Titius, so entgegnete Antonius: „Ich könnte auch Manche nennen, die bei dir den Ajax Oileus spielten. Auch von der

Aehnlichkeit läßt sich Lächerliches herleiten, wenn sie entweder eine Vergleichung oder gleichsam ein Bild darbietet. Als Beispiele der Vergleichung führe ich Folgendes an: Einst erklärte Gallus als Zeuge gegen Piso, dieser habe seinem Präfekten Magius eine überaus große Summe Geldes gegeben, Scaurus dagegen suchte dieß durch die Armut des Magius zu widerlegen. „Du irrst dich, Scaurus," erwiderte Gallus. „Ich behaupte ja nicht, Magius habe das Geld aufbewahrt, sondern, wie ein Nackter, der Nüsse aufliest, im Bauche weggeschleppt". – So sagte der alte Marcus Cicero, der Vater unseres vortrefflichen Freundes: „Unsere Landsleute sind den Sklaven aus Syrien ähnlich: je besser Einer Griechisch versteht, um so nichtswürdiger ist er."

266. Recht sehr werden aber auch Bilder belacht, die man gemeiniglich in eine Mißgestalt oder ein körperliches Gebrechen verdreht, indem man sie mit einem häßlicheren Gegenstande vergleicht. So verfuhr ich gegen Helvius Mancia. „Ich werde sogleich zeigen, was du für ein Mensch bist," sagte ich. Als er nun erwiderte: „Nun, so zeige es, ich bitte dich," so wies ich mit dem Finger auf das Bild eines Galliers, der auf dem Cimbrischen Schilde des Marius unter den Neuen Buden mit verzerrtem Gesichte, ausgestreckter Zunge und hängenden Backen gemalt war. Es erhob sich ein Gelächter; Nichts schien dem Mancia ähnlicher. So sagte ich ferner zu Titus Pinarius, der das Kinn beim Reden schief zu ziehen pflegte: „Knacke nur erst die Nuß auf; dann rede, was du willst."

267. Hierher gehört noch der Fall, wenn man zur Verkleinerung oder Vergrößerung eines Gegenstandes denselben so wunderbar darstellt, daß er allen Glauben übersteigt, wie du zum Beispiel, Crassus, in einer Volksversammlung sagtest, Memmius dünke sich so groß, daß er sich jedesmal, wenn er sich auf das Forum begebe, bei dem Triumphbogen des Fabius mit dem Kopfe bücke. Auch die Aeußerung gehört hierher, die Scipio bei Numantia in einem Zanke mit Gajus Metellus gegen diesen gethan haben soll, indem er sagte, wenn seine Mutter zum fünften Male niederkäme, so würde sie mit einem Esel niederkommen.

268. Sinnreich ist auch die Andeutung, wenn man durch einen kleinen Umstand und oft durch ein Wort einen dunkeln und versteckten Gegenstand aufhellt. Als zum Beispiel Publius Cornelius, der für einen habgierigen und raubsüchtigen Menschen, aber für einen ausgezeichnet tapferen und tüchtigen Feldherrn galt, dem Gajus Fabricius Dank sagte, daß er, obgleich sein Feind, ihn zum Consul erwählt habe, zumal bei einem so wichtigen und schweren Kriege: so erwiderte dieser: „Du hast keinen Grund mir zu danken, wenn ich lieber geplündert als verkauft werden wollte." Aehnlich war die Aeußerung, die Africanus gegen den Asellus, der ihm jenes unglückliche Sühnopfer vorwarf, that, indem er sagte; „Wundere dich nicht; denn der, welcher dich aus der Klasse der Aerarier wieder heraussetzte, hat das Sühnopfer verrichtet und den Stier geopfert." In diesen Worten liegt der stillschweigende Verdacht, als habe Mummius den Staat mit einer Sündenschuld belastet, weil er den Asellus von seiner Beschimpfung befreit habe.

LXVII. 269. Feiner Witz liegt auch in der Verstellung, wenn man Anderes sagt, als denkt, nicht aber in der Weise, von der ich oben redete, wenn man das Gegentheil sagt, wie Crassus von Lamia, sondern wenn man nach dem ganzen Wesen der Rede in ernstem Tone scherzt, indem man anders denkt als redet. Zum Beispiel unser Scävola gab dem berüchtigten Septumulejus aus Anagnia, dem für das Haupt des Gajus Gracchus Geld ausgezahlt worden war, als er ihn bat, er möchte ihn als Präfekten nach Asien mitnehmen, zur Antwort: „Was fällt dir ein, Unkluger? Die Menge schlechter Bürger ist so groß, daß ich dir versichern kann, wenn du zu Rom bleibst, wirst du in wenigen Jahren zu großem Reichtume gelangen."

270. In dieser Art des Witzes zeichnete sich unser Africanus Aemilianus, wie Fannius in seinen Jahrbüchern berichtet, der ihn mit einem Griechischen Worte εἴρων nennt; aber nach dem, was Männer, die in diesen Dingen eine bessere Kenntniß haben, behaupten, glaube ich, daß Sokrates in dieser Ironie und Verstellung an Laune und Feinheit Alle bei Weitem überragt hat. Die Ironie ist sehr geschmackvoll, verbindet Witz

mit Würde und eignet sich ebenso gut für rednerische Vorträge wie für den feinen Unterhaltungston.

271. Und fürwahr alle diese Arten des Witzigen, die ich besprochen habe, sind eine Würze in gleichem Grade für die gerichtlichen Verhandlungen wie für alle Unterhaltungen. Denn sowie was bei Cato, der viele Sinnsprüche erwähnt hat, von denen ich mehrere als Beispiele anführe, geschrieben steht, mir sehr treffend gesagt zu sein scheint, Gajus Publicius habe zu sagen gepflegt, Publius Mummius sei ein Mann für jede Zeit: so verhält sich auch wirklich hier die Sache: es gibt keine Zeit im Leben, in der sich nicht der Gebrauch heiterer Laune und feinen Witzes gezieme. Doch ich kehre zu dem Uebrigen zurück.

272. Verwandt mit dieser Verstellung ist die Benennung einer fehlerhaften Sache mit einem beschönigenden Ausdrucke. Als zum Beispiel Africanus als Censor einen Centurio, der der Schlacht des Paullus nicht beigewohnt hatte, aus seiner Zunft stieß, dieser aber sich damit entschuldigte, daß er zur Bewachung des Lagers zurückgeblieben sei, und ihn nach dem Grunde seiner Beschimpfung fragte, so entgegnete er: „Ich liebe nicht die allzu Bedächtigen."

273. Geistreich ist es auch, wenn man aus der Rede eines Anderen Etwas anders auffaßt, als jener es aufgefaßt wissen will, wie mit dem Salinator verfuhr. Livius hatte nämlich nach dem Verluste von Tarentum doch die Burg behauptet und von ihr herab viele rühmliche Treffen geliefert. Als nun einige Jahre darauf Maximus diese Stadt wieder einnahm, bat ihn Salinator, er möchte sich erinnern, daß er durch seine Bemühung Tarentum wieder genommen habe. Da erwiderte Maximus: „Wie sollte ich mich dessen nicht erinnern? Denn nimmermehr würde ich es wieder genommen haben, wenn du es nicht verloren hättest."

274. Es gibt auch Aeußerungen, die etwas ungereimt sind, aber gerade deßhalb oft Lachen erregen, und nicht blos für die niedrige Komik wohl geeignet sind, sondern auch einigermaßen für uns.

Der dumme Mensch,
Kaum hat er gut zu leben, sieh! da stirbt er schon.

Und: Was stellt das Weib da bei dir vor? – Sie ist ja meine Frau. – Bei Gott! dein Ebenbild.

Und: So lang er noch am Wasser lebte, starb er nie.

LXVIII. 275. Diese Art des Scherzes ist geringfügig und, wie gesagt, der niedrigen Komik eigentümlich, aber zuweilen tritt auch bei uns der Fall ein, daß selbst ein nicht törichter Mann unter dem Scheine der Thorheit Etwas mit Witz sagt. So zum Beispiel, als Mancia gehört hatte, daß du, Antonius, als Censor wegen unrechtmäßiger Amtsbewerbung von Marcus Duronius gerichtlich belangt seiest, sagte er zu dir: „Endlich wird es dir nun einmal erlaubt sein dein eigenes Geschäft zu treiben.

Solche Aeußerungen werden sehr belacht und wahrlich Alles, was von gescheidten Menschen mit einer gewissen Verstellung, als ob sie keine Einsicht besäßen, auf etwas ungereimte und doch witzige Weise gesagt wird. Hierher gehört auch der Fall, daß man Etwas nicht zu verstehen scheint, was man doch versteht, wie Pontidius auf die Frage: „Wofür hältst du den, der im Ehebruche ertappt wird?“ erwiderte: „Für einen Langsamen,“ und wie ich dem Metellus, der bei einer Aushebung meine Entschuldigung mit Augenschwäche nicht annehmen wollte und mich gefragt hatte: „Du siehst also Nichts?“ zur Antwort gab: „O ja, von dem Esquilinischen Thore aus sehe ich dein Landhaus.

276. So die Äußerung des Nasica: Als dieser zum Dichter Ennius kam und an der Hausthür nach ihm fragte, sagte ihm die Magd, er sei nicht zu Hause. Nasica merkte, daß sie dieß auf Geheiß ihres Herren gesagt habe, und daß dieser zu Hause sei. Einige Tage darauf kam Ennius zum Nasica und fragte an der Hausthür nach ihm. Da rief Nasica mit lauter Stimme, er sei nicht zu Hause. Hierauf Ennius: „Wie? Vernehme ich nicht deine Stimme?“ Worauf Nasica entgegnete: „Du bist ein unverschämter Mensch. Als ich nach dir fragte, glaubte ich deiner Magd, daß du nicht zu Hause seiest, und du willst mir selbst nicht glauben?“

277. Recht hübsch ist auch die Art des Witzes, durch die man den Spott des Anderen auf ihn selbst zurückfallen läßt. Als zum Beispiel der Consular Quintus Opimius, der in seiner Jugend in üblem Rufe gestanden

hatte, zu einem feinen Herrchen, Namens Egilius, der sehr verweichlicht zu sein schien, ohne es in Wirklichkeit zu sein, sagte: „Nun, meine Egilia? Wann willst du mich mit deinem Spinnrocken und deiner Wolle besuchen?“ so entgegnete dieser: „Nein wahrlich, das wage ich nicht. Meine Mutter hat mir verboten anrüchige Dirnen zu besuchen.“

LXIX. 278. Witzig sind auch solche Aeußerungen, in welchen das Lächerliche so versteckt liegt, daß man es nur erraten kann. Hierher gehört die Antwort, die ein Sicilier einem Freunde gab, der ihm unter Wehklagen erzählte, seine Frau habe sich an einem Feigenbaume aufgehängt. „Ei,“ sagte er, „ich werde dir sehr verbunden sein, wenn du mir von diesem Baume einige Propfreiser zum Verpflanzen gibst.“ Eben dahin gehört auch, was Catulus zu einem schlechten Redner sagte. Dieser meinte nämlich am Schlusse seiner Rede Mitleiden erregt zu haben, und sobald er sich niedergesetzt hatte, fragte er ihn, ob er glaube, daß er Mitleiden eingeflößt habe. „Ja gewiß,“ erwiderte Catulus, „und zwar recht großes. Denn Niemand, glaub' ich, ist so hartherzig, daß ihm deine Rede nicht hätte Mitleid einflößen sollen.“

279. Auf mich wenigstens macht in der That auch *das* Lächerliche einen großen Eindruck, das in Unwillen und etwas mürrisch vorgetragen wird, jedoch nicht, wenn es von einem mürrischen Menschen ausgeht; denn alsdann wird nicht der Witz, sondern der Charakter belacht. Von dieser Art ist meines Bedünkens jene Stelle bei Novius sehr witzig:

Sohn. Warum mein Vater, weinest du?

Vater. Ich soll wol singen, nachdem ich verurtheilt bin?

Zu dieser Art des Lächerlichen bildet diejenige gleichsam einen Gegensatz, welche in der Aeußerung eines Geduldigen und Gleichgültigen besteht, wie zum Beispiel Cato, als er von einem Menschen, der eine Kiste trug, gestoßen worden war, und dieser ihm alsdann zurief: „Vorgesehen!“ ihn fragte, ob er außer der Kiste noch etwas Anderes trage.

280. Auch der Tadel der Dummheit kann mit Witz verbunden sein. Ein Beispiel hiervon gibt uns jener Sicilier, dem der Prätor Scipio zum Anwalte in seiner Rechtsstreitigkeit seinen Gastfreund, einen vornehmen, aber sehr dummen Mann, gab. „Ich bitte dich, Prätor, sagte er, gib meinem Gegner diesen Anwalt; dann brauchst du mir keinen zu geben." Wirksam ist auch, wenn man Etwas durch Muthmaßung ganz anders, als es gemeint ist, erklärt, aber geistreich und treffend. Zum Beispiel: Scaurus klagte den Rutilius, obwol er selbst das Consulat erlangt hatte, dieser hingegen zurückgesetzt worden war, wegen unrechtmäßiger Amtsbewerbung an und zeigte in dessen Rechnungsbüchern die Buchstaben vor, die er so deutete: „aufgewandt auf Kredit des Publius Rutilius," Rutilius hingegen so: „erst ausgegeben, dann eingetragen." Da rief Gajus Canius, ein Römischer Ritter, der den Rutilius vertheidigte, mit lauter Stimme aus, weder das Eine noch das Andere werde durch jene Buchstaben bezeichnet. „Was also?" fragte Scaurus d. h. „Aemilius ist der Schuldige, Rutilius der Büßende."

LXX. 281. Belacht wird auch die Zusammenstellung von Dingen, die mit einander in Widerspruch stehen, wie: „Was fehlt diesem als Geld und Verdienst?" Recht hübsch ist auch die freundschaftliche Zurechtweisung eines Menschen, als ob er sich irre. Auf diese Weise machte Granius dem Albius einen Vorwurf, daß er, obwol aus seinen Rechnungsbüchern von Albucius ein Umstand bewiesen schien, sich dennoch über die Lossprechung des Scävola sehr freute und nicht begriff, daß der Urtheilsspruch gegen seine Rechnungsbücher gefällt sei.

282. Dem ähnlich ist auch die freundschaftliche Erinnerung bei Ertheilung eines Rathes. So gab Granius einem schlechten Anwalte, der sich beim Reden heiser geschrien hatte, den Rath kalten Meth zu trinken, sobald er nach Hause zurückgekehrt sei. „Ich werde, sagte jener, meine Stimme verlieren, wenn ich das thue." – „Besser, erwiderte Granius, als deine Rechtshändel."

283. Hübsch ist es auch, wenn eine Aeußerung gethan wird, welche Jemandes Charakter trifft. Zum Beispiel: Scaurus hatte sich dadurch, daß

er die Güter des Phrygio Pompejus, eines wohlhabenden Mannes, ohne Testament in Besitz genommen hatte, nicht wenig verhaßt gemacht. Da er nun als Beistand des angeklagten Bestia mit im Gerichte saß, und eben ein Leichenzug vorbeiging; so sagte der Ankläger Gajus Memmius: „Siehe, Scaurus, da wird ein Todter fortgeführt; vielleicht kannst du dich in den Besitz seiner Güter setzen."

284. Aber unter allen diesen witzigen Einfällen wird Nichts mehr belacht als das Unerwartete, wovon es unzählige Beispiele gibt, wie das von dem älteren Appius. Als im Senate über die öffentlichen Aecker und das Thorische Gesetz verhandelt, und Lucilius von denjenigen hart bedrängt wurde, welche sagten, daß von seinem Viehe die öffentlichen Aecker abgeweidet würden: so sagte Appius: „Das ist nicht des Lucilius Vieh; ihr irrt euch;" – er schien den Lucilius zu vertheidigen; – „ich glaube, es ist herrenloses Vieh; es weidet, wo es Lust hat."

285. Auch gefällt mir die Aeußerung jenes Scipio, der den Tiberius Gracchus erschlug. Als ihm Marcus Flaccus unter vielen Lästerungen den Publius Mucius zum Richter vorschlug, sagte er: „Diesen lehne ich feierlich ab; er ist übel gesinnt." Als sich hierüber ein Gemurmel erhob, fuhr er fort: „Ach, versammelte Väter, ich lehne ihn ab, nicht weil er gegen mich übel gesinnt ist, sondern weil er es gegen Alle ist." Das Witzigste aber, das ich von unserem Crassus gehört habe, ist Folgendes: Silus hatte als Zeuge den Piso durch die Behauptung, er habe Nachtheiliges über ihn reden hören, beleidigt. Da sagte Crassus: „Es ist möglich, Silus, daß der, von dem du es gehört zu haben behauptest, es im Zorne gesagt hat." Silus stimmte zunickend bei. – „Möglich auch, daß du es nicht recht verstanden hast." – Auch dazu nickte er mit dem ganzen Kopfe, um sich dem Crassus gefällig zu beweisen. – „Möglich auch, fuhr dieser fort, daß du das, was du gehört zu haben behauptest, überhaupt nie gehört hast." Dieß kam so unerwartet, daß ein allgemeines Gelächter den Zeugen ganz außer Fassung brachte. An Witzen dieser Art ist Novius reich, und bekannt von ihm ist der Scherz: „Weiser, wenn du frierst, so – zitterst du." und vieles Andere.

LXXI. 286. Oft können wir auch unserem Gegner gerade das einräumen, was er uns abspricht, So zum Beispiel that Gajus Lälius. Als diesem ein Mensch von schlechter Herkunft sagte, er sei seiner Ahnen unwürdig, so versetzte er: „Du hingegen bist der deinigen würdig.“ Oft liegt auch das Lächerliche in einer geistreichen Aeußerung, die wie ein Sinnspruch lautet. So Marius Cincius. Als an dem Tage, an dem er sein Gesetz über die Gaben und Geschenke vorschlug, Gajus Cento auftrat und ihn in ziemlich ehrenrühriger Weise fragte: „Was schlägst du vor, kleiner Cincius?“ so erwiderte er: „Daß du kaufest, mein Gajus, wenn du Etwas haben willst.“

287. Oft liegt auch das Witzige in dem Wunsche von etwas Unmöglichem. So sagte Marcus Lepidus, als er sich, während die Anderen sich auf dem Marsfelde übten, in's Gras gelegt hatte: „Ich wünschte, dieß hieße arbeiten.“ Witzig ist es auch, wenn man Fragenden und gewissermaßen Ausforschenden in gleichem Tone eine Antwort erteilt, die sie nicht wünschen. So der Censor Lepidus. Als er dem Markus Antistius aus PyrgiStadt in Etrurien.sein Pferd genommen hatte, so beklagten sich die Freunde desselben laut darüber und fragten ihn, was jener seinem Vater antworten sollte, wenn er ihn nach dem Grunde fragte, warum ihm das Pferd genommen sei, da er doch ein so guter, sparsamer, mäßiger und ordnungsliebender Landwirt sei. „Er mag ihm sagen, erwiderte jener, daß ich von alledem Nichts glaube.“

288. Die Griechen haben noch einige andere Arten gesammelt, als Verwünschungen, Verwunderungen, Drohungen. Doch ich glaube schon das Erwähnte in zu viele Klassen zerlegt zu haben. Denn das Witzige, das auf der Beschaffenheit und der Bedeutung eines Wortes beruht, läßt sich wol auf gewisse und bestimmte Arten zurückführen, die gemeiniglich, wie ich zuvor bemerkte, mehr gelobt als belacht zu werden pflegen.

289. Von dem hingegen, das in der Sache und in dem Gedanken selbst liegt, gibt es zwar unzählige Arten, doch nur wenige Gattungen. Denn dadurch, daß man die Erwartungen täuscht, die Charaktere Anderer verspottet, seinen eigenen von einer lächerlichen Seite zeigt, Häßliches

mit noch Häßlicherem vergleicht, Verstellung anwendet, etwas ungereimte Aeußerungen thut, Torheiten rügt, erregt man Lachen. Daher muß derjenige, welcher sich des Scherzes im Reden bedienen will, sich gleichsam eine solche Gemüthsart und ein solches Sittengepräge aneignen, welches für die Arten des Witzes geeignet ist, so daß selbst die Mienen sich jeder Art des Lächerlichen anbequemen, und je strenger und ernster dieselben sind, wie bei dir, Crassus, um so witziger pflegen die Aeußerungen zu erscheinen.

290. Doch jetzt, lieber Antonius, gebe ich dir, der du erklärt hast, du wollest in meinem Vortrage, wie in einem Gasthause, gern Erholung finden, den Rath, du mögest, als ob du in den Pomptinischen Sümpfen, einer weder anmuthigen noch gesunden Gegend, eingekehrt wärest, der Ansicht sein lang genug ausgeruht zu haben und dich aufmachen, um den noch übrigen Weg zurückzulegen. – Ja, erwiderte er, du hast mich aufgenommen, und zwar freundlich aufgenommen, und ich bin durch dich nicht allein gelehrter geworden, sondern habe auch an Muth zum Scherzen gewonnen. Denn ich bin nicht mehr besorgt, daß man mich in dieser Rücksicht für leichtfertig halte, da du mir ja Männer, wie Fabricius, Africanus, Maximus, Cato, Lepidus, als Vorgänger angeführt hast.

291. Doch ihr habt nun das vernommen, was ihr von mir zu hören wünschtet, wenigstens was einen sorgfältigeren Vortrag und Nachdenken erheischte. Denn das Andere ist leichter, und aus dem, was ich gesagt habe, ergibt sich alles Uebrige.

LXXII. Wenn ich nun eine Rechtssache übernommen und Alles so viel als möglich durchdacht und die Beweisgründe der Sache und die Mittel, durch welche die Gemüther der Richter gewonnen, sowie diejenigen, durch welche sie erschüttert werden, überschaut und erkannt habe: dann setze ich fest, was für gute und was für schlimme Seiten die Sache habe. Denn fast keine Sache kann Gegenstand der Erörterung oder des Streites werden, die nicht Beides in sich schlösse; es kommt nur darauf an, wie viel sie davon in sich schließe.

292. Mein Verfahren aber beim Reden pflegt darin zu bestehen, daß ich die guten Seiten, welche die Sache hat, umfasse, ausschmücke und erhebe, hier verweile, hier wohne, hier mich festsetze, von den schlimmen und fehlerhaften Seiten der Sache hingegen mich zurückziehe, nicht jedoch so, daß meine Flucht in die Augen fällt, sondern daß dadurch, daß ich das Gute verschönere und vergrößere, das Schlimmere gänzlich verdeckt und in Schatten gestellt wird. Und wenn die Rechtssache auf Beweisgründen beruht, so fasse ich immer die festesten am Meisten in's Auge, mögen es mehrere oder auch nur ein einziger sein; beruht sie aber auf Gewinnung oder Erschütterung der Gemüther, so wende ich mich nach *der* Seite vorzüglich, welche am Meisten geeignet ist die Gemüther der Menschen in Bewegung zu setzen.

293. Kurz, mein ganzes Verfahren hierin läuft darauf hinaus, daß ich, wenn meine Rede in der Widerlegung des Gegners festeren Fuß fassen kann als in der Erhärtung unserer Beweise, alle Geschosse gegen ihn richte; lassen sich aber meine Ansichten leichter erweisen als die des Gegners widerlegen, so versuche ich die Gemüther von der Vertheidigung des Gegners abzuleiten und auf meine eigene hinüberzuleiten.

294. Zwei Maßregeln endlich, die sehr leicht sind, halte ich mich berechtigt, weil ich Schwierigeren nicht gewachsen bin, für mich in Anspruch zu nehmen. Die eine von ihnen besteht darin, daß ich auf einen lästigen und schwierigen Beweisgrund oder Beweisstelle zuweilen gar nicht antworte. Dies mag vielleicht Mancher verlachen; denn wer sollte das nicht thun können? Doch ich rede jetzt von meiner und nicht von Anderer Fähigkeit, und ich gestehe, daß, wenn ein Umstand mich hart bedrängt, ich zwar zu weichen pflege, aber so, daß es den Schein hat, als ob ich, ohne den Schild wegzuwerfen, ja ohne ihn auf den Rücken zu werfen, die Flucht ergriffe; vielmehr nehme ich im Reden ein gewisses Ansehen und Gepränge an und mache meinen Rückzug einem Kampfe gleich und setze mich hinter meiner Verschanzung so fest, daß ich nicht um den Feind zu fliehen, sondern um eine bessere Stellung einzunehmen zurückgewichen zu sein scheine.

295. Die andere Maßregel, bei der jedoch nach meiner Ansicht der Redner die größte Behutsamkeit und Vorsicht anwenden muß, und die mich mit der höchsten Besorgniß zu erfüllen pflegt, ist folgende: Mein Bestreben ist gewöhnlich nicht sowol darauf gerichtet, daß ich meinen Rechtsklagen nütze, als vielmehr darauf, daß ich ihnen keinen Nachtheil zufüge. Dieß ist jedoch nicht so gemeint, als ob der Redner nicht auf beide Zwecke hinarbeiten müsse; aber es ist doch für den Redner weit schimpflicher, wenn er seiner Sache geschadet, als wenn er ihr nicht genützt zu haben scheint.

LXXIII. Doch was flüstert ihr da unter einander, Catulus? Achtet ihr dieß etwa für gering, wie es auch wirklich ist? – Keineswegs, erwiderte dieser; aber Cäsar schien über den eben angeregten Gegenstand eine Bemerkung hinzufügen zu wollen. – Das wird mir in der That sehr erwünscht sein, sei es nun, daß er mich widerlegen, oder daß er mich fragen will.

296. Hierauf sagte Julius: Fürwahr, mein Antonius, ich habe von dir von jeher die Absicht gehabt und mich so ausgesprochen, du seiest ein ganz vorzüglich bedächtiger Redner, und dir gebühre das eigentümliche Lob nie Etwas gesagt zu haben, was dem, für den du redetest, hätte schaden können. Und es ist mir noch erinnerlich, als ich einst das Gespräch mit unserem Crassus hier vor vielen Anwesenden auf dich brachte, und Crassus deine Beredsamkeit ausführlich lobte, daß ich damals die Behauptung aufstellte, neben deinen sonstigen lobenswerthen Eigenschaften sei die die größte, daß du nicht allein sagtest, was nöthig wäre, sondern auch nicht sagtest, was nicht nöthig wäre.

297. Hierauf entgegnete mir jener, wie ich mich erinnere, alle übrigen Eigenschaften, die du besäßest, seien höchst lobenswerth; das aber zeuge von einem bösen und treulosen Menschen, wenn man Etwas sage, was der Sache fremd sei und dem schade, für den man rede. Daher halte er den, der dieß nicht thue, nicht für einen beredten, wohl aber den, der es thue, für einen schlechten Menschen. Darum wünsche ich, daß du uns jetzt, Antonius, wenn es dir beliebt, zeigest, warum du darauf, daß man seiner

Sache keinen Schaden zufüge, einen so großen Werth legst, daß dir beim Redner Nichts wichtiger zu sein scheint.

LXXIV. 298. Ich will, lieber Cäsar, sagte er, meine Ansicht hierüber aussprechen; nur mußt du und ihr alle nicht vergessen, daß ich nicht von der Erhabenheit eines vollendeten Redners spreche, sondern von der Mittelmäßigkeit meiner eigenen Uebung und Gewohnheit. Crassus Antwort zeugt von einem hervorragenden und unvergleichlichen Geiste; denn ihm dünkt es ganz unnatürlich, daß sich ein Redner finden lassen könne, der durch seine Rede dem, dessen Vertheidigung er übernommen hat, Nachtheil und Schaden zufüge.

299. Er macht nämlich von sich einen Schluß auf Andere. Denn er besitzt eine so aufnehmende Geisteskraft, daß er meint, Niemand könne anders als vorsätzlich Etwas sagen, was ihm selbst nachtheilig sei. Doch ich redete nicht von Deinem ausgezeichneten und außerordentlichen Verstande, sondern von einem fast gewöhnlichen und alltäglichen. So erzählt man von dem Griechen Themistokles aus Athen, der bekanntlich eine unglaublich große Klugheit und Geisteskraft besaß, es sei einst ein gelehrter und hochgebildeter MannSimonides.zu ihm gekommen und habe sich erboten ihm die Gedächtnißkunst, eine damals eben erst gemachte Erfindung, zu lehren. Als Themistokles ihn nun fragte, was jene Kunst leisten könne, sagte dieser Lehrmeister, daß man Alles im Gedächtnisse behalten könne; hierauf erwiderte Themistokles, er würde ihm einen größeren Gefallen thun, wenn er ihm die Kunst lehrte Alles, was er wolle, zu vergessen als im Gedächtnisse zu bewahren.

300. Siehst du, welche Kraft eines durchdringenden Verstandes, welch mächtiger und großer Geist in diesem Manne wohnte? Aus seiner Antwort können wir ersehen, daß nie Etwas aus seiner Seele, was einmal hineingeflossen war, wieder herausfließen konnte, da es ihm ja erwünschter war vergessen zu können, was er nicht im Gedächtnisse behalten wollte, als zu behalten, was er einmal gehört oder gesehen hatte. Aber so wenig man wegen dieser Antwort des Themistokles der Uebung des Gedächtnisses seine Mühe entziehen darf, ebenso wenig darf die von

mir angerathene Vorsicht und ängstliche Behutsamkeit bei den gerichtlichen Verhandlungen wegen der ausgezeichneten Klugheit des Crassus vernachlässigt werden. Denn beide geben mir Nichts von ihrer Fähigkeit ab, sondern lassen mich bloß die ihrige erkennen.

301. Denn man muß bei den Rechtssachen in jedem Theile der Rede sehr Vieles erwägen, damit man nicht irgendwo anstoße, irgendwo anrenne. Oft schadet ein Zeuge wenig oder gar nicht, wenn er nicht gereizt wird. Der Beklagte bittet, seine ihn unterstützenden Freunde drängen, daß ich dem Gegner zu Leibe gehe, daß ich ihn schmähe, daß ich ihm Fragen vorlege; ich rühre mich nicht, ich willfahre nicht, ich gehe auf keinen Wunsch ein. Allerdings wird mir auf diese Weise auch nicht das geringste Lob zu Theil; denn die unverständigen Menschen können leichter das tadeln, was man thöricht gesagt hat, als loben, was man weislich verschwiegen hat.

302. Wie viel Unheil wird aber hier angerichtet, wenn man einen erzürnten, einen nicht unverständigen, einen nicht leichtsinnigen Zeugen verletzt! Denn die Erbitterung gibt ihm den Willen zu schaden, seine Geisteskraft das Vermögen dazu, sein Lebenswandel den Nachdruck. Und wenn ein Crassus hierin kein Versehen macht, so thuen es darum doch Viele, und zwar oft. Aber Nichts halte ich für schimpflicher, als wenn ein Redner durch eine Aeußerung oder eine Antwort oder eine Frage den Leuten Anlaß gibt zu sagen: „Der hat ihn zu Grunde gerichtet.“ – „Seinen Gegner?“ – „O nein, heißt es dann, sondern sich und den, welchen er vertheidigte.“

LXXV. 303. Dieses, glaubt Crassus, könne nur durch Treulosigkeit geschehen; ich aber sehe, daß sehr oft Menschen, die durchaus nicht bösartig sind, in ihren Rechtssachen Unheil anrichten. Wie? Wenn, was ich oben von mir bemerkte, daß ich mich zurückzugehen und, um mich deutlicher auszudrücken, das zu fliehen pflegte, was meine Sache sehr in's Gedränge bringen kann, Andere dieß nicht thun, sondern vielmehr sich im feindlichen Lager herumtummeln und ihre eigenen Verschanzungen aufgeben: schaden sie dadurch nicht recht sehr ihrer Sache, indem sie entweder die Hülfsmittel ihrer Gegner verstärken oder Wunden, die sie nicht heilen können, noch mehr aufreißen?

304. Wie? Wenn sie auf die Personen, die sie vertheidigen, keine Rücksicht nehmen, indem sie die gehässigen Seiten derselben nicht durch Verkleinerung mildern, sondern durch Lobeserhebungen noch gehässiger machen, wie viel Nachtheil liegt doch hierin! Wie? Wenn man auf geachtete und den Richtern theuere Männer, ohne vorher seine Rede irgend wie zu verwahren, mit zu großer Bitterkeit und Schmähsucht losstürmt, wird man dadurch nicht die Richter von sich abwendig machen?

305. Wie? Wenn man Fehler oder Mängel, die sich an Einem oder mehreren Richtern finden, den Gegnern zum Vorwurfe macht und nicht einsieht, daß man die Richter angreift; ist das ein geringes Versehen? Wie? Wenn man, statt die Sache der Anderen zu vertheidigen, seine Rechtssache daraus macht oder wegen einer erlittenen Kränkung sich vom Zorne fortreißen läßt und die Hauptsache vergißt; sollte man dadurch nichts schaden? In dieser Beziehung lasse ich mir, nicht als ob ich gerne Vorwürfe hörte, sondern weil ich meine Sache nicht gerne vernachlässige, den Namen eines allzu geduldigen und unempfindlichen Menschen gefallen, wie einst, als ich dich selbst, Sulpicius, tadelte, daß du deinen Angriff wider den Zeugen und nicht wider den Gegner richtetest. Durch ein solches Verfahren erlange ich den Vortheil, daß, wenn Jemand mich schmäht, dieser für muthwillig oder ganz unklug gehalten wird.

306. Wenn man aber unter den Beweisgründen selbst Etwas aufstellt, was entweder offenbar falsch ist oder dem, was man gesagt hat oder noch sagen will, widerspricht oder seinem Wesen nach sich mit dem vor Gericht oder auf dem Forum üblichen Gebrauche nicht verträgt: sollte man dadurch nichts schaden? Kurz, meine ganze Sorge ist – ich wiederhole es nochmals – stäts darauf gerichtet, daß ich durch meine Rede wo möglich etwas Gutes, wo nicht, wenigstens nichts Nachtheiliges bewirke.

LXXVI. 307. Jetzt nun kehre ich zu dem zurück, Catulus, worin du mich kurz zuvor lobtest, nämlich zu der Anordnung und Stellung des Stoffes und der Beweisgründe. Hierbei findet eine doppelte Rücksicht statt; die eine bringt die Natur der Gegenstände mit sich, die andere wird durch die Urtheilskraft und die Einsicht des Redners gewonnen. Denn daß wir Etwas zum Eingange sagen, dann daß wir die Sache selbst auseinandersetzen, nachher dieselbe beweisen, indem wir unsere Beweismittel bekräftigen und die des Gegners widerlegen, endlich daß wir aus dem Ganzen Folgerungen ziehen und so den Redeschluß bilden, das schreibt schon die Natur der Rede vor.

308. Aber die Anordnung dessen festzusetzen, was man zum Beweise, zur Belehrung und zur Ueberzeugung sagen muß, das ist eine durchaus wesentliche Eigenschaft der Einsicht des Redners. Denn viele Beweisgründe bieten sich dar, Vieles, was in der Rede als nützlich erscheinen dürfte. Aber ein Theil hiervon ist so unbedeutend, daß er keine Beachtung verdient; ein anderer Theil ist, wenn er auch einige Hülfe verheißt, zuweilen von *der* Art, daß er etwas Fehlerhaftes in sich schließt, und das etwa darin liegende Nützliche nicht Wichtigkeit genug hat, um es mit einem Nachtheile zu verbinden.

309. Aber auch von den nützlichen und sicheren Beweismitteln muß man doch, wie ich glaube, wenn sie, wie es oft der Fall ist, in großer Anzahl vorhanden sind, die unbedeutendsten oder diejenigen, welche anderen wichtigeren ganz gleich sind, aussondern und von der Rede entfernen. Ich wenigstens pflege, wenn ich die Beweisgründe zu meinen Rechtsangelegenheiten sammele, dieselben nicht sowol zu zählen als abzuwägen.

LXXVII. 310. Und obwol wir, wie ich schon oft bemerkte, drei Mittel besitzen, durch welche wir unsere jedesmaligen Zuhörer für unsere Ansicht gewinnen, indem wir sie belehren oder uns geneigt machen oder rühren; so dürfen wir doch von diesen drei Mitteln nur eines durchblicken lassen. Es muß nämlich den Anschein haben, als ob es uns lediglich um die Belehrung zu thun sei; die beiden anderen müssen, wie das Blut im

Körper, über den ganzen Vortrag vertheilt sein. Denn der Eingang und die übrigen Theile der Rede, von denen ich bald darauf Einiges sagen werde, müssen in hohem Grade von solcher Wirkung sein, daß sie in die Gemüther der Zuhörer eindringen und sie in Rührung versetzen.

311. Aber obschon diejenigen Theile der Rede, welche zwar Nichts durch Beweisführung lehren, aber doch durch Ueberredung und Rührung sehr Viel ausrichten, ihre geeigneteste Stelle am Eingange und am Schlusse der Rede einnehmen; so ist es doch oft nützlich von dem Vorwurfe und dem eigentlichen Gegenstande der Rede abzuschweifen, um die Gemüther aufzuregen.

312. Zu solchen Abschweifungen und zu Erregung der Leidenschaften bietet sich oft Gelegenheit dar, sei es nach der Erzählung und Auseinandersetzung der Sache oder nach der Bekräftigung unserer Beweisgründe oder nach der Widerlegung der Gegengründe oder auch an beiden Stellen; ja überall kann dieß auf vortheilhafte Weise geschehen, wenn die Sache die gehörige Wichtigkeit und die gehörige Fülle des Stoffes hat; und diejenigen Rechtssachen sind für die Behandlung des Gegenstandes und die Ausschmückung der Rede die gewichtigsten und reichhaltigsten, welche die meisten Wege zu solchen Abschweifungen eröffnen, so daß man sich *der* Mittel bedienen kann, durch die man in den Gemüthern der Zuhörer heftige Belegungen entweder erregt oder beschwichtigt.

313. Und in dieser Beziehung muß ich diejenigen tadeln, welche die schwächsten Beweisgründe gerade an die Spitze stellen, sowie auch meines Trachtens die irren, welche, wenn sie bisweilen, was ich nie gebilligt habe, mehrere Sachwalter zu Hülfe nehmen, immer denjenigen zuerst reden lassen, welchen sie für den schwächsten halten. Die Sache erheischt es nämlich, daß man der Erwartung der Zuhörer möglichst schnell entgegen komme; denn hat man diese nicht gleich Anfangs befriedigt, so hat man im Fortgange der Sache mit um so größeren Schwierigkeiten zu kämpfen. Schlecht steht es um die Sache, wenn sie

nicht gleich nach dem Anfange der Rede einen besseren Anschein gewinnt.

314. Sowie nun unter den Rednern immer der beste, so muß in der Rede immer der stärkste Beweis die erste Stelle einnehmen, nur muß man jedoch in beiderlei Rücksicht die Regel beobachten, daß man Hervorragendes auch für den Schluß aufspare, das Mittelmäßige aber (denn Fehlerhaftes soll nirgends eine Stelle finden) in das Gewühl und die Menge der Mitte werfe.

315. Wenn ich nun dieses Alles erwogen habe, so pflege ich ganz zuletzt an das zu denken, was zuerst gesagt werden muß, an den Eingang der Rede, den ich anwenden will. Denn wenn ich einmal diesen zuerst aussinnen wollte, so fiel mir nur Dürftiges, Werthloses, Gewöhnliches und Alltägliches ein.

LXXVIII. Die Eingänge der Reden aber müssen mit Sorgfalt und Scharfsinn ausgearbeitet, reich an Gedanken, treffend im Ausdrucke und ganz besonders den Gegenständen der Verhandlungen angemessen sein. Denn die erste Beurtheilung und Empfehlung des Redners liegt gewissermaßen im Eingange, und diese muß den Zuhörer sofort einnehmen und anziehen.

316. In dieser Beziehung verwundere ich mich oft, freilich nicht über diejenigen, welche auf diesen Gegenstand keinen Fleiß verwenden, wohl aber über den vorzüglich beredten und gebildeten Mann, den Philippus, welcher sich so zum Reden zu erheben pflegt, daß er nicht weiß, mit welchem Worte er seine Rede anheben will, wie er denn auch selbst sagt, er pflege erst dann zu kämpfen, wenn ihm der Arm warm werde; wobei er jedoch nicht bedenkt, daß gerade diejenigen, von welchen er dieses Gleichniß entlehnt, ihre Speere anfänglich so gelassen schwingen, daß sie nicht allein auf einen schönen Anstand ganz besondere Rücksicht nehmen, sondern auch einen guten Theil ihrer Kräfte für den nachfolgenden Kampf anzusparen besorgt sind.

317. Es leidet allerdings keinen Zweifel, daß der Eingang der Rede nur selten heftig und streitsüchtig sein darf; aber wenn selbst in dem

Fechterkampfe, in dem auf Leben und Tod mit dem Eisen gestritten wird, doch vor dem Gefechte Manches geschieht, was nicht auf Verwundung des Gegners, sondern nur auf ein schönes Ansehen zu zielen scheint: um wie viel mehr muß man dieses in der Rede berücksichtigen, wo man nicht sowol eine Kraftäußerung als eine anziehende Unterhaltung verlangt! Es gibt überhaupt Nichts in der ganzen Natur, was plötzlich mit aller Wucht hervorströmte und mit ganzer Kraft sich aufschwänge. So hat die Natur selbst Alles, was geschieht, selbst die gewaltigsten Wirkungen durch gelinde Anfänge vorbereitet.

318. Die Eingänge der Reden aber dürfen nicht irgendwoher von Außen gesucht, sondern müssen aus dem Innersten der Sache entlehnt werden. Deshalb darf man erst dann, wenn man die ganze Sache nach allen Seiten geprüft und durchschaut und alle Beweismittel aufgefunden und angeordnet hat, überlegen, welcher Eingang angewendet werden müsse.

319. So läßt er sich leicht finden; denn man entlehnt ihn aus den Sachen, welche die reichhaltigsten sind, mögen sie sich nun unter den Beweisgründen befinden oder unter den Theilen, zu denen man, wie ich bemerkte, oft Abschweifungen machen muß. Auf diese Weise werden die im Eingange berührten Sachen Etwas zur Entscheidung beitragen, wenn sie aus dem Innersten der Vertheidigung geschöpft sind, und wenn es sich deutlich zeigt, daß sie nicht von ganz allgemeiner Bedeutung sind und sich nicht auf andere Fälle übertragen lassen, sondern aus dem inneren Wesen der eben behandelten Sache gleichsam hervorgewachsen sind.

LXXIX. 320. Jeder Eingang aber muß entweder eine Andeutung der ganzen zu verhandelnden Sache geben oder den Weg zur Verhandlung eröffnen und anbahnen oder der Rede Zier und Würde verleihen. Aber sowie man Häusern und Tempeln Vorhöfe und Eingänge vorsetzen muß, die in einem richtigen Verhältnisse zu dem Gebäude stehen, so den Reden Eingänge, die dem Verhältnisse der Sachen entsprechen. Daher ist es bei geringfügigen und wenig besuchten Verhandlungen oft zweckmäßiger mit der Sache selbst zu beginnen.

321. Wenn man aber einen Eingang anwenden muß, wie es gemeiniglich der Fall ist; so kann man seine Gedanken entweder von dem Angeklagten oder von dem Gegner oder von der Sache oder von denen, vor welchen die Sache verhandelt wird, herleiten. Von dem Angeklagten oder Schutzbefohlenen (Schutzbefohlene nenne ich die, deren Sache wir vertheidigen), wenn man das anführt, was geeignet ist ihn als einen braven, edelen, unglücklichen, des Mitleids würdigen Mann darzustellen und falschen Beschuldigungen entgegenzutreten; von dem Gegner, wenn man dieselben Beweisquellen für das Gegentheil benutzt;

322. von der Sache, wenn man sie als grausam, als ruchlos, als unerwartet, als unverschuldet, als jammervoll, als unangenehm, als unwürdig, als unerhört, als unersetzlich und unheilbar schildert; von denen, vor welchen die Sache verhandelt wird, wenn man ihr Wohlwollen und ihre Geneigtheit zu gewinnen sucht. Dieß wird freilich besser durch den Vortrag als durch Bitten erreicht. Denn diesem Bestreben muß sich über die ganze Rede erstrecken und besonders am Schlusse hervortreten; aber dennoch fließen viele Eingänge aus dieser Quelle.

323. Denn die Griechen lehren, daß man im Eingange den Richter aufmerksam und gelehrig machen soll. Dieß ist nützlich, gehört aber den übrigen Theilen der Rede ebenso gut an als dem Eingange; es ist jedoch im Eingange leichter, weil die Zuhörer theils dann die gespannteste Aufmerksamkeit haben, wenn sie noch Alles erwarten, theils im Anfange in höherem Grade für Belehrung empfänglich sein können. Denn was in den Eingängen gesagt wird, fällt mehr in die Augen, als was in der Mitte der Verhandlung vorkommt, sei es nun in der Beweisführung oder in der Widerlegung.

324. Den reichlichsten Stoff der Eingänge für die Gewinnung oder Aufreizung der Richter wird man aber aus den Quellen herleiten, welche die Sache selbst für Erregung der Gemüthsbewegungen bietet; jedoch darf man diese im Eingange nicht ganz erschöpfen, sondern man muß im Anfange dem Richter nur einen leisen Stoß geben, damit die nachfolgende Rede auf den schon sich neigenden losdränge.

LXXX. 325. Der Eingang muß aber mit der nachfolgenden Rede so eng verbunden sein, daß er nicht, wie das Vorspiel des Zitherspielers, als etwas bloß Angedichtetes, sondern als ein mit dem ganzen Körper zusammenhängendes Glied erscheint. Manche Redner gehen allerdings, nachdem sie einen wohldurchdachten Eingang vorgetragen haben, so zu den übrigen Teilen der Rede über, als ob ihnen an der Aufmerksamkeit der Zuhörer gar nichts läge. Auch darf dieses Vorspiel nicht dem Vorkampfe der Samnitischen Fechter gleichen, welche vor dem Kampfe Speere schwingen, die sie während des Kampfes gar nicht gebrauchen, sondern gerade mit den Gedanken, deren man sich im Vorspiele bedient hat, muß man auch kämpfen.

326. In Betreff der Erzählung aber erteilt man die Vorschrift, daß sie kurz sein müsse. Nennt man nun Kürze, wenn kein Wort überflüssig ist; so ist die Rede des Lucius Crassus kurz. Besteht die Kürze aber darin, daß man nur gerade so viel Worte gebraucht, als unumgänglich nothwendig sind; so ist dieß bisweilen zweckmäßig, aber oft ist es in der Erzählung ganz besonders nachtheilig, nicht allein, weil es Dunkelheit veranlaßt, sondern auch, weil es die vorzüglichste Eigenschaft der Erzählung, daß sie nämlich anziehend und zum Ueberreden geschickt sei, aufhebt.

327. Betrachte folgende Erzählung Seitdem er aus dem Kindesalter herausgetreten ist u. s. w. wie lang ist sie! Der Charakter des jungen Mannes selbst, das neugierige Ausfragen des Sklaven, der Tod der Chrysis, ihr Gesicht, ihre Gestalt, die Wehklage der Schwester und das Uebrige wird mit großer Mannigfaltigkeit und Anmuth erzählt. Hätte sich der Dichter einer Kürze beflissen, wie in den Worten:

Sie wird zu Grabe getragen, wir folgen, kommen zum Grabe, Ins Feuer legt man sie; so hätte er das Ganze in zehn Versen abmachen können; wiewol die Worte selbst: „Sie wird zu Grabe getragen, wir folgen“ zwar gedrängt sind, doch so, daß dabei nicht sowol auf Kürze als vielmehr auf Anmuth gesehen ist.

328. Wäre weiter Nichts gesagt worden, als „Ins Feuer legt man sie,“ so hätte man doch das Ganze leicht verstehen können. Aber die Erzählung

enthält launige Anmuth, wenn in ihr die Personen unterschieden sind und eine Abwechslung des Gesprächs stattfindet; auch schenkt man einem erzählten Ereignisse weit eher Glauben, wenn man auseinandersetzt, wie es geschehen ist, und das Verständniß ist weit leichter, wenn man zuweilen innehält und nicht mit solcher Kürze darüber hineilt.

329. Denn deutlich muß die Erzählung ebenso gut sein wie die übrigen Theile der Rede; aber in jener muß man sich um so viel mehr der Deutlichkeit befleißigen, weil es schwieriger ist in der Erzählung die Dunkelheit zu vermeiden als im Eingange oder bei der Beweisführung oder am Schlusse; dann ist auch die Dunkelheit in diesem Theile der Rede gefährlicher als in den übrigen; denn ist in einer anderen Stelle etwas zu dunkel gesagt, so geht nur das verloren, was dunkel ausgedrückt ist, eine dunkle Erzählung aber macht die ganze Rede unverständlich; auch kann man das Andere, wenn man es einmal zu dunkel gesagt hat, an einer anderen Stelle deutlicher sagen; die Erzählung hingegen hat in der Verhandlung nur eine einzige Stelle. Deutlich aber wird die Erzählung sein, wenn sie in gebräuchlichen Worten, wenn sie mit Beachtung der Zeitfolge, wenn sie ohne Unterbrechung vorgetragen wird.

LXXXI. 330. Aber wann man die Erzählung anwenden müsse, wann nicht, das muß man überlegen. Denn ist die Sache bekannt und das Geschehene nicht zweifelhaft, so darf man nicht erzählen, sowie auch nicht, wenn der Gegner schon erzählt hat, es müßte denn sein, daß wir ihn widerlegen wollten. Und wenn die Erzählung nöthig ist, so dürfen wir die Umstände, welche Verdacht und Beschuldigung veranlassen können und uns nachtheilig sind, nicht mit großer Sorgfalt aufführen, sondern wir müssen so viel als möglich davon weglassen, damit wir nicht in den Fehler verfallen, den Crassus, wenn er begangen wird, der Treulosigkeit und nicht dem Unverstande zuschreibt, nämlich daß wir unserer Sache schaden. Denn es ist für die Entscheidung der ganzen Sache von Belang, ob die Erzählung mit Vorsicht vorgetragen ist oder nicht, weil die Erzählung die Quelle der ganzen übrigen Rede ist.

331. Jetzt folgt die Feststellung der Hauptfrage, wobei man betrachten muß, was der Gegenstand des Streites sei. Hierauf muß man die Bekräftigungsmittel der Sache herbeischaffen, und zwar in der Weise, daß Beides, Widerlegung der Gegengründe und Bestätigung der eigenen Gründe, mit einander verbunden ist. Denn in den Verhandlungen gibt es für den Theil der Rede, welcher sich auf die Darlegung der Beweisführung bezieht, nur ein einziges Verfahren, und dieses besteht in Bestätigung und Widerlegung. Aber weil die Widerlegung der Gegengründe ohne die Bestätigung der eigenen Gründe nicht möglich ist, sowie auch nicht die Bestätigung dieser ohne die Widerlegung jener; so ist dieses sowol von Natur als hinsichtlich des Nutzens und der Behandlung mit einander verbunden.

332. Den Schluß der Rede endlich muß man gemeiniglich so machen, daß man durch Vergrößerung der Dinge den Richter entweder anfeuert oder besänftigt, und überhaupt muß man in demselben Alles, was sowol an den früheren Stellen als ganz besonders am Ende der Rede gesagt ist, zusammenfassen, um die Gemüther der Richter so viel als möglich zu erschüttern und für unseren Vortheil zu stimmen.

333. Und jetzt, dünkt mich, habe ich wahrlich nicht mehr nöthig besondere Vorschriften über die Ertheilung von Ratschlägen und über Lobreden zu geben; sie stimmen ja größten Theils mit den anderen überein; aber gleichwol bin ich der Ansicht, daß nur eine würdige Persönlichkeit zur Ertheilung eines Rathes für oder wider eine Sache geeignet ist. Denn nur ein weiser, rechtschaffener und beredter Mann vermag über die wichtigsten Angelegenheiten seinen Rath so darzulegen, daß er mit seinem Verstande in die Zukunft sehen, durch sein Ansehen Glauben finden und durch seinen Vortrag überzeugen kann.

LXXXII. Im Senate bedürfen solche Vorträge geringerer Zurüstungen; denn hier findet sich eine weise Versammlung, und vielen Anderen muß man Zeit zum Reden lassen. Auch muß man den Verdacht meiden, als wolle man das Licht seines Geistes leuchten lassen.

334. Die Volksversammlung hingegen gestattet die ganze Kraft der Rede und erfordert allen Nachdruck und alle Mannigfaltigkeit des Vortrages. Bei Ertheilung von Rathschlägen nun muß man vor allen Dingen die sittliche Würde der Sache in's Auge fassen; denn wer den Nutzen für das Wichtigste hält, durchschaut nicht die Hauptabsicht des Rathgebers, sondern betrachtet nur das, worauf dieser zuweilen sein Augenmerk mehr richtet. Es gibt ja wol Niemanden, zumal in einem so berühmten Staate, der nicht der Ansicht wäre, daß die sittliche Würde am Meisten zu erstreben sei; aber der Nutzen gewinnt dann gewöhnlich die Oberhand, wenn sich die Besorgniß eingeschlichen hat, daß sich nach Hintansetzung des Nutzens auch die sittliche Würde nicht behaupten lasse.

335. Der Streit der Ansichten unter den Menschen bezieht sich entweder auf die Frage, ob das Eine oder das Andere nützlicher sei, oder, wenn man darüber einig ist, streitet man, ob man auf das sittlich Gute oder auf den Nutzen mehr Rücksicht nehmen soll. Weil nun dieses oft mit einander in Widerspruch zu stehen scheint, so wird der Vertheidiger des Nutzens die Vortheile des Friedens, des Reichtums, der Staatsgefälle, der militärischen Besatzungen und aller anderen Dinge, deren Werth wir nach dem Nutzen bemessen, aufzählen, sowie auch die Nachtheile der entgegengesetzten Dinge. Wer hingegen zur sittlichen Würde auffordert, wird die Beispiele der Altvordern, die selbst unter Gefahren Ruhm erstrebten, sammeln, das unsterbliche Andenken bei der Nachwelt hervorheben und die Behauptung aufstellen, daß Nutzen aus dem Ruhme entsprieße und immer mit der sittlichen Würde verbunden sei.

336. Aber was möglich sei oder nicht, sowie auch was nothwendig sei oder nicht, muß man in beiden Fällen auf das Sorgfältigste untersuchen. Denn alle Beratung wird sofort aufgehoben, wenn man die Unmöglichkeit einer Sache einsieht, oder wenn ihre Nothwendigkeit gezeigt wird, und wer dieß darthut, während Andere es nicht sehen, der hat am Schärfsten gesehen.

337. Um Rath über Staatsangelegenheiten zu erteilen, ist die Kenntniß des Staates das Haupterforderniß; um überzeugend zu reden, die Kenntniß

der Sitten des Staates; weil diese sich häufig ändern, so muß man auch die Art des Vortrages ändern. Und obwol das Wesen der Beredsamkeit sich fast durchweg gleich bleibt, so muß man doch, wie es scheint, weil die Würde des Volkes die erhabenste, die Sache des Staates die wichtigste, die Leidenschaften der Menge die größten sind, auch eine höhere und glänzendere Redeweise anwenden, und der größte Theil der Rede muß auf Erregung der Gemüther gerichtet werden, indem man in ihnen zuweilen durch Ermahnung oder durch Erinnerung Hoffnung, Furcht, Begierde, Ruhmliebe hervorruft, oft auch sie von Unbesonnenheit, Jähzorn, Hoffnung, Ungerechtigkeit, Neid, Grausamkeit abhält.

LXXXIII. 338. Weil aber die Volksversammlung dem Redner gleichsam als die größte Bühne erscheint, so ist es ganz natürlich, daß er durch diese zu einer geschmückteren Art des Vortrages aufgefordert wird. Denn eine zahlreiche Versammlung übt einen mächtigen Einfluß aus, und sowie der Flötenspieler ohne Flöten nicht blasen kann, so kann der Redner ohne eine ihn anhörende Versammlung nicht beredt sein. Und da der Redner oft und vielfältig beim Volke verstoßen kann, so muß er zu vermeiden suchen, daß sich nicht ein Geschrei des Mißfallens gegen ihn erhebe.

339. Ein solches wird entweder durch einen Fehler der Rede hervorgerufen, wenn eine Aeußerung derselben in einem rauhen Tone, mit Anmaßung, auf unsittliche Weise, gegen allen Anstand gethan zu sein oder irgend einen Fehler des Charakters zu verrathen scheint; oder durch der Menschen Aergerniß und Haß, die entweder aus gerechten Ursachen oder aus Verleumdung und bösem Leumunde entstehen; oder wenn die Sache mißfällt; oder wenn das Volk sich wegen einer Begierde oder Furcht in leidenschaftlicher Aufregung befindet. Gegen diese vier Ursachen lassen sich ebenso viel Heilmittel anwenden: bald der Verweis, wenn der Redner in Ansehen steht, bald die Vermahnung, die gleichsam ein gelinderer Verweis ist, bald das Versprechen, daß man uns beistimmen werde, wenn man uns nur erst anhören wolle, bald die Abbitte, was das niedrigste Mittel ist, aber zuweilen nützlich.

340. Nirgends sind geistreiche Einfälle, der Blitz eines Gedankens, ein kurzes, mit Anstand und Feinheit verbundenes Witzwort von größerer Wirkung. Denn Nichts läßt sich so leicht wie die Menge durch einen treffenden, kurzen, scharfsinnigen und lustigen Einfall von einer verdrießlichen, ja oft von einer feindseligen Stimmung abbringen.

LXXXIV. Ich habe euch nun etwa, so gut ich konnte, über beide Gattungen der Reden meine Ansichten entwickelt, indem ich zeigte, welche Grundsätze ich zu befolgen, welche Fehler ich zu meiden, welche Rücksichten ich zu nehmen und welches Verfahren ich überhaupt in den gerichtlichen Verhandlungen anzuwenden pflege.

341. Auch die dritte Gattung, die Lobreden, die ich anfänglich gewissermaßen von meinen Vorschriften ausgeschlossen hatte, ist nicht schwer; aber ich wollte diesen ganzen Gegenstand ausschließen, theils weil es viele wichtigere und umfangreichere Gattungen der Rede gibt, über die jedoch nicht leicht Jemand Vorschriften ertheilt, theils weil wir Lobreden nicht eben häufig anzuwenden pflegen. Denn selbst die Griechen haben mehr zum Lesen und zum Vergnügen oder zur Verherrlichung einer Person als zum Bedürfnisse der gerichtlichen Verhandlungen Lobreden geschrieben, und sie besitzen Schriften, in denen Themistokles, Aristides, Agesilaus, Epaminondas, Philippus, Alexander und Andere gelobt werden. Unsere Lobreden hingegen, die wir auf dem Forum halten, haben entweder die nackte und schmucklose Kürze eines Zeugnisses oder werden in der Form einer Leichenrede geschrieben, die für die vorzüglichen Eigenschaften der Rede durchaus nicht geeignet ist. Gleichwol, weil wir sie doch zuweilen halten, zuweilen auch schreiben müssen, wie zum Beispiele Gajus Lälius für Publius Tubero die Lobrede auf dessen Oheim Africanus geschrieben hat, und wie wir selbst nach Art der Griechen eine Lobrede schreiben könnten, wenn wir eine Person verherrlichen wollten, möge auch dieser Gegenstand von uns behandelt sein.

342. Offenbar ist es nun, daß andere Eigenschaften in einem Menschen wünschenswerth, andere lobenswerth sind. Abkunft, Schönheit, Kräfte,

Macht, Reichtum und die übrigen Glücksgüter, welche sich entweder auf unsere äußeren Umstände oder auf unseren Körper beziehen, schließen in sich kein wahres Lob, das man der Tugend allein ertheilt. Gleichwol muß man, weil sich die Tugend selbst in dem richtigen Gebrauche dieser Dinge hauptsächlich zeigt, auch in Lobreden diese Güter der Natur und des Glückes behandeln. Hierbei ist es das größte Lob, wenn Jemand sich seiner Macht nicht überhoben hat, im Besitze von Geld nicht anmaßend gewesen ist, im Ueberflusse des Glückes sich nicht Anderen vorgezogen hat, so daß ihm Macht und Reichtum nicht zu Stolz und Willkür, sondern zu Gutthätigkeit und Mäßigung Mittel und Werkzeug geboten zu haben scheinen.

343. Die Tugend aber ist zwar schon an und für sich lobenswürdig, und ohne sie kann Nichts gelobt werden; aber dennoch schließt sie mehrere Arten in sich, von denen die eine sich mehr als die andere zu Loberhebungen eignet. Einige Tugenden nämlich beruhen auf dem Charakter der Menschen, auf einer gewissen Leutseligkeit und Wohlthätigkeit, andere auf Vorzügen des Geistes oder aus Größe und Stärke der Seele. Denn die Erwähnung der Milde, Gerechtigkeit, Güte, Treue, Tapferkeit bei gemeinsamen Gefahren hört man gerne in Lobreden.

344. Von allen diesen Tugenden hat man ja die Ansicht, daß sie nicht sowol denjenigen selbst, die sie besitzen, als vielmehr dem Menschengeschlecht gewinnreich sind. Hingegen Weisheit und Seelengröße, nach welcher alle menschlichen Dinge als geringfügig und nichtig angesehen werden, sowie auch eine erfinderische Geisteskraft und selbst die Beredsamkeit werden zwar ebenso sehr bewundert, sind aber minder angenehm; denn sie scheinen mehr denjenigen selbst, die wir loben, als denjenigen, vor denen wir loben, zur Zierde und zum Schutze zu gereichen. Indeß muß man doch auch diese Arten der Tugenden in einer Lobrede mit den anderen verbinden; denn die Ohren der Menschen lassen es sich gefallen, daß nicht allein das Liebenswürdige und Angenehme, sondern auch das Bewunderungswürdige der Tugend gelobt wird.

LXXXV. 345. Und weil nun die einzelnen Tugenden ihre bestimmten Pflichten und Obliegenheiten haben und einer jeden Tugend ihr eigentümliches Lob gebührt; so muß man zum Beispiele bei dem Lobe der Gerechtigkeit entwickeln, worin der, welcher gelobt wird, seine Treue, seine Unparteilichkeit und andere solche Pflichten erwiesen hat. Auf gleiche Weise müssen auch bei dem Lobe der übrigen Tugenden die Handlungen nach der Art, der Bedeutung und dem Namen jeder einzelnen Tugend bestimmt werden.

346. Als das angenehmste Lob sieht man das an, welches den Thaten gezollt wird, die von wackeren Männern ohne Rücksicht auf eigenen Vortheil und Belohnung unternommen scheinen; die vollends mit eigener Anstrengung und Gefahr verbunden sind, die bieten den reichsten Stoff zum Lobe, weil sie sich am Schönsten ausschmücken lassen und am Liebsten gehört werden. Denn nur das scheint die Tugend eines ausgezeichneten Mannes zu sein, welche Anderen gewinnreich, für ihn selbst aber mühsam und gefahrvoll oder wenigstens mit keiner Belohnung verbunden ist. Groß und bewunderungswürdig pflegt auch das Lob zu erscheinen, welches dem ertheilt wird, der Unglücksfälle mit Weisheit ertrug, sich durch das Schicksal nicht beugen ließ, in Widerwärtigkeiten des Lebens seine sittliche Würde behauptete.

347. Doch auch andere Dinge gereichen zur Zierde, wie Ehrenbezeigungen, die Jemandem erwiesen, Belohnungen, die seinem Verdienste zuerkannt wurden, Thaten, die nach dem Urtheile der Menschen Beifall ernteten, und sogar das Glück in diesen Dingen dem günstigen Urtheile der unsterblichen Götter zuzuschreiben ist dem Lobredner gestattet. Man muß aber Thaten auswählen, welche durch Größe vorzüglich oder hinsichtlich der Neuheit die ersten oder in ihrem Wesen selbst einzig sind. Denn weder unbedeutende noch gewöhnliche noch gemeine Dinge pflegen der Bewunderung oder überhaupt des Lobes würdig zu erscheinen.

348. Auch ist die Vergleichung mit anderen ausgezeichneten Männern in einer Lobrede etwas sehr Schönes. Ich habe für gut gefunden über diese

Gattung etwas ausführlicher zu reden, als ich versprochen hatte, nicht sowol wegen des gerichtlichen Gebrauches, den ich in dieser ganzen Unterredung entwickelt habe, sondern damit ihr einsehet, daß, wenn die Lobreden zum Berufe des Redners gehören, was Niemand leugnet, dem Redner die Kenntniß aller Tugenden nothwendig sei, ohne welche er eine Lobrede nicht zu Stande bringen kann.

349. In Betreff der Regeln des Tadels ferner leuchtet ein, daß man sie von den entgegengesetzten Lastern entnehmen muß. Zugleich ist auch das augenscheinlich, daß, sowie man einen guten Mann ohne Kenntniß der Tugenden nicht angemessen und beredt loben, so auch einen schlechten Menschen ohne Kenntniß der Laster nicht kenntlich und scharf genug zeichnen und tadeln kann. Diese Quellen des Lobes und Tadels müssen wir oft in allen Arten von Verhandlungen anwenden.

350. Hier habt ihr nun meine Ansichten über die Erfindung und Anordnung der Gegenstände. Ich will noch Einiges über das Gedächtniß hinzufügen, um dem Crassus die Arbeit zu erleichtern und ihm für seine Erörterung weiter Nichts übrig zu lassen als die Lehre von der Ausschmückung der Rede.

LXXXVI. Fahre nur fort, sagte Crassus; denn mit Vergnügen erkenne ich dich als den feinen Kunstkenner, wofür ich dich schon längst gehalten habe, und sehe, wie du endlich einmal aus der Hülle deiner Verstellung hervortrittst und dich in deiner wahren Gestalt zeigst; und daß du mir Nichts oder doch nicht Viel übrig läßt, daran thust du sehr wohl, und ich bin dir dafür verbunden.

351. Nun, wie viel ich dir übrig lasse, sagte Antonius, das zu bestimmen wird von dir abhängen. Denn willst du ehrlich verfahren, so lasse ich dir die Hauptsache zurück; willst du aber dich verstellen, so magst du selbst zusehen, wie du den Anwesenden Genüge leistest. Doch um auf die Sache zurückzukommen, ich bin nicht ein so großer Geist, wie Themistokles es war, daß ich mir lieber die Kunst der Vergessenheit als die des Gedächtnisses wünschen sollte, und ich weiß es dem Simonides aus Ceos

Dank, daß er, wie man sagt, zuerst die Kunst des Gedächtnisses gelehrt hat.

352. Man erzählt nämlich, Simonides habe einst zu Kranon in Thessalien bei Skopas, einem begüterten und vornehmen Manne, gespeist und ein auf ihn gedichtetes Lied gesungen, in welchem er Vieles nach Art der Dichter zur Ausschmückung auf das Lob des Castor und Pollux eingestreut hatte; Skopas habe hierauf gar zu knickerig zum Simonides gesagt, er werde ihm nur die Hälfte der ausbedungenen Summe für dieses Lied geben, die andere Hälfte möge er sich, wenn es ihm beliebe, von seinen Tyndariden erbitten, die er ebenso sehr gelobt habe.

353. Bald darauf, erzählt man weiter, wurde dem Simonides gemeldet, er möchte herauskommen; zwei junge Männer ständen vor der Thüre, die ihn dringend zu sprechen wünschten. Er erhob sich von seinem Sitze, ging hinaus, sah aber Niemanden. In der Zwischenzeit stürzte das Zimmer, wo Skopas speiste, zusammen, und er mit den Seinigen wurde durch den Einsturz unter den Trümmern begraben und kam um. Als nun die Angehörigen diese zu bestatten wünschten und die Zerschmetterten durchaus nicht unterscheiden konnten, so soll Simonides dadurch, daß er sich erinnerte, welchen Platz jeder bei Tische eingenommen hatte, Allen gezeigt haben, wen jeder zu begraben habe. Durch diesen Vorfall aufmerksam gemacht, erzählt man, machte er damals ausfindig, daß es besonders die Ordnung sei, welche dem Gedächtnisse Licht verschaffe.

354. Es müßten daher diejenigen, welche dieses Geistesvermögen üben wollten, gewisse Plätze auswählen, das, was man im Gedächtnisse behalten wollte, sich unter einem Bilde vorstellen und in diese Plätze einreihen. So würde die Ordnung der Plätze die Ordnung der Sachen bewahren; die Sachen selbst aber würden durch Bilder bezeichnet, und so könnten wir uns der Plätze statt der Wachstafeln und der Bilder statt der Buchstaben bedienen.

LXXXVII. 355. Wie gewinnreich aber, wie nützlich und wie wichtig das Gedächtniß für den Redner sei, wozu soll ich das erwähnen? daß wir nämlich mittelst demselben das behalten, was wir bei Annahme der Sache vernommen, was wir selbst ausgedacht haben, daß alle Gedanken in unserer Seele fest haften, daß der ganze Vorrath von Worten gehörig angeordnet ist, daß wir sowol den, von welchem wir uns belehren lassen, als auch den, welchem wir antworten müssen, so anhören, daß sie die Reden nicht in unsere Ohren hineinzugießen, sondern in die Seele einzugraben scheinen. Nur diejenigen also, welche ein starkes Gedächtniß haben, wissen, was, wie viel und wie sie reden müssen, was sie beantwortet haben und was noch übrig ist; ebenso haben sie auch aus anderen Verhandlungen Vieles im Gedächtnisse, was sie irgend einmal vorgetragen haben, Vieles, was sie von Anderen gehört haben.

356. Ich muß nun allerdings gestehen, daß diese Gabe, sowie alle die Eigenschaften, von denen ich zuvor sprach, hauptsächlich von der Natur ausgehen; – beruht doch das Wesen unserer ganzen Kunst der Beredsamkeit (wenn man sie nicht vielleicht lieber ein Abbild oder Nachbild der Kunst nennen will) darauf, daß sie zwar nicht ein Ganzes, von dem in unserem Geiste gar keine Spur vorhanden ist, erzeuge und hervorbringe, wohl aber die uns angeborenen und in uns bereits erzeugten Naturanlagen aufziehe und kräftige.

357. Indeß besitzt nicht leicht Jemand ein so starkes Gedächtniß, daß er ohne vorhergegangene Anordnung und Bezeichnung der Sachen die Reihenfolge der Worte und Gedanken auffassen könnte, sowie auch nicht ein so schwaches Gedächtniß, daß ihm nicht durch eine solche Gewohnheit und Uebung einige Erleichterung gewährt werden sollte. Denn einsichtsvoll erkannte Simonides oder wer sonst der Erfinder dieser Kunst war, daß das am Leichtesten in unserer Seele hafte, was ihr durch die Sinne zugeführt und eingeprägt ist, und daß unter allen Sinnen der des Gesichts der schärfste ist; daher ließen sich die durch das Gehör oder durch die Denkkraft aufgefaßten Vorstellungen am Leichtesten in der Seele festhalten, wenn sie zugleich auch durch Vermittlung des Gesichtes der Seele zugeführt würden; auf die Weise könnten wir unsichtbare und der Beurtheilung durch die Augen entrückte Gegenstände durch die sinnliche Vorstellung in Bildern und Gestalten so bezeichnen, daß wir

Dinge, von denen wir uns keine Vorstellung zu machen im Stande sein würden, gleichsam durch Anschauung festhalten.

358. Durch solche sinnliche Bilder, sowie durch Alles, was Gegenstand der Anschauung ist, wird unser Gedächtniß erweckt und angeregt. Aber man hat Plätze nöthig; denn ein Körper läßt sich nicht denken, ohne daß er einen Platz einnimmt. Wir müssen also, um nicht in einer allgemein bekannten Sache zu weitläufig und lästig zu werden, viele Plätze gebrauchen, und zwar solche, welche in die Augen fallen, leicht übersehlich und durch mäßige Zwischenräume getrennt sind; die Bilder aber müssen lebhaft, eindringlich und hervorstechend sein, so daß sie der Seele leicht entgegentreten und sich schnell anregen können. Die Geschicklichkeit gewinnen wir theils durch Uebung, aus der Gewohnheit entsteht, theils durch Bildung ähnlicher Wörter entweder mittelst Umwandlung und Abänderung ihrer Endungen oder durch Uebertragung ihrer Bedeutung vom Theile auf das Ganze, theils durch die Vorstellung eines ganzen Gedankens unter dem Bilde eines einzigen Wortes nach der Verfahrungsart eines großen Malers, der durch Vertheilung der Gestalten die einzelnen Stellen seines Gemäldes gegen einander abstechen läßt.

LXXXVIII. 359. Aber das Wortgedächtniß, das für uns jedoch minder nothwendig ist, unterscheidet sich durch eine größere Mannigfaltigkeit der Bilder. Es gibt nämlich viele Wörter, welche, gleichsam wie Gelenke, die Glieder der Rede verknüpfen. Die lassen sich durch keine sinnliche Bezeichnung vorstellen, und wir müssen uns daher für sie willkürliche Bilder aussinnen, die wir immer gebrauchen können. Das Sachgedächtniß ist eine wesentliche Eigenschaft des Redners. Dieses können wir durch einzelne aufgestellt Bilder kenntlich machen, indem wir die Gedanken an die Bilder, die Gedankenfolge aber an die Plätze knüpfen.

360. Auch ist nicht wahr, was von trägen Menschen gesagt wird, das Gedächtniß erliege unter der Last der Bilder, und sogar das werde hierdurch verdunkelt, was es durch sich selbst vermöge seiner natürlichen Kraft hätte festhalten können. Denn ich habe ausgezeichnete Männer von einem fast übermenschlichen Gedächtnisse gekannt, zu Athen den

Charmadas, in Asien den Metrodorus aus Skepsis, der noch jetzt leben soll, die mir beide versicherten, daß sie, wie durch Buchstaben aus Wachs, so durch Bilder auf den Plätzen, die sie sich ausgewählt hätten, das, was sie im Gedächtnisse behalten wollten, niederschrieben. Durch diese Uebung nun läßt sich zwar das Gedächtniß, wo keines von Natur vorhanden ist, nicht herausarbeiten, aber sicherlich, wo es versteckt liegt, hervorlocken.

361. Hier habt ihr nun die ziemlich lange Rede eines Menschen, der, wenn er auch eben nicht auf große Bescheidenheit Ansprüche machen darf, doch nicht für unverschämt gelten möge, weil er vor dir, mein Catulus, und vor Lucius Crassus so Viel von der Redekunst gesprochen hat. Denn der Uebrigen Alter durfte mir vielleicht weniger Bedenklichkeit machen. Doch ihr werdet mir in der That verzeihen, wenn ihr nur die Ursache vernehmen werdet, die mich zu dieser ungewöhnlichen Geschwätzigkeit verleitet hat.

LXXXIX. 362. Was uns betritt, erwiderte Catulus, (ich antworte nämlich für mich und meinen Bruder;) so verzeihen wir dir nicht nur, sondern sind auch von Hochachtung und inniger Dankbarkeit gegen dich erfüllt; und sowie wir deine freundliche Gesinnung und Güte anerkennen, so müssen wir die Fülle deines Wissens bewundern. Ich meinerseits glaube auch noch *den* Gewinn gezogen zu haben, daß ich mich jetzt eines großen Irrtums entledigt und von *der* Verwunderung, die ich immer mit vielen Anderen zu theilen pflegte, befreit fühle, woher du nämlich deine Kunstmeisterschaft in der gerichtlichen Beredsamkeit habest. Ich glaubte ja nicht, daß du dich mit den Kunstregeln befaßt hättest, die du doch, wie ich jetzt sehe, auf das Gründlichste erforscht und überallher gesammelt und, durch Erfahrung belehrt, theils verbessert theils anerkannt hast.

363. Aber darum bewundere ich um nichts weniger deine Beredsamkeit, ja deine Tüchtigkeit und Sorgfalt noch weit mehr, und ich freue mich zugleich meine innigste Ueberzeugung bestätigt zu finden; denn von jeher war ich der Ansicht, Niemand könne das Lob der Weisheit und Beredsamkeit ohne den größten Fleiß, ohne die größte Anstrengung und

Gelehrsamkeit erlangen. Doch was sollte wol deine Aeußerung bedeuten, wir würden dir verzeihen, wenn wir den Grund erführen, der dich zu dieser Unterredung veranlaßt habe? Was kann es für ein anderer Grund sein als dein Wunsch uns und dem Streben dieser jungen Männer, die dir mit der gespanntesten Aufmerksamkeit zugehört haben, zu willfahren?

364. Hierauf sagte Antonius: Ich wollte dem Crassus allen Anlaß zur Weigerung benehmen, weil ich wußte, daß er aus zu großer Bescheidenheit oder Unlust (denn von einem so liebenswürdigen Manne möchte ich nicht sagen: aus stolzer Verachtung) sich in eine solche Unterhaltung nicht einläßt. Denn was wird er vorschützen können? Etwa er sei Consul und Censor gewesen? Dasselbe Verhältniß findet auch bei mir statt. Oder wird er sein Alter anführen? Er ist um vier Jahre jünger als ich. Oder er verstehe diese Dinge nicht? Was ich erst spät, was ich flüchtig, was ich, wie man zu sagen pflegt, in Nebenstunden aufgerafft habe, das hat er von Kindheit an mit dem größten Eifer von den besten Lehrern erlernt. Nichts will ich von seiner geistigen Begabung sagen, worin ihm Niemand gleichkommt. Nie hat Jemand, der mich reden hörte, eine so geringe Meinung von sich gehabt, daß er nicht hätte hoffen sollen entweder besser als ich, oder ebenso gut reden zu können; wenn aber Crassus redete, so war Niemand so sehr von sich eingenommen, daß er sich hätte zutrauen sollen es ihm je gleich zu thun. Damit nun diese uns so werthen Männer nicht vergeblich gekommen sein mögen, so laß uns, Crassus, nun endlich einmal vergönnt sein dich zu hören.

XC. 365. Hierauf erwiderte Crassus: Gesetzt, ich wollte zugeben, Antonius, die Sache verhalte sich wirklich so, wiewol sie sich ganz anders verhält; was hast du denn heute mir oder irgend einem Anderen zu sagen übrig gelassen? Ich will euch, meine lieben Freunde, aufrichtig sagen, was ich denke. Ich habe oft gelehrte Männer – doch wie sage ich *oft*, nein *bisweilen*; denn wie wäre es mir oft möglich gewesen, da ich als Knabe auf das Forum kam und dasselbe nie länger, als während meines Quästoramtes, verließ? – gleichwol ich habe, wie ich gestern bemerkte, sowol während meines Aufenthaltes in Athen sehr gelehrte Männer als auch in Asien den Skepsier Metrodorus selbst, dessen du eben gedachtest, gerade über diese Gegenstände reden hören. Aber nie schien mir Jemand mit größerer Fülle und Gründlichkeit diesen Stoff zu behandeln als heute unser Antonius. Wäre dieses anders, und sähe ich ein, daß Antonius etwas weggelassen habe; so würde ich nicht so unhöflich und – fast möchte ich sagen – so lieblos sein, daß ich euerem Wunsche zu willfahren solche Schwierigkeiten machen sollte.

366. Nun, erwiderte Sulpicius, hast du denn vergessen, Crassus, was für eine Theilung Antonius mit dir getroffen hat? Er selbst nämlich wollte den Hausrath des Redners auseinandersetzen, dir aber die Verzierung und Ausschmückung desselben überlassen. Da entgegnete Crassus: Zuerst wer hat dem Antonius die Erlaubniß gegeben eine solche Theilung zu machen und den Theil, der ihm gefiel, sich vorwegzunehmen? Zweitens, wenn ich ihn recht verstanden habe, und ich denke es, da ich ihm mit so großem Vergnügen zuhörte, schien er mir über beide Gegenstände zugleich zu reden. – O nein, versetzte Cotta, die Ausschmückung der Rede hat er nicht berührt und somit auch nicht den Vorzug, von dem die Beredsamkeit gerade ihren Namen erlangt hat. – Die Worte also, erwiderte Crassus, hat mir Antonius übrig gelassen, die Sache für sich selbst genommen.

367. Wenn er dir, versetzte Cäsar, den schwereren Theil übrig gelassen hat, so haben wir Grund, warum wir dich zu hören wünschen; wenn aber den leichteren, so hast du keinen Grund dich zu weigern. – Und Catulus fügte hinzu: Wie? dein Versprechen, Crassus, du wolltest uns willfahren, wenn wir heute bei dir blieben, glaubst du nicht, daß es dich verpflichte dein Wort zu halten? – Da lachte Cotta und sagte: Ich könnte dir, Crassus, wol nachgeben; aber sieh zu, ob nicht Catulus dein Gewissen gerührt hat. Ein solches Vergehen unterliegt der Ahndung des Censors, und dazu Anlaß zu geben, weißt du, wie das einem gewesenen Censor zukommt. Nun denn, erwiderte jener, so geschehe euer Wille. Doch für jetzt, weil es schon so weit an der Zeit ist, halte ich es für gut uns zu erheben und der Ruhe zu pflegen; nach Mittag, wenn es euch so genehm ist, wollen wir Etwas von unserem Gegenstande besprechen, wenn ihr es nicht etwa bis Morgen aufschieben wollt. – Alle sprachen ihren Wunsch aus, ihn

sogleich oder, wenn er es lieber wolle, Nachmittags, jedenfalls je eher je lieber zu hören.

Drittes Buch

I. 1. Indem ich es unternehme, mein lieber Bruder Quintus, das Gespräch, das Crassus nach des Antonius Vortrage gehalten hatte, mitzutheilen und in diesem dritten Buche aufzuzeichnen, erneuert eine recht herbe Erinnerung in meinem Innern eine alte Trauer und schmerzliche Verstimmung. Denn jener der Unsterblichkeit würdige Geist, jene ächt menschliche Bildung, jene Tugend des Lucius Crassus erlosch durch einen plötzlichen Tod, kaum zehn Tage nach dem Tage, den dieses und das vorige Buch umfaßt.

2. Als er nämlich am letzten Tage der Theaterspiele nach Rom zurückgekehrt war, hatte er eine heftige Gemüthserschütterung über die Rede, die, wie er hörte, Philippus in einer Vollversammlung gehalten hatte, in der er bekanntlich die Aeußerung that, nach einer anderen Rathsversammlung müsse er sich umsehen, mit dem jetzigen Senate könne er für die Wohlfahrt des Staates Nichts ausrichten. Am dreizehnten September des Morgens begab er sich auf Ladung des Drusus in die Curie, wo sich der Senat zahlreich einfand. Hier trug Drusus viele Beschwerden gegen Philippus vor, und insonderheit stattete er dem Senate Bericht über die harten Schmähungen ab, mit denen der Consul diesen Stand in der Volksversammlung angegriffen hatte.

3. Bei dieser Gelegenheit redete Crassus, wie ich oft die einsichtsvollsten Männer einmüthig habe behaupten hören, unvergleichlich schön. Denn obwol ihm, so oft er einige Sorgfalt auf seine Reden verwendete, fast immer das Glück zu Theil wurde, daß man von ihm rühmte, er habe nie besser geredet, so urtheilten doch damals Alle einhellig so, Crassus habe zu jeder Zeit alle anderen Redner, an diesem Tage aber sich selbst übertroffen. Er beklagte nämlich das Mißgeschick und die verwaiste Lage des Senates, da diesem Stande von dem Consul, der demselben gleichsam

ein guter Vater oder treuer Vormund sein sollte, wie von einem verruchten Räuber die angeerbte Würde entrissen werde; und wahrlich man dürfe sich nicht wundern, wenn er, der durch seine Rathschläge den Staat zu Grunde gerichtet habe, nun auch die Rathschläge des Senates dem Staate entziehen wolle.

4. Als er durch diese Worte den Philippus, einen leidenschaftlichen, beredten und besonders zum Widerstande entschlossenen Mann, gleichsam in Flammen gesetzt hatte, so konnte dieser sich nicht länger halten sondern entbrannte von heftigem Zorne und gedachte durch Auspfändung den Crassus zur Ordnung zu verweisen. Aber gerade bei dieser Veranlassung sagte Crassus Vieles in begeisterter Rede, wie man rühmend erzählt, indem er erklärte, den könne er nicht als einen Consul anerkennen, der ihn nicht als Senator anerkenne. „Du, der du das ganze Ansehen des gesammten Standes einem Pfande gleich geachtet und vor den Augen des Römischen Volkes vernichtet hast, du meinst, ich könne durch diese Pfänder eingeschüchtert werden? Nicht sie mußt du vernichten, wenn du den Lucius Crassus zur Ordnung verweisen willst; nein, diese Zunge mußt du mir aufschneiden; ja wenn du diese herausgerissen hast, so wird mein Freiheitsgefühl auch noch mit dem bloßen Athem deiner Willkür widerstreben."

II. 5. Es ist bekannt, daß er damals sehr Vieles mit der äußersten Anstrengung seines Gemüthes, seines Geistes und seiner Körperkräfte redete und in den schönsten und nachdrücklichsten Worten auf den Beschluß antrug, den auch der zahlreich versammelte Senat genehmigte, um dem Römischen Volke Genüge zu leisten, habe es der Senat dem Gemeinwesen weder an seinem Rathe noch an redlichem Willen fehlen lassen, und daß er gleichfalls, wie aus den zur Beglaubigung vorgesetzten Namen zu ersehen ist, bei der Aufzeichnung des Beschlusses gegenwärtig war.

6. Das war der Schwanengesang des unvergleichlichen Mannes, und gleichsam hoffend ihn noch zu vernehmen gingen wir nach seinem Tode in die Curie, um die Stätte selbst zu betrachten, wo er zuletzt gestanden

hatte. Denn schon während der Rede – so hörten wir – empfand er Seitenstechen, das von einem starken Schweiße begleitet wurde; hierauf trat Frostschauer ein. So kehrte er mit Fieber nach Hause zurück, und sieben Tage darauf starb er am Seitenstechen.

7. O wie trügerisch ist der Menschen Hoffnung, wie hinfällig ihr Glück, wie eitel unsere Bestrebungen, die oft mitten aus der Bahn zerschellen und zusammenstürzen oder während des Laufes selbst von den Fluten verschlungen werden, ehe sie den Hafen erblicken können. Denn so lange des Crassus Leben von den Mühen der Amtsbewerbung in Anspruch genommen war, stand er zwar durch seine außerordentlichen Dienstleistungen und durch die Vorzüge seines Geistes in großem Ansehen; aber weniger erfreute er sich des Genusses seiner hohen Stellung im Staate und der Würde, die er sich durch Verdienste um das Gemeinwesen erworben hatte. Das erste Jahr aber, das ihm nach Verwaltung der Ehrenämter unter allgemeiner Billigung den Zugang zu dem höchsten Ansehen eröffnete, vereitelte durch den Tod alle seine Hoffnungen und alle seine Lebenspläne.

8. Jammervoll war dieß für die Seinigen, herb für das Vaterland, schmerzlich für alle Gutgesinnten; aber gleichwol sind nachher solche Mißgeschicke über den Staat gekommen, daß ich glauben muß, die unsterblichen Götter haben dem Lucius Crassus das Leben nicht entrissen, sondern den Tod geschenkt. Nicht sah er Italien vom Kriege entbrannt, nicht den Senat von glühendem Hasse verfolgt, nicht die Häupter des Staates eines verruchten Frevels angeschuldigt, nicht die Trauer der Tochter, nicht die Verbannung des Eidams, nicht die schmähliche Flucht des Gajus Marius, nicht jene allergrausamsten Mordgräuel nach dessen Rückkehr, nicht endlich den Staat in jeder Hinsicht entehrt, in dessen höchster Blüte er selbst Alle an Ruhm weit überragt hatte.

III. 9. Und da ich einmal in meiner Betrachtung die Gewalt und den Wechsel des Schicksals berührt habe, so soll mein Vortrag nicht zu weit abschweifen, sondern sich etwa gerade auf die Männer beschränken, die an der Unterredung, die ich mitzutheilen unternommen habe, Theil genommen haben. Denn wer möchte nicht mit Recht jenen Tod des Lucius Crassus, der von so Vielen und so oft beweint worden ist, glücklich preisen, wenn er sich das Lebensende gerade derer, die sich damals mit jenem zum letzten Male unterredet haben, vergegenwärtigt? Wir wissen ja, wie Quintus Catulus, ein in jeder Beziehung ausgezeichneter Mann, obwol er nicht um Erhaltung seiner glücklichen Verhältnisse, sondern nur um Anwendung der Verbannung und Flucht bat, gezwungen wurde sich das Leben zu nehmen.

10. Des Marcus Antonius Haupt ferner, durch das so vieler Bürger Häupter erhalten worden waren, wurde gerade auf der Rednerbühne, wo er als Consul den Staat so standhaft verfochten, und die er als Censor von seiner Feldherrnbeute geschmückt hatte, öffentlich aufgesteckt. Nicht weit von diesem lag des Gajus Julius Haupt, der durch den Frevel eines Etrurischen Gastfreundes verraten worden war, zugleich mit dem Haupte seines Bruders Lucius Julius. So kann man sagen, daß Crassus mit dem Staate zugleich gelebt hat und mit ihm zugleich verschieden ist. Denn nicht sah er seinen Verwandten, den hochherzigen Publius Crassus, durch eigene Hand getödtet, auch nicht die Bildsäule der Vesta mit dem Blute seines Amtsgenossen, des Oberpriesters, bespritzt. Ja bei seiner vaterlandsliebenden Gesinnung würde ihn selbst der abscheuliche Tod seines ärgsten Feindes, des Gajus Carbo, an ebendemselben Tage mit tiefer Betrübniß erfüllt haben.

11. Nicht sah er die entsetzlichen und kläglichen Mißgeschicke der beiden jungen Männer, die sich einst seiner Leitung gewidmet hatten. Gajus Cotta nämlich, den er in der Blüte der Jahre zurückgelassen hatte, wurde wenige Tage nach dem Tode des Crassus durch den Haß des Volkes von dem Tribunate, um das er sich bewarb, verdrängt und nicht viele Monate nach jener Zeit aus dem Staate verstoßen. Sulpicius aber, der in dieselbe Flamme des Hasses gerathen wäre, ließ in seinem Tribunale die Männer, mit denen er als Privatmann in der vertrautesten Verbindung gelebt hatte, aller ihrer Würden berauben; aber er, der dem höchsten Ruhme der

Beredsamkeit entgegenblühte, verlor durch das Schwert sein Leben und büßte seine Verwegenheit nicht ohne großen Nachtheil für den Staat.

12. Du aber, Crassus, – so urtheile ich, wenn ich die Blüte deines Lebens und die gelegene Zeit deines Todes betrachte – du bist nach göttlichem Rathschlusse in die Welt eingetreten und aus ihr geschieden. Denn bei deiner Tugend und Standhaftigkeit wärest du gewiß durch das grausame Schwert des Bürgerkrieges gefallen, oder wenn dich das Geschick vor einem so greulichen Tode bewahrt hätte, so würde es dich doch gezwungen haben Zuschauer bei den Leichenbegängnissen des Vaterlandes zu sein, und nicht allein die Gewaltherrschaft der Schlechtgesinnten, sondern wegen des dabei vergossenen Bürgerblutes selbst der Sieg der Gutgesinnten würde dich mit tiefer Trauer erfüllt haben.

IV. 13. Was mich betrifft, mein Bruder Quintus, so pflege ich oft, wenn ich die Unfälle der zuvor genannten Männer und die Leiden, die ich selbst aus unaussprechlich großer Liebe zum Staate erduldet und empfunden habe, überdenke, den Rath als gegründet und weise anzusehen, durch den du mich mit Hinweisung auf so viele, so große und so jähe Unfälle der berühmtesten und vortrefflichsten Männer immer von aller Teilnahme an Kämpfen und Streitigkeiten des Staates abzuziehen suchtest.

14. Doch da dieß nicht mehr in meiner Gewalt steht, und meine sehr großen Mühen durch den großen Ruhm, mit dem sie vergolten sind, gemildert werden; so will ich mich den Trostmitteln, die nicht nur nach Stillung der Widerwärtigkeiten angenehm, sondern auch während ihrer Dauer heilsam für uns sein können, zuwenden und die noch rückständige und beinahe letzte Rede des Lucius Crassus der Nachwelt überliefern und ihm den, wenn auch keineswegs der Größe seines Geistes entsprechenden, doch wegen meiner Liebe zu ihm verdienten und schuldigen Dank erstatten.

15. Ein jeder von uns macht sich ja, wenn er die wunderbar schönen Schriften Plato's liest, die fast alle den Sokrates darstellen, so meisterhaft sie auch abgefaßt sind, doch eine höhere Vorstellung von dem Manne, mit

dem sie sich beschäftigen. So fordere ich gleichfalls, zwar nicht von dir, der du meine Schriften immer auf das Vorteilhafteste beurtheilst, wohl aber von den anderen Lesern, die diese Bücher in die Hand nehmen werden, daß sie sich von Lucius Crassus eine höhere Vorstellung machen, als ich ihn darzustellen vermag.

16. Denn da ich der Unterredung selbst nicht beiwohnte, und Gajus Cotta mir nur die Hauptsätze und Grundgedanken ihrer Vorträge mittheilte; so habe ich versucht die Ausdruckweise, wie ich sie bei beiden Rednern keinen gelernt hatte, in ihren Gesprächen in den Hauptzügen nachzubilden. Sollte indeß Einer nach einem herrschenden Vorurtheile der Ansicht sein, Antonius sei magerer oder Crassus voller gewesen, als ich beide eingeführt habe; so muß er zu denen gehören, die jene entweder nicht gehört haben oder nicht beurtheilen können. Denn nicht nur zeichneten sich beide, wie ich vorher dargelegt habe, an Fleiß, Geist und Gelehrsamkeit vor Allen aus, sondern jeder war auch in seiner Art vollkommen, dergestalt, daß der Schmuck der Rede weder bei Antonius fehlte noch bei Crassus in zu vollem Maße da war.

V. 17. Als sie nun vor Mittag auseinander gegangen waren und ein Wenig ausruhten, machte Cotta, wie er mir erzählte, unter Anderem besonders die Bemerkung, daß Crassus die ganze Mittagszeit in dem schärfsten und tiefsten Nachdenken zugebracht habe. Da er seine Miene, wenn er reden sollte, und den Blick seiner Augen beim Nachdenken genau kannte und oft bei den wichtigsten Verhandlungen gesehen hatte; so ging er, während die Anderen ruheten, absichtlich in das Zimmer, wo Crassus sich auf einem Ruhebette niedergelassen hatte, und da er ihn in tiefes Nachdenken versunken bemerkte, zog er sich sogleich zurück, und in dieser Stille gingen etwa zwei Stunden hin. Darauf, als sich der Tag schon zum Nachmittage neigte, kamen Alle zum Crassus, und Julius nahm das Wort: Wie steht's, lieber Crassus? Beginnen wir unsere Sitzung? Doch wir kommen nur, um dich daran zu erinnern, nicht um es von dir zudringlich zu verlangen.

18. Hierauf erwiderte Crassus: Haltet ihr mich für so rücksichtslos, daß ich euch einen Liebesdienst, zumal einen solchen, länger schuldig bleiben könnte? – Was wählen wir nun für einen Platz? sagte jener; beliebt es etwa in der Mitte des Lustgehölzes? Denn da ist es am Schattigsten und Kühlsten. – Ganz recht, erwiderte Crassus; denn daselbst befindet sich ein Sitz, der sich ganz für unsere Unterredung eignet. – Da auch die Anderen damit zufrieden waren, so begab man sich in das Lustgehölz und ließ sich hier nieder in gespannter Erwartung dessen, was man hören werde.

19. Jetzt begann Crassus also: Meine Hochachtung gegen euch und euere Freundschaft, sowie die Gefälligkeit des Antonius benehmen mir, so sehr ich auch dazu berechtigt wäre, alle Freiheit der Weigerung. Doch hat dieser bei der Vertheilung unserer Vorträge, indem er für sich den Stoff auswählte, den der Redner behandeln muß, mir aber die Entwickelung der Art und Weise übrig ließ, wie der Stoff geschmückt werden müsse, Dinge von einander geschieden, die sich nicht trennen lassen. Denn da jede Rede aus Sachen und Worten besteht, so können weder die Worte eine Grundlage haben, wenn man die Sachen entzieht, noch die Sachen Licht, wenn man die Worte davon absondert.

20. Und nach meiner Ansicht wenigstens haben die Alten eine weit erhabenere Vorstellung von der Sache gehabt und darum auch viel weiter gesehen, als was die Schärfe unseres Geistes erschauen kann, wenn sie behaupteten, Alles, was über und unter uns ist, bilde Ein Ganzes und werde durch Eine Kraft und Ein Zusammenwirkung der Natur zusammengehalten. Denn es gibt keine Gattung der Dinge, die losgerissen von den übrigen für sich bestehen, oder deren die übrigen entbehren könnten, wenn sie in ihrer Kraft und ewigen Dauer verbleiben sollen.

VI. 21. Doch sollte diese Ansicht zu erhaben erscheinen, als daß sie der gewöhnliche Mensch mit seinen Sinnen und Gedanken erfassen könnte; so ist doch auch jener Ausspruch Plato's wahr und dir, Catulus, gewiß nicht unbekannt, daß das ganze Gebiet aller Wissenschaften der höheren und edlen Menschenbildung durch *Ein* gemeinsames Band zusammengehalten werde. Denn hat man das Wesen der Vernunftbetrachtung durchschaut, durch die man die Ursachen und Zwecke der Dinge erkennt; so findet man unter allen Wissenschaften eine wunderbare Uebereinstimmung und gleichsam einen Einklang.

22. Doch erscheint auch dieses noch zu hoch, als daß wir niedrigen Erdenkinder unseren Blick dazu emporheben könnten; so müssen wir doch wenigstens den Beruf, den wir gewählt haben, und die Kunst, zu der wir uns bekennen und die wir üben, kennen und verstehen. Es gibt nämlich, wie ich am gestrigen Tage bemerkte und Antonius heute Vormittags an verschiedenen Stellen andeutete, nur Eine Beredsamkeit, auf welche Gebiete und Bereiche des Vortrages sie auch immerhin angewendet werden mag.

23. Denn mag sie nun von der Natur des Himmels oder der Erde, von dem göttlichen oder menschlichen Wesen, mag sie vor Gericht oder im Senate oder vor dem Volke reden, mag sie die Menschen antreiben oder belehren oder abschrecken oder aufregen oder umlenken oder anfeuern oder besänftigen, mag sie zu Wenigen oder zu Vielen, unter Fremden oder mit Angehörigen oder mit sich selbst reden: so zertheilt sie sich zwar in verschiedene einzelne Bäche, entspringt aber nicht aus verschiedenen Quellen, und wohin sie auch schreiten mag, immer erscheint sie in Begleitung des nämlichen Rüstzeuges und Schmuckes.

24. Weil wir nun von Vorurtheilen nicht nur der großen Menge eingenommen sind, sondern auch der Halbgebildeten, die, was sie als ein Ganzes nicht umfassen können, in kleine Theile auseinandergerissen und zerstückelt leichter behandeln, und die von den Gedanken die Worte, gleichsam wie von der Seele den Leib, trennen, obwol ohne den Untergang von Beidem weder das Eine noch das Andere geschehen kann: so will ich in meinem Vortrage nicht mehr auf mich nehmen, als mir auferlegt wird. Nur will ich das kürzlich andeuten, daß weder der Schmuck der Worte sich finden lasse ohne gehörig geordnete und deutlich ausgedrückte Gedanken, noch irgend ein Gedanke lichtvoll sein könne ohne das Licht der Worte.

25. Doch bevor ich die Mittel zu berühren versuche, durch die nach meiner Meinung der Rede Schmuck und Glanz verliehen werden kann, will ich in der Kürze meine Ansicht über die Beredsamkeit im Allgemeinen darlegen.

VII. Es gibt Nichts in der Natur, wie es mir scheint, das nicht in seiner Gattung mehrere unter einander verschiedene Dinge umfaßte, die jedoch eines gleichen Lobes werth geachtet werden. So zum Beispiel vernehmen wir Vieles mit den Ohren, was uns zwar nur durch die Töne ergötzt, aber doch oft so mannigfaltig ist, daß uns das, was wir zuletzt hören, immer als das Angenehmste erscheint. Auch durch die Augen genießen wir fast zahllose Vergnügungen, die uns alle fesseln, obwol sie nur auf Einen Sinn, aber auf verschiedene Weise, einen angenehmen Eindruck machen. Und ebenso werden die übrigen Sinne durch verschiedene angenehme Empfindungen ergötzt, so daß es schwer fallen sollte zu entscheiden, welche die angenehmste sei.

26. Aber was von den Dingen in der Natur gilt, das läßt sich auch auf die Künste übertragen. Es gibt nur Eine Bildhauerkunst, in der Myro, Polykletus und Lysippus ausgezeichnet waren; alle diese waren einander unähnlich, aber gleichwol möchte man keinen anders wünschen, als er war. Es gibt nur Eine Kunst der Malerei und nur Ein geregeltes Verfahren in derselben, und doch sind Zeuxis, Aglaophon und Apelles einander sehr unähnlich, aber von keinem derselben dürfte man sagen, daß ihm irgend Etwas in seiner Kunst fehle. Und wenn wir uns über diese Erscheinung in diesen gleichsam stummen Künsten wundern müssen – und doch verhält es sich in Wirklichkeit so –; um wie viel bewunderungswürdiger ist sie in der Rede und Sprache? Denn obwol sich diese mit den nämlichen Gedanken und Worten beschäftigt, so gestattet sie doch die größten Verschiedenheiten. Aber deßhalb verdienen einige Redner nicht Tadel, sondern diejenigen, welche man einstimmig für lobenswerth erklärt, werden auch bei der Verschiedenheit ihrer Schreibart gelobt.

27. Und dieß kann man zuerst bei den Dichtern sehen, welche mit den Rednern die nächste Verwandtschaft haben. Denn wie unähnlich sind

einander Ennius, Pacuvius und Accius und bei den Griechen Aeschylus, Sophokles und Euripides? wiewol allen ungeachtet der Verschiedenheit ihrer Schreibart beinahe ein gleiches Lob ertheilt wird.

28. Jetzt richtet eueren Blick auf die Männer, deren Geschicklichkeit der Gegenstand unserer Untersuchung ist, und betrachtet, was für ein Unterschied zwischen den Neigungen und Naturanlagen der Redner stattfindet. Lieblichkeit hatte Isokrates, Feinheit Lysias, Scharfsinn Hyperides, Wohllaut Aeschines, Kraft Demosthenes. Wer von ihnen ist nicht vortrefflich? Und doch wer von ihnen ist einem Anderen als sich selbst ähnlich? Würde hatte Africanus, Sanftheit Lälius, Heftigkeit Galba, etwas Fließendes und Wohltönendes Carbo. Wer von diesen war nicht der erste seiner Zeit? Und doch war jeder nur in seiner Art der erste.

VIII. 29. Doch wozu soll ich Beispiele aus alten Zeiten zusammensuchen, da es mir gestattet ist sie in der Gegenwart und unter den Lebenden zu finden? Was hat je unsere Ohren angenehmer berühren können als die Rede unseres Catulus? Sie ist so rein, daß er beinahe allein ächt Lateinisch zu reden scheint; sie ist gewichtvoll, doch so, daß sie mit der ausgezeichnetsten Würde alle Leutseligkeit und heitere Laune verbindet. Kurz, wenn ich ihn höre, so pflege ich zu urtheilen, daß durch jeden Zusatz oder Veränderung oder Weglassung sein Vortrag nur verschlechtert und verdorben werden könnte.

30. Wie? Unser Cäsar, hat er nicht eine neue Behandlung der Rede angewandt und eine, ich möchte sagen, ganz absonderliche Art der Beredsamkeit eingeführt? Wer hat je außer ihm tragische Gegenstände fast komisch, traurige scherzhaft, ernste heiter, gerichtliche mit einer beinahe schauspielmäßigen Anmuth behandelt, und zwar so geschickt, daß weder der Scherz durch die Größe der Gegenstände aufgehoben, noch der Ernst durch den Witz vermindert wurde? 31. Siehe, hier sind ja zwei junge Männer gegenwärtig, die fast von gleichem Alter sind, Sulpicius und Cotta. Wie unähnlich sind sie einander, und doch wie vortrefflich ist jeder in seiner Art! Der Eine ist gefeilt und fein, seinen Gegenstand mit den eigentümlichen und geeigneten Worten entwickelnd. Er bleibt immer bei

der Sache, und sobald er durch seinen ausgezeichneten Scharfsinn erkannt hat, was er dem Richter beweisen muß, richtet er mit Uebergehung der anderen Beweisgründe hierauf allein seine Gedanken und Worte. Sulpicius aber redet mit dem stärksten Feuer, mit der volltönendsten und lautesten Stimme, mit der größten Anstrengung des Körpers und dem würdevollsten Anstande in seinen Bewegungen, zugleich auch mit einem solchen Nachdrucke und Reichtume der Worte, daß er ganz vorzüglich zur Beredsamkeit von der Natur ausgerüstet zu sein scheint.

IX. 32. Ich kehre jetzt zu uns selbst zurück; denn wir haben uns immer in der Lage befunden, daß die Menschen uns in ihren Gesprächen mit einander verglichen und wie in einem Wettstreite über uns zu Gerichte saßen, und doch kann es wol zwischen Rednern eine größere Unähnlichkeit geben als zwischen mir und Antonius? Er ist ein so vortrefflicher Redner, daß sich keiner mit ihm messen kann; ich aber, obwol ich mir selbst nicht genüge, werde doch gerade mit ihm in der Vergleichung zusammengestellt. Ihr kennt ja die dem Antonius eigentümliche Redeweise. Sie ist kräftig, feurig, leidenschaftlich im Vortrage, sich verwahrend, sich nach allen Seiten der Sache hin verschanzend, durchdringend, scharfsinnig, den Kern der Sache erfassend, bei einem jeden Gegenstande verweilend, mit Anstand sich zurückziehend, hitzig verfolgend, in Schrecken setzend, flehend, ausgezeichnet durch die größte Mannigfaltigkeit der Rede, nie unsere Ohren langweilend.

33. Ich hingegen, wenn ich wirklich in der Beredsamkeit Etwas leiste – ihr meint ja, ich hätte einige Geltung als Redner –, weiche doch gewiß von seiner Redeweise sehr ab. Worin der Unterschied bestehe, kommt mir nicht zu zu sagen, deßhalb weil Jeder sich am Wenigsten kennt und am Schwierigsten über sich selbst urtheilt; aber gleichwol läßt sich der Unterschied erkennen theils aus meinen mäßigen Bewegungen, theils daraus, daß ich auf der Stelle, die ich beim Beginne der Rede betrete, gewöhnlich bis zum Schlusse derselben stehen zu bleiben pflege, theils endlich daraus, daß mir die Wahl der Worte weit mehr Mühe und Sorge

macht, weil ich besorge, mein Vortrag möchte, wenn er sich in zu abgenutzten Ausdrücken bewegte, der Erwartung und Stille der Versammlung nicht würdig erscheinen.

34. Wenn nun bei uns, die wir hier gegenwärtig sind, so große Verschiedenheiten, so bestimmte Eigenschaften eines jeden hervortreten, und wenn bei dieser Mannigfaltigkeit der Unterschied zwischen dem Besseren und Schlechteren gemeiniglich mehr auf der Fähigkeit des Redners als auf der Redegattung beruht, und Alles Beifall findet, das in seiner Art vollkommen ist: was meint ihr, wenn wir sämmtliche Redner aller Orte und Zeiten umfassen wollten? Würden sich nicht beinahe ebenso viele Arten der Beredsamkeit finden als Redner? Diese meine Erörterung könnte vielleicht den Einwurf hervorrufen: wenn es, um mich so auszudrücken, fast unzählige Gebilde und Gestalten der Rede gibt, die der äußeren Erscheinung nach verschieden, dem inneren Wesen nach aber lobenswürdig sind; so kann man unmöglich diese so von einander abweichenden Dinge durch die nämlichen Regeln und durch eine und dieselbe Unterweisung lehren.

35. Doch dieß verhält sich nicht so; nur müssen diejenigen, welche Andere bilden und unterrichten, auf das Sorgfältigste beachten, wohin einen Jeden seine natürliche Anlage vorzugsweise zu führen scheint. Denn wir sehen, daß aus der nämlichen Schule der größten Künstler und Lehrmeister, eines jeden in seiner Art, Schüler hervorgegangen sind, die einander unähnlich und doch lobenswürdig waren, da sich der Unterricht des Lehrers den natürlichen Anlagen eines Jeden anbequemte.

36. Ein recht auffallendes Beispiel hiervon gibt, um die anderen Wissenschaften zu übergehen, Isokrates, ein ausgezeichneter Lehrer, welcher sagte, bei Ephorus wende er Sporen an, bei Theopompus hingegen Zügel. Den letzteren nämlich, der sich gern in kühnen Ausdrücken erging, hielt er zurück; den ersteren, der unschlüssig und zurückhaltend war, feuerte er an. Doch machte er sie nicht einander ähnlich, sondern dem Einen bildete er nur Etwas an, dem Anderen feilte

er etwas ab, und so bildete er bei beiden das aus, was die Natur eines Jeden zuließ.

X. 37. Diese Bemerkungen mußte ich vorausschicken, damit, wenn nicht Alles, was ich vortrage, euerer Neigung zusagt und der Art der Beredsamkeit, der ein jeder von euch seinen Beifall schenkt, angemessen ist, ihr wißt, daß ich nur die Art der Beredsamkeit darlege, die ich selbst für die beste befunden habe. Zu dem also, was Antonius entwickelt hat, muß ein gewisser äußerer Vortrag und eine gewisse Darstellung in Worten hinzutreten. Welche Darstellungsweise ist nun wol besser, – über den Vortrag werde ich später reden – als wenn wir ächt Lateinisch, deutlich, geschmückt und dem Gegenstande der Verhandlung angemessen und entsprechend reden?

38. Ueber die beiden zuerst genannten Punkte, die Reinheit und Deutlichkeit der Rede, werden, glaub' ich, keine Regeln von mir erwartet. Wir versuchen ja nicht den reden zu lehren, der noch nicht zu sprechen versteht, noch dürfen wir hoffen, daß der, welcher nicht richtig Lateinisch sprechen kann, geschmückt reden werde, oder gar, daß der, welcher nicht verständlich redet, im Stande sei durch seine Rede Bewunderung zu erregen. Lassen wir also dieses unberührt; es kann ja leicht erlernt werden und ist für den Gebrauch unentbehrlich. Denn das Eine wird den Knaben in dem ersten Sprachunterrichte gelehrt; das Andere wird zu dem Zwecke angewendet, damit man verstehe, was Einer sagt; dieses ist nun zwar, wie wir wissen, nothwendig, aber es ist das Allergeringste. Die Sprachrichtigkeit wird zwar in ihrem ganzen Umfange durch die Sprachkunde ausgebildet, aber gefördert wird sie durch das Lesen der Redner und Dichter.

39. Denn jene Alten, die ihre Rede noch nicht auszuschmücken verstanden, haben sich fast alle sehr sprachrichtig ausgedrückt, und wer sich an ihre Rede gewöhnt hat, der muß unwillkürlich rein Lateinisch reden. Jedoch darf man sich der Worte, die unser jetziger Sprachgebrauch nicht mehr anwendet, nur zuweilen zum Schmucke bedienen, und zwar sparsam, wie ich zeigen werde; von den gebräuchlichen kann der, welcher

sich fleißig und viel mit den alten Schriften beschäftigt hat, die auserlesensten anwenden.

XI. 40. Und um sprachrein zu reden, müssen wir nicht allein darauf sehen, daß wir nur solche Worte vorbringen, welche Niemand mit Recht tadeln kann, und an ihnen hinsichtlich der Kasusendungen, der Zeitformen und der Geschlechts- und Zahlform den richtigen Gebrauch beobachten, um nicht etwas Verwirrtes und Widersinniges oder Verkehrtes zu sagen, sondern wir müssen auch selbst die Zunge, den Athem und den Ton der Stimme regeln.

41. Ich mag nicht, daß man die Laute gar zu geziert ausdrücke; ich mag nicht, daß man sie zu nachlässig verschlucke; ich mag nicht, daß man die Worte mit einem zu seinen Hauche, aber auch nicht, daß man sie mit vollen Backen ausspreche und gleichsam aus tiefer Brust auskeuche. Denn von der Stimme erwähne ich noch nicht das, was zum äußeren Vortrage gehört, sondern nur das, was mit der Sprache in Verbindung steht. Es gibt nämlich gewisse Fehler, die Jeder gern vermeiden mag: eine weiche oder weibische oder allen Wohlklang verletzende und mißtönende Stimme.

42. Es gibt aber auch einen Fehler, den Manche absichtlich sich anzueignen suchen. Eine bäurische und grobe Aussprache gefällt Einigen, damit ihre Sprache, wenn sie so klingt, um so mehr das Altertümliche festzuhalten scheine. So scheint mir dein Freund, lieber Catulus, Lucius Cotta an Schwerfälligkeit der Zunge und an einem groben Tone der Stimme Gefallen zu finden, und er meint, seine Worte würden altertümlicher erscheinen, wenn sie recht bäurisch klängen. Mir hingegen gefällt dein Ton und jene Lieblichkeit, ich meine nicht die der Worte, wiewol sie die Hauptsache ist; doch diese eignen wir uns an durch die Kunst, erlernen wir durch die Sprachwissenschaft, befestigen wir durch die Uebung im Lesen und Schreiben; sondern ich meine die Lieblichkeit, die aus dem Munde hervorgeht, welche, wie bei den Griechen den Attikern, so in der Lateinischen Sprache unserer Stadt vorzugsweise eigen ist.

43. Zu Athen ist die gelehrte Bildung schon lange für die Athener selbst untergegangen; nur der Wohnsitz ist in dieser Stadt für die Wissenschaft geblieben, deren die Bürger entbehren, die Fremden hingegen, eingenommen durch den Namen und das Ansehen der Stadt, genießen; gleichwol wird die gelehrtesten Asiaten jeder beliebige ungelehrte Athener nicht in den Worten, wohl aber in dem Tone der Stimme und nicht sowol an Güte als an Lieblichkeit der Sprache leicht übertreffen. Die Unsrigen beschäftigen sich weniger mit den Wissenschaften als die Latiner, und doch findet sich unter unseren Stadtbürgern, welche – du kennst sie ja – nur eine sehr geringe wissenschaftliche Bildung besitzen, Niemand, der es nicht dem gelehrtesten aller Togaten, dem Quintus Valerius Soranus, an Sanftheit der Stimme und au Abrundung und Wohllaut der Aussprache selbst leicht zuvorthäte.

XII. 44. Da es nun eine bestimmte, den geborenen Römern und der Stadt Rom eigentümliche Aussprache gibt, in der sich nichts Anstößiges, nichts Mißfälliges, nichts Tadelnswerthes findet, Nichts, was einen fremdartigen Klang oder Anstrich hätte: so wollen wir uns diese aneignen und nicht bloß die bäurische Rauheit, sondern auch das Auffallende einer ausländischen Aussprache zu vermeiden lernen.

45. Wenn ich meine Schwiegermutter Lälia höre – die Frauen bewahren ja die altertümliche Aussprache leichter in ihrer unverfälschten Reinheit, weil sie nicht Viele sprechen hören und daher immer das festhalten, was sie zuerst gelernt haben – wenn ich also die Lälia höre, so ist es mir nicht anders, als wenn ich den Plautus oder Nävius hörte. Schon der Ton ihrer Stimme ist so richtig und einfach, daß man sieht, sie ist von aller Prunksucht und Nachahmung frei: woraus ich schließe, daß so ihr Vater, so ihre Vorfahren gesprochen haben: nicht rauh, wie der oben genannte, nicht plump, nicht bäurisch, nicht klaffend, sondern mit wohlgerundetem Munde, ebenmäßig und sanft.

46. Unser Cotta also, dessen breite Aussprache du, mein Sulpicius, bisweilen nachahmst, indem du den Laut I aufhebst und dafür ein sehr volles E aussprichst, scheint mir nicht die alten Redner, sondern die

Schnitter nachzuahmen. – Als Sulpicius selbst hierbei lächelte, sagte Crassus: Ja, so will ich mit euch verfahren: ihr habt mich zum Reden genöthigt; nun gut, so sollt ihr auch Etwas von eueren Fehlern hören. – Ei, möchtest du doch das thun! erwiderte jener. Das wünschen wir ja gerade, und wenn du dieses thust, so werden wir, wie ich glaube, gleich hier noch an heutigem Tage viele Fehler ablegen.

47. Aber freilich kann ich dich, Sulpicius, fuhr Crassus fort, nicht ohne meine eigene Gefahr tadeln, weil ja Antonius erklärt hat, er finde dich mir sehr ähnlich. – Ja, tadle mich nur, erwiderte dieser; denn jener hat zugleich auch die Lehre gegeben, wir möchten nur das Vorzüglichste an Anderen nachahmen. Daher befürchte ich, daß ich von dir Nichts nachgeahmt habe als das Stampfen mit dem Fuße und einige wenige Ausdrücke und im glücklichsten Falle die eine oder andere Bewegung. – Also, sagte Crassus, was du von mir hast, will ich nicht tadeln; sonst möchte ich mich selbst lächerlich machen; doch was du von mir hast, ist weit mehr und viel Wichtigeres, als was du anführst. Was aber entweder ganz dein Eigentum ist, oder was du Anderen nachgebildet hast, darüber will ich dir, wenn vielleicht eine Gelegenheit dazu Veranlassung geben sollte, meine Bemerkungen mittheilen.

XIII. 48. Wir wollen nun die Regeln über die Sprachrichtigkeit übergehen, welche in dem Knabenunterrichte gelehrt, durch die gründliche Kenntniß der wissenschaftlichen Sprachlehre oder durch die häusliche Unterhaltung und die tägliche Uebung im Reden ausgebildet und durch die Lesung der alten Redner und Dichter befestigt werden. Auch bei dem zweiten Punkte wollen wir uns nicht lange aufhalten und nicht weitläufig erörtern, durch welche Mittel man verständlich reden könne.

49. Offenbar dadurch, daß wir sprachrichtig reden, Worte anwenden, die gebräuchlich sind und das genau bezeichnen, was wir andeuten und erklären wollen, zweideutige Ausdrücke oder Reden vermeiden, nicht zu lange Perioden bilden, sinnbildliche Darstellungen nicht sehr ausdehnen, die Gedanken nicht zerreißen, die Zeiten nicht umkehren, die Personen nicht verwechseln, die Ordnung nicht verwirren. Kurz, die ganze Sache

ist so leicht, daß es mir oft sehr wunderbar dünkt, wenn man schwerer versteht, was der Anwalt sagen will, als wenn der selbst, der den Anwalt anwendet, über seine Angelegenheit redete.

50. Denn diejenigen, welche uns ihre Streitsachen übertragen, belehren uns gemeiniglich über dieselben so deutlich, daß man es nicht besser wünschen kann. Sobald aber Fufius oder euer Altersgenosse Pomponius dieselben Gegenstände zu verhandeln anfängt, so verstehe ich weit weniger, was sie sagen, wenn ich nicht sehr aufmerke; so ungeordnet, so verworren ist ihr Vortrag, daß man nicht weiß, was das Erste, was das Zweite ist, und so groß die Ungewöhnlichkeit und das Gewirre ihrer Worte, daß die Rede, welche Licht über die Sachen verbreiten soll, sie in Dunkelheit und Finsterniß einhüllt, und zwar dergestalt, daß sie in ihrem Vortrage mit ihrem Wortschwalle gewissermaßen gegen sich selbst zu streiten scheinen.

51. Doch ich hoffe, daß euch Aelteren wenigstens diese Dinge zur Genüge lästig und abgeschmackt erscheinen; ich will daher, wenn es beliebt, zu den übrigen Gegenständen fortgehen, die noch um ein Bedeutendes widriger sind.

XIV. Ei freilich, sagte Antonius, du siehst ja, wie wir ganz andere Dinge treiben, wie ungern wir dir zuhören, wir, die wir – ich schließe von mir auf Andere – uns bewegen lassen alles Andere bei Seite zu setzen, um dir nachzugehen, um dir zuzuhören; so zierlich verstehst du dich über Rauhes, so reichhaltig über Mageres, so neu über Allbekanntes auszudrücken.

52. Kein Wunder, Antonius, erwiderte er; denn die beiden Abschnitte über die Richtigkeit der Sprache und die Deutlichkeit des Vortrages, die ich eben durchlief oder vielmehr beinahe überging, waren leicht; die übrigen hingegen sind umfassend, verwickelt, mannigfaltig, gewichtig; auf ihnen beruht die ganze Bewunderung des Geistes, der ganze Ruhm der Beredsamkeit. Nie hat Jemand einen Redner bewundert, weil er sprachrichtig redete; ist dieß nicht der Fall, so verlacht man ihn und hält ihn gar nicht für einen Redner, ja kaum für einen Menschen. Niemand hat

den gepriesen, der so deutlich redete, daß die Anwesenden seinen Vortrag verstehen konnten; wohl aber verachtete man den, der dieß nicht leisten konnte.

53. Vor wem also werden die Menschen mit einem ehrfurchtsvollen Schauer erfüllt? wen schauen sie während seines Vortrages mit Staunen an? wem rufen sie lauten Beifall zu? wer erscheint ihnen, um mich so auszudrücken, wie ein Gott unter den Menschen? Wer deutlich, wer klar, wer mit Fülle, wer lichtvoll hinsichtlich der Sachen sowol als der Gedanken redet und in der Rede selbst ein gewisses Ebenmaß und versartiges Silbenmaß beobachtet, und das ist das, was ich unter einem schönen Vortrage verstehe. Wer aber zugleich den Ton der Rede so zu stimmen weiß, wie es die Würde der Sachen und der Personen erheischt, der besitzt die lobenswerthe Eigenschaft eines angemessenen und passenden Vortrages.

54. Einen solchen Redner, erklärte Antonius, habe er bis jetzt noch nicht gesehen, und nur einem solchen, behauptete er, dürfe man den Namen eines Redners beilegen. Verlacht und verachtet also auf meine Verantwortung alle die, welche durch die Regeln der heutigen sogenannten Redekünstler die ganze Bedeutung des Redners umfaßt zu haben meinen und doch nicht begreifen konnten, welche Person sie vorstellen oder welchen Beruf sie haben. Denn in der That der Redner muß alle Verhältnisse und Beziehungen des menschlichen Lebens, weil dieses das Gebiet seiner Thätigkeit ist und als der Stoff seiner Reden vorliegt, untersucht, gehört, gelesen, besprochen, behandelt und bearbeitet haben. Denn die Beredsamkeit ist eine von den höchsten Tugenden.

55. Obwol alle Tugenden unter sich gleich und ähnlich sind, so ist doch nach der äußeren Erscheinung die eine schöner und mehr in die Augen fallend als die andere. Von solcher Art ist die Geschicklichkeit des Redners, welche im Besitze gründlicher Sachkenntnis die Gedanken und Ratschläge des Geistes so in Worten darzulegen weiß, daß sie die Zuschauer nach jeder Seite, wohin sie sich neigen mag, hintreiben kann.

Je größer aber diese Geschicklichkeit ist, um so mehr muß sie mit Rechtschaffenheit und der höchsten Klugheit verbunden werden. Denn wollten wir denen, die dieser Tugenden entbehren, die Beredsamkeit lehren; so würden wir sie nicht zu Rednern bilden, sondern Rasenden Waffen in die Hand geben.

XV. 56. Diese Kunst des Denkens und Vortragens und diese Geschicklichkeit der Rede, sage ich, nannten die alten Griechen Weisheit. Aus ihr gingen Männer hervor, wie Lykurgus, Pittakus, Solon, und in ähnlicher Weise bei uns ein Coruncanius, ein Fabricius, ein Cato, ein Scipio, die vielleicht nicht so gelehrt waren, aber von gleichem Seelendrange und gleicher Gesinnung belebt. Andere aber, wie Pythagoras, Demokritus, Anaxagoras, besaßen zwar dieselbe Klugheit, aber, nach einem verschiedenen Lebensplane Ruhe und Muße suchend, entsagten sie der Staatsverwaltung und widmeten sich mit ganzer Seele der Erforschung der Wahrheit. Diese Lebensweise zog aber wegen der Gemüthsruhe, die sie gewährt, und wegen der Süßigkeit der Wissenschaft selbst, welche alle anderen Annehmlichkeiten der Menschen übertrifft, mehr Männer an, als den Staaten zuträglich war.

57. Als nun die hervorragendsten Köpfe sich dieser Neigung hingaben und über ihre Zeit frei und unbehindert verfügen konnten, so veranlaßte der Ueberfluß an Muße und die Fruchtbarkeit ihres Geistes diese gelehrten Männer weit Mehr, als nöthig war, zu betreiben, zu untersuchen und zu erforschen. Denn die alte Gelehrsamkeit wenigstens erscheint zugleich als Lehrerin der sittlichen Handlung und der Wohlredenheit, und für die Kunst des Lebens und des Redens gab es nicht besondere Lehrer, sondern es waren die nämlichen, wie jener Phönix bei Homer, welcher sagt, er sei vom Vater Peleus dem jungen Achilleus für den Krieg zum Begleiter gegeben, um ihn tüchtig zu bilden im Reden und Handeln:

μύθων τε ρητῆρ' ἔμεναι πρηκτῆρα τε ἔργων,
Beides, beredt in Worten zu sein und rüstig in Thaten.

Voß.

58. Aber sowie Menschen, welche an anhaltende und tägliche Arbeit gewöhnt sind, wenn sie durch das Wetter von ihrem Tagewerke abgehalten werden, zum Ball- oder Knöchel- oder Würfelspiele greifen oder sich selbst auch in der Muße einen neuen Zeitvertreib aussinnen: so machten es auf ähnliche Weise auch jene Männer, wenn sie sich von der Beschäftigung mit den Staatsgeschäften durch die Zeitverhältnisse ausgeschlossen sahen oder sich aus freier Wahl der Muße ergaben. Einige von ihnen wandten sich ganz der Dichtkunst zu, Andere der Geometrie, Andere der Musik, Andere schufen sich auch, wie die Dialektiker, eine neue Beschäftigung und Unterhaltung, und so brachten sie ihre ganze Lebenszeit in den Künsten zu, die zu dem Zwecke erfunden sind den Geist der Jugend zu der höheren Menschenbildung und zu einem tugendhaften Leben anzuleiten.

XVI. 59. Aber sowie es Manche gab, und zwar nicht Wenige, die im Staate durch die zwiefache Weisheit des Handelns und Redens, die sich nicht von einander trennen läßt, hervorglänzten, wie Themistokles, Perikles, Theramenes, oder die zwar selbst nicht an Staatsgeschäften Theil nahmen, aber doch Lehrer der Staatsweisheit waren, wie Gorgias, Thrasymachus, Isokrates: so fanden sich dagegen auch Männer, die, obwol mit Gelehrsamkeit und Geistesgaben reichlich ausgestattet, doch aus Grundsatz sich des Staatswesens und der öffentlichen Geschäfte enthielten und diese Redeübungen verspotteten und verachteten. Unter diesen war Sokrates die Hauptperson, er, der nach dem Zeugnisse aller Gelehrten und dem Urtheile von ganz Griechenland an Einsicht, Scharfsinn, Geschmack und Feinheit, sowie auch an Beredsamkeit, Vielseitigkeit und Fülle, er mochte nun bei einer Untersuchung eine Seite vertheidigen, welche er wollte, leicht Alle übertraf.

60. Dieser hat denen, die die Gegenstände, über die wir jetzt reden, bearbeiteten, behandelten und lehrten, und die, weil die gesammte

Kenntniß der edelsten Wissenschaften und die Beschäftigung mit denselben Philosophie genannt wurde, nur den Einen Namen Philosophen führten, diesen gemeinsamen Namen entrissen und die in der Wirklichkeit zusammenhängenden Wissenschaften weise zu denken und schön zu reden in seinen Untersuchungen getrennt: der Mann, dessen Geist und mannigfaltige Gespräche Plato in seinen Schriften verewigt hat, da Sokrates selbst nichts Schriftliches hinterlassen hatte. 61. Hieraus entsprang, um mich so auszudrücken, die Trennung der Zunge und des Herzens, die wahrlich ungereimt, schädlich und tadelnswerth ist und bewirkt hat, daß Andere uns die Weisheit, Andere das Reden lehren. Da nämlich sehr viele Philosophen gerade von Sokrates ausgegangen waren, indem aus seinen mannigfaltigen, verschiedenen und nach allen Seiten hin sich verbreitenden Gesprächen der Eine dieses, der Andere jenes aufgegriffen hatte; so wurden unter einander abweichende, verschiedene und unähnliche Schulen erzeugt, obwol sie alle sich Sokratiker genannt wissen wollten und es zu sein glaubten.

XVII. 62. Zuerst gingen von Plato selbst Aristoteles und Xenokrates aus, von denen der erstere den Namen der Peripatetiker, der letztere den der Akademie begründete; alsdann von Antisthenes, der die Ausdauer und Abhärtung in den Gesprächen des Sokrates vorzüglich liebgewonnen hatte, zuerst die Cyniker, dann die Stoiker; hierauf entsprang von Aristippus, den mehr die Vorträge über die Sinnenlust angezogen hatten, die Cyrenäische Philosophie. Dieser und seine Schüler vertheidigten die Sinnenlust unumwunden, während diejenigen, welche jetzt Alles nach dem sinnlichen Vergnügen bestimmen, zwar mit mehr Zurückhaltung verfahren, aber einerseits der sittlichen Würde, die sie nicht verschmähen, kein Genüge leisten, andererseits die Sinnenlust, die sie hochschätzen wollen, nicht zu rechtfertigen wissen. Auch gab es noch andere Schulen der Philosophen, die sich fast alle für Sokratiker erklärten, Eretriker, Herillier, Megariker, Pyrrhoneer; aber sie sind schon längst durch die nachdrücklichen Angriffe der zuvor genannten bekämpft und erloschen.

63. Von den Schulen aber, die noch fortbestehen, eignet sich die Philosophie, die die Sinnenlust in Schutz nimmt, wenn sie auch Manchem wahr erscheinen mag, doch durchaus nicht für den Mann, den wir suchen, der Leiter des öffentlichen Rathes, Führer in der Verwaltung des Staates, Stimmführer und erster Redner im Senate, vor dem Volke und bei öffentlichen Verhandlungen sein soll. Doch soll dieser Philosophie durchaus keine Kränkung von uns zugefügt werden; sie soll ja nicht von dem Orte verdrängt werden, den sie zu betreten wünscht; nein, sie mag in ihren Lustgärten ruhen, wo sie will, wo sie auch, weich und üppig gelagert, uns von der Rednerbühne, von den Gerichten, von der Curie zu sich einladet, vielleicht aus weisen Gründen, zumal bei der gegenwärtigen Lage des Staates.

64. Jedoch untersuche ich jetzt nicht, welche Philosophie die wahrste sei, sondern welche sich am Meisten für den Redner eignet. Darum wollen wir die Anhänger dieser Schule ohne Kränkung gehen lassen; – es sind ja gute, ehrliche Leute und, weil sie sich's einbilden, auch glückselig – und ihnen nur die Vermahnung geben ihre Behauptung, wenn sie auch vollkommen wahr ist, der Weise dürfe an der Staatsverwaltung keinen Theil nehmen, doch als ein tiefes Geheimniß für sich zu behalten. Denn sollten sie uns und alle Gutgesinnten davon überzeugen, so dürften sie selbst nicht länger der Ruhe genießen können, auf die ihr höchstes Verlangen gerichtet ist.

XVIII. 65. Die Stoiker aber mißbillige ich keineswegs, aber doch lasse ich auch sie gehen und fürchte ihren Zorn nicht, weil sie gar nicht zürnen können, indeß weiß ich es ihnen Dank, daß sie allein unter Allen die Beredsamkeit für eine Tugend und Weisheit erklärt haben. Aber Zweierlei haben sie, was sich mit dem Redner, den wir bilden wollen, durchaus nicht verträgt: erstens, daß sie Alle, die nicht weise sind, für Sklaven, Räuber, Feinde, Unsinnige erklären und gleichwol Niemanden als weise anerkennen wollen. Es wäre aber sehr ungereimt, wenn man eine Volksversammlung oder den Senat oder irgend einen Verein von Menschen dem anvertrauen wollte, nach dessen Ansicht keiner der Anwesenden vernünftig, keiner ein Bürger, keiner frei sein kann.

66. Hierzu kommt zweitens, daß sie sich einer Ausdrucksweise bedienen, die vielleicht fein und gewiß scharfsinnig ist, aber für einen Redner zu mager, ungewöhnlich, den Ohren der großen Menge nicht zusagend, dunkel, kraftlos, nüchtern und überhaupt von der Art, daß sie bei dem Volke ganz unbrauchbar sein würde. Denn über die Güter und Uebel haben die Stoiker eine andere Ansicht als die übrigen Bürger oder vielmehr Völker; in einer anderen Bedeutung nehmen sie die Begriffe von Ehre und Schande, Belohnung und Strafe. Ob mit Recht oder Unrecht, gehört nicht zu unserer jetzigen Untersuchung; aber wollten wir ihre Lehren annehmen, so würden wir nie Etwas mit unserer Rede ausrichten können.

67. Uebrig sind noch die Peripatetiker und Akademiker; der Name der Akademiker jedoch gehört zwei Lehrgebäuden an. Denn Speusippus, Plato's Schwestersohn, und Xenokrates, Plato's Schüler, sowie Polemo und Krantor, Schüler des Xenokrates, weichen in ihren Lehrsätzen durchaus nicht sehr von Aristoteles ab, der zu gleicher Zeit Plato' Schüler gewesen war; an der Fülle und Mannigfaltigkeit ihres Vortrages waren sie vielleicht einander ungleich. Arcesilas, ein Schüler des Polemo, ergriff zuerst aus Plato's mannigfaltigen Schriften und Sokratischen Gesprächen vorzüglich den Gedanken auf, daß sowol die sinnlichen als die geistigen Wahrnehmungen aller Gewißheit entbehrten, und in einem höchst anmuthigen Vortrage soll er alle Urtheile des Geistes und der Sinne verworfen und zuerst die Lehrart eingeführt haben, die jedoch ächt Sokratisch war, nicht seine eigene Ansicht darzulegen, sondern wider die Ansicht, die ein Anderer aufgestellt hatte, zu streiten.

68. Von hier ging die neuere Akademie hervor, in der ein Mann von unvergleichlicher Raschheit des Geistes und Fülle der Beredsamkeit auftrat, Karneades. Viele seiner Zuhörer habe ich zu Athen kennen gelernt; als die sichersten Gewährsmänner aber für mein Urtheil über ihn kann ich meinen Schwiegervater Scävola anführen, der als Jüngling ihn zu Rom hörte, und meinen berühmten Freund, Quintus Metellus, des Lucius Sohn, der mir erzählte, er habe als Jüngling jenen als schon hochbejahrten Greis viele Tage lang zu Athen gehört.

XIX. 69. Sowie nun von dem Apenninischen Gebirge die Flüsse, so haben sich von diesem gemeinsamen Berggipfel der Weisheit die Wissenschaften in verschiedene Arme getheilt, indem die Philosophen gleichsam in das obere Ionische, Griechische und hafenreiche Meer hinabfloßen, die Redner hingegen in unser unteres Tuskisches, barbarisches, klippenvolles und unwirtbares Meer hinabstürzten, in dem auch Ulixes selbst umhergeirrt war.

70. Wollt ihr also mit einer solchen Beredsamkeit und einem solchen Redner zufrieden sein, welcher weiß, daß man eine gemachte Beschuldigung ableugne oder, ist dieß nicht möglich, zeigen müsse, daß die Handlung des Angeschuldigten entweder mit Recht oder durch eines Anderen Schuld oder Unrecht oder dem Gesetze gemäß oder nicht gegen das Gesetz oder aus Unwissenheit oder nothgedrungen geschehen sei, oder daß sie nicht mit dem Namen belegt werden dürfe, den man ihr beilege, oder daß die Klage nicht nach Pflicht und Befugniß angestellt werde; und haltet ihr es für hinlänglich das zu erlernen, was jene Schriftsteller der Kunst lehren, was jedoch Antonius weit geschmackvoller und reichhaltiger entwickelt hat, als es von jenen vorgetragen wird: wollt ihr, sage ich, hiermit zufrieden sein, sowie auch mit dem, was ich euch auf euer Verlangen vortragen soll, so treibt ihr den Redner aus einem unermeßlich großen Felde in eine wahrlich recht enge Laufbahn.

71. Wollt ihr aber dem Perikles oder dem Demosthenes, der uns wegen seiner vielen Schriften vertrauter ist, folgen, und habt ihr jenes Musterbild des vollkommenen Redners in seinem herrlichen Glanze und seiner vorzüglichen Schönheit liebgewonnen: so müßt ihr euch des Karneades oder des Aristoteles dialektische Gewandtheit anzueignen suchen.

72. Denn, wie ich zuvor bemerkte, jene Alten bis auf Sokrates verbanden die gesammte Kenntniß und Wissenschaft aller Dinge, welche sich auf die Sitten der Menschen, auf das Leben, auf die Tugend, auf den Staat beziehen, mit der Redekunst. Später aber, nachdem, wie ich auseinandergesetzt habe, von Sokrates, sowie auch von allen Sokratikern der Reihe nach die Redner von den Philosophen gesondert waren,

verachteten die Philosophen die Beredsamkeit, sowie die Redner die Philosophie, und beide berührten durchaus nicht des Anderen Gebiet außer in dem, was sie wechselseitig von einander entlehnten, während sie aus einer gemeinsamen Quelle schöpfen könnten, wenn sie in ihrer früheren Gemeinschaft hätten verbleiben wollen.

73. Aber sowie die alten Oberpriester wegen der Menge der Opfer für die Besorgung der Opfermahle drei Opferpriester gewählt haben, obwol sie selbst von Numa zu dem Zwecke eingesetzt waren das Opfermahl bei den Spielen zu besorgen; so haben auch die Sokratiker von sich und dem gemeinsamen Namen der Philosophie die Sachwalter geschieden, während die Alten die Kunst der Rede und die des Denkens in eine wunderbare Gemeinschaft mit einander gesetzt hatten.

XX. 74. Da sich die Sache so verhält, so muß ich eine kleine Bitte für mich an euch richten und euch ersuchen das, was ich sagen werde, nicht auf mich selbst zu beziehen, sondern auf den Redner. Denn wiewol mein Vater mich in meiner Jugend mit der größten Sorgfalt hat erziehen lassen, und ich auch einige Naturanlage, wie ich mir bewußt bin, die aber von euch wol zu hoch angeschlagen werden mag, auf den Markt mitbrachte; so kann ich doch nicht behaupten das, was ich jetzt umfasse, in dem Umfange erlernt zu haben, wie ich es in meinem Vortrage verlangen werde. Denn ungemein früh übernahm ich die Führung öffentlicher Verhandlungen, und einundzwanzig Jahre alt klagte ich einen höchst angesehenen und beredten Mann gerichtlich an. Meine Schule war das Forum, meine Lehrmeister die Erfahrung, die Gesetze und Einrichtungen des Römischen Volkes und die Sitte der Vorfahren.

75. So sehr mich auch nach den Wissenschaften, von denen ich rede, dürstete; so habe ich doch nur wenig davon gekostet, als ich Quästor in Asien war, wo ich in einem Manne etwa von meinen Jahren, einem Akademiker, einen Lehrer der Beredsamkeit fand, jenem Metrodorus, dessen Gedächtniß Antonius erwähnte, und dann auf meiner Rückreise von Asien in Athen, wo ich mich länger aufgehalten haben würde, wenn ich nicht den Athenern gezürnt hätte, daß sie die Mysterien nicht

wiederholen wollten, zu denen ich um zwei Tage zu spät gekommen war. Wenn ich also so viel Kenntnisse und einen solchen Reichtum der Gelehrsamkeit in meinem Vortrage verlange, so spricht das nicht für mich, sondern vielmehr gegen mich – nicht von meinen Leistungen rede ich hier, sondern von denen des Redners – und gegen alle diejenigen, welche Regeln der Redekunst ertheilen: recht lächerliche Menschen; denn sie wissen nur von den Arten der Streitsachen, von den Eingängen und Erzählungen zu schreiben.

76. Das Gebiet der Beredsamkeit aber hat einen so großen Umfang, daß sie den Ursprung, das Wesen und die Veränderungen aller Dinge, der Tugenden, der Pflichten und der ganzen Natur, soweit dieselbe die Sitten, die Gemüthsarten und das Leben der Menschen angeht, umfaßt, sowie auch die Sitten, Gesetze und Rechte anordnet, den Staat lenkt, und Alles, worauf es sich auch beziehen mag, mit Geschmack und Fülle vorträgt.

77. In dieser Rücksicht leiste ich, so viel ich kann, so viel ich nach meinen Gaben, nach meiner mäßigen Gelehrsamkeit und meiner Erfahrung vermag; und doch glaube ich den Männern, die in der Philosophie ausschließlich den Wohnsitz ihres Lebens aufgeschlagen haben, wenn es auf einen gelehrten Streit ankäme, nicht eben sehr nachzustehen.

XXI. 78. Denn was könnte mein Freund Gajus Vellejus für die Behauptung anführen, daß die sinnliche Lust das höchste Gut sei, was ich nicht nach Belieben entweder vertheidigen oder widerlegen könnte aus den Fundgruben, die Antonius angezeigt hat, mittelst der Redefertigkeit, in der Vellejus unerfahren, ein jeder von uns dagegen wohl geübt ist? Was könnten Sextus Pompejus oder die beiden Balbus oder mein Freund, der mit Panätius Umgang gehabt hat, Marcus Vigellius, lauter Stoiker, über die Tugend vortragen, so daß ich oder irgend einer von euch in einer solchen Erörterung ihnen nachstehen müßte?

79. Mit der Philosophie nämlich verhält es sich anders als mit den übrigen Wissenschaften. Was würde zum Beispiel Einer in der Geometrie anfangen, der sie nicht erlernt hätte? was in der Musik? Entweder muß er schweigen, oder man wird ihn für einen unklugen Menschen halten. Der

Stoff der Philosophie hingegen wird durch einen scharfsinnigen und durchdringenden Verstand, der überall das Wahrscheinliche hervorzusuchen versteht, ausfindig gemacht, und der geübte Vortrag ist es, der ihn in einer geschmackvollen Form darstellt. Unser gewöhnlicher Redner wird, wenn er auch nicht sehr gelehrt, aber im Reden wohl geübt ist, schon mit dieser gewöhnlichen Uebung die Philosophen zu geißeln wissen und sich von ihnen nicht verachten und geringschätzen lassen.

80. Sollte aber dereinst Einer auftreten, der nach des Aristoteles Weise über alle Gegenstände für und wider seine Ansicht vortragen und nach dessen Regeln bei jeder Sache zwei entgegengesetzte Vorträge halten oder nach des Arcesilas und Karneades Weise gegen jeden vorgelegten Satz gründlich reden und mit dieser Einsicht auch die Uebung der Rednerschule und die Fertigkeit im Reden vereinigen könnte: so würde ich sagen, der ist der wahre, der vollkommene, der einzige Redner. Denn sowie der Redner ohne die kernige Kraft der gerichtlichen Beredsamkeit nicht genug Feuer und Gewicht haben kann, so muß es ihm ohne vielseitige Gelehrsamkeit an seiner Bildung und Weisheit gebrechen.

81. Demnach wollen wir gern zulassen, daß euer Korax seine Jungen im Neste ausbrüte, auf daß sie als widrige und lästige Schreier ausfliegen, und daß jener vortreffliche Pamphilus einen so wichtigen Gegenstand wie ein Kinderspiel auf Bändern bildlich darstelle; und nehmen wir auch an, wir selbst könnten in dieser kurzen Erörterung am gestrigen und heutigen Tage den ganzen Beruf des Redners darlegen: so bleibt doch die Beredsamkeit eine Wissenschaft von so großem Umfange, daß sie in allen Schriften der Philosophen, die nie einer der gewöhnlichen Redner berührt hat, enthalten zu sein scheint.

XXII. 82. Hierauf sagte Catulus: Wahrlich man darf sich gar nicht wundern, Crassus, daß du eine so große Kraft, Anmuth und Fülle der Beredsamkeit besitzest. Denn während ich vormals der Ansicht war, du habest es bloß deinen Naturgaben zu verdanken, daß du mir in deinen Reden nicht allein als der ausgezeichnetste Redner, sondern auch als der weiseste Mann erschienst: so sehe ich jetzt, daß du zu jeder Zeit die

Beschäftigung mit der Philosophie als Hauptsache betrachtet hast, und daß dieser Quelle die Fülle deiner Beredsamkeit entströmt ist. Aber gleichwol wenn ich mir alle Stufen deines Alters vergegenwärtige, und wenn ich dein Leben und deine Beschäftigungen betrachte; so begreife ich nicht, zu welcher Zeit du diese Kenntnisse gesammelt hast, und sehe auch nicht, daß du mit diesen Wissenschaften, Gelehrten und Büchern sehr eifrig verkehrst. Nicht jedoch kann ich entscheiden, ob ich mich mehr darüber wundern kann, daß du jene Kenntnisse, die ich, von dir überzeugt, für sehr wichtige Hülfsmittel halte, bei deinen so vielen Geschäften hast erlernen können, oder darüber, daß, wenn dir dieß nicht möglich war, du dennoch so vortrefflich reden kannst.

83. Da erwiderte Crassus: Vor Allem wünschte ich dich davon zu überzeugen, mein Catulus, daß ich es nicht viel anders mache, wenn ich von dem Redner handle, als ich es machen würde, wenn ich von dem Schauspieler reden sollte. Ich würde behaupten, er könne im Gebärdenspiele nicht befriedigen, wenn er nicht die Ringschule durchgemacht und das Tanzen erlernt hätte. Wenn ich nun diese Behauptung aufstellte, so brauchte ich deßhalb nicht selbst ein Schauspieler zu sein, sondern vielleicht nur ein nicht ungeschickter Beurtheiler einer fremden Kunst.

84. Auf gleiche Weise rede ich jetzt auf euer Verlangen von dem Redner, versteht sich von dem vollkommensten. Denn so oft über eine Kunst oder Fertigkeit die Frage entsteht, bezieht sie sich immer auf die vollkommenste und in sich abgeschlossene. Soll ich also nach euerem Urtheile ein Redner sein, auch ein ziemlich guter, ja wol gar ein guter Redner; so will ich mich nicht dagegen auflehnen; wozu soll ich mich jetzt zieren? ich weiß ja, daß ihr mich dafür haltet. Ist dieß nun auch so, so bin ich doch gewiß nicht der vollkommenste; denn es gibt auf der Welt keine Sache von größerer Schwierigkeit und Wichtigkeit, keine, die mehr Hülfsmittel der Gelehrsamkeit erforderte.

85. Aber gleichwol muß ich, weil ich vom Redner handeln soll, nothwendiger Weise von dem vollkommensten reden. Denn das

eigentliche Wesen einer Sache läßt sich dann erst recht begreifen, wenn sie in ihrer Vollkommenheit uns vor die Augen gestellt wird. Was mich aber anlangt, so muß ich, Catulus, gestehen, daß ich weder gegenwärtig mit philosophischen Büchern und mit Philosophen Umgang pflege, noch auch, wie du recht wohl weißt, je irgend eine Zeit zu wissenschaftlichen Beschäftigungen ausgesetzt, sondern nur so viel Zeit der gelehrten Bildung gewidmet habe, als das Knabenalter und die gerichtlichen Feiertage mir gestatteten.

XXIII. 86. Aber, lieber Catulus, willst du meine Ansicht über diese gelehrten Beschäftigungen wissen, so glaube ich, daß ein fähiger Kopf, der das Forum, die Curie, die öffentlichen Verhandlungen, das Staatswesen zu seinem Berufe macht, nicht so viel Zeit dazu nöthig hat, als sich die nehmen, deren ganzes Leben in den wissenschaftlichen Bestrebungen aufgeht. Denn alle Künste werden anders von denen getrieben, die sie zur Ausübung im Leben anwenden; anders von denen, die sich von der Beschäftigung mit den Künsten selbst so angezogen fühlen, daß sie im Leben nichts Anderes treiben wollen. Ein hiesiger Lehrmeister der Samniten gibt, obgleich schon hoch bejahrt, doch täglich Unterricht; denn er hat keine andere Beschäftigung. Hingegen Quintus Velocius hatte in seiner Jugend neben seinem anderen Unterrichte auch das Fechten gelernt, und weil er dazu Geschick besaß und es gründlich erlernt hatte, war er, wie es bei Lucilius heißt, ein tüchtiger Kämpfer. Wohl in der Schule geübt, mit dem Fechtstab gleichend dem Besten; aber weit mehr Thätigkeit verwandte er auf das Forum, die Freunde und das Hauswesen.

87. Valerius sang täglich; denn er war vom Theater; hingegen unser Freund Numerius Furius singt, wenn es ihm bequem ist; denn er ist Familienvater, ist Römischer Ritter; in seiner Jugend hat er gelernt, was zu lernen war. Ein gleiches Verhältniß findet bei den höheren Wissenschaften statt. Tag und Nacht sahen wir den hochverdienten und einsichtsvollen Quintus Tubero unter Leitung eines Philosophen dieser Wissenschaft obliegen; hingegen an seinem Oheim Africanus konnte man kaum merken, daß er sich damit beschäftigte, und doch that er es. Solche Wissenschaften lassen sich leicht lernen, wenn man nur so viel davon

nimmt, als man braucht, wenn man einen treuen Lehrer hat, und wenn man selbst zu lernen versteht.

88. Will man aber im ganzen Leben nichts Anderes treiben, so erzeugt die Behandlung und Untersuchung der Dinge aus sich selbst täglich Fragen, deren Lösung man in müssiger Behaglichkeit ergründen möchte. Hieraus folgt, daß die Erforschung der Dinge unendlich. die Erlernung hingegen leicht ist, wenn die Anwendung das Gelernte befestigt, mäßiger Fleiß darauf verwendet wird, und Gedächtniß und Eifer ausdauern. Es macht aber Vergnügen immer zu lernen, so daß ich gern recht gut Würfel spielen oder mit besonderer Neigung das Ballspiel treiben möchte, vielleicht auch, wenn ich darin Nichts leisten könnte.

89. Aber Andere, weil sie dieß vortrefflich verstehen, finden ein größeres Vergnügen daran, als gut ist, wie Titius am Ballspiele, Brulla am Knöcheln. Daher braucht Niemand den großen Umfang der Wissenschaften aus dem Grunde zu fürchten, weil Greise noch daran lernen; denn entweder haben sie sich erst im Alter damit befaßt oder lassen sich bis zum Alter in ihren Forschungen festhalten oder sind sehr langsame Köpfe. Nach meiner Meinung verhält sich die Sache so: was Einer nicht schnell lernt, das wird er überhaupt nie gründlich erlernen können.

XXIV. 90. Ja, ja, sagte Catulus, ich verstehe schon, mein Crassus, was du meinst, und wahrlich ich stimme dir bei; ich sehe, daß du, ein Mann von so großem Lerneifer, Zeit genug gehabt hast, um das zu erlernen, was du in deinem Vortrag erwähnt hast. – Fährst du denn noch immer fort, erwiderte Crassus, meinen Vortrag auf meine Person und nicht auf die Sache selbst zu beziehen? Doch, wenn es beliebt, laßt mich jetzt zu dem Vorhaben zurückkehren. – Sehr gern, sagte Catulus.

91. Hierauf fuhr Crassus fort: Was ist nun der Zweck dieser so langen und so weit ausgeholten Rede? Die beiden Theile, die mir noch übrig sind, durch die der Rede Glanz verliehen und die ganze Beredsamkeit zur höchsten Vollendung erhoben wird, von denen der eine einen geschmückten, der andere einen angemessenen Vortrag verlangt, haben die Bedeutung, daß die Rede möglichst anziehend sei, daß sie sich so viel

als möglich in die Empfindungen der Zuhörer ergieße, und daß sie mit möglichst reicher Sachkenntniß ausgerüstet sei.

92. Der Stoff unserer gerichtlichen Beredsamkeit aber, der in Zänkereien und Leidenschaften besteht und in den Vorurtheilen der großen Menge seine Quelle hat, ist wahrlich dürftig und bettelhaft. Andererseits ist aber auch der Stoff, den diejenigen lehren, die sich für Lehrer der Beredsamkeit ausgeben, nicht viel bedeutender als jener gewöhnliche vor den Gerichten. Einen Vorrath von Sachen haben wir nöthig, den wir überall aufgesucht und von allen Seiten gesammelt, herbeigeholt und zusammengetragen haben, wie du, Cäsar, für das nächste Jahr thun mußt, und wie ich mich in meiner Aedilität angestrengt habe, weil ich durch alltägliche und gewöhnliche Sachen unser so verwöhntes Volk nicht befriedigen zu können glaubte.

93. Die Wahl und die Stellung der Worte, sowie den Schlußfall der Rede lernt man leicht durch Regeln oder auch ohne Regeln durch die bloße Uebung. Der Stoff der Sachen aber ist groß, und da diesen die Griechen nicht mehr besitzen, und aus diesem Grunde unsere Jugend durch das Lernen beinahe verlernte, so sind, so Gott will, sogar auch Lateiner als Lehrmeister der Beredsamkeit in den beiden letzten Jahren aufgetreten, obwol ich ihnen als Censor das Handwerk gelegt hatte, nicht, wie gewisse Leute mir Schuld gegeben haben sollen, als sähe ich es nicht gern, daß der Verstand der jungen Männer geschärft werde. sondern vielmehr, weil ich nicht wollte, daß ihr Verstand abgestumpft, ihre Unverschämtheit hingegen gestärkt werde.

94. Denn bei den Griechen, wie sie auch beschaffen sein mochten, sah ich doch außer der Zungenfertigkeit einige Gelehrsamkeit und eine der Wissenschaft entsprechende feine Bildung; von diesen neuen Lehrmeistern hingegen überzeugte ich mich, daß sie nichts Anderes lehren konnten als dreist sein, was selbst mit guten Kenntnissen verbunden an und für sich sorgfältig vermieden werden muß. Da sie nun dieses Eine nur lehrten, und ihre Schule eine Schule der Unverschämtheit

war; so hielt ich es als Censor für meine Pflicht dafür Sorge zu tragen, daß das Uebel nicht weiter um sich griffe.

95. Doch will ich hiermit meine Ansicht nicht so entschieden aussprechen, als ob ich alle Hoffnung aufgäbe, daß die Gegenstände, von denen wir gesprochen haben, in der Lateinischen Sprache auf eine geschmackvolle Weise gelehrt werden könnten; denn sowol unsere Sprache als auch die Beschaffenheit der Sachen gestatten es jene alte herrliche Weisheit der Griechen für uns zu benutzen und unserer Weise anzupassen; aber dazu bedarf es kenntnißreicher Männer, wie sie sich bis jetzt, wenigstens in diesem Fache, noch nicht unter den Unsrigen gefunden haben; sollten aber dereinst solche aufstehen, so werden sie sogar vor den Griechen den Vorzug verdienen.

XXV. 96. Was nun den Schmuck der Rede betrifft, so ist er zuerst ein auf das Ganze bezüglicher, der gleichsam auf der ihr eigenen Farbe und dem ihr eigenen Safte beruht. Denn soll sie gewichtvoll, lieblich, fein gebildet, edel, bewunderungswürdig, geglättet sein, soll sie Empfindungen und Rührungen ausdrücken, soweit es nöthig ist: so liegt das nicht in den einzelnen Gliedern; in dem ganzen Körper tritt dieß hervor. Soll sie hingegen, so zu sagen, mit den Blüten der Worte und Gedanken bestreut sein, so dürfen diese nicht gleichmäßig über die ganze Rede ausgeschüttet, sondern so verteilt sein, wie die bei einem Festprunke hier und da aufgestellten Prachtstücke und leuchtende Zierate.

97. Man muß also eine Redeweise wählen, die die Zuhörer sehr fesselt, und die nicht allein ergötzt, sondern auch ohne Ueberdruß ergötzt; – das werdet ihr ja, glaub' ich, nicht von mir erwarten, daß ich euch vor einem dürftigen, ungebildeten, gemeinen, veralteten Vortrage warne; an etwas Höheres mahnt mich euer Geist und euer Alter.

98. Denn es ist schwer den Grund abzugeben, warum wir gerade gegen diejenigen Dinge, die unsere Sinne am Meisten entzücken und bei ihrer ersten Erscheinung am Lebhaftesten in Bewegung setzen, durch Ekel und Ueberdruß am Schnellsten eine Abneigung empfinden. Um wie viel hervorstechender durch die Schönheit und Mannigfaltigkeit der Farben

ist das Meiste auf den neuen Gemälden als auf den alten? Gleichwol ergötzen uns jene, wenn sie uns auch beim ersten Anblicke einnehmen, nicht auf die Länge, während wir uns bei den alten Gemälden selbst durch ihren rauhen und unserem Geschmacke fremd gewordenen Charakter angezogen fühlen. Um wie viel weicher und zarter sind im Gesange die Schleifer und Falsette als die bestimmten und ernsten Töne? Und dennoch äußern nicht nur Männer von finsterem Ernste, sondern, wenn sie öfter wiederkehren, selbst die große Menge laut ihr Mißfallen.

99. Man kann dieß auch bei den übrigen Sinnen sehen. Salben, die mit sehr starken und durchdringenden Wohlgerüchen durchwürzt sind, ergötzen uns nicht so lange als die mäßig duftenden, und mehr wird das gelobt, was nach Wachs, als was nach Safran zu riechen scheint. Selbst für den Sinn des Gefühls gibt es ein gewisses Maß von Weichheit und Glätte. Ja sogar der Geschmack, der unter allen Sinnen der genußsüchtigste ist und der durch die Süßigkeit mehr als die übrigen Sinne gereizt wird, wie schnell verabscheut und verschmäht er das sehr Süße? Wer kann sehr lange süße Getränke oder Speisen genießen? während wir derjenigen, welche nur in schwachem Grade den Sinn angenehm berühren, am Wenigsten leicht überdrüssig werden.

100. So grenzt in allen Dingen an die größten Sinnengenüsse Ueberdruß. Um so weniger kann uns dieß bei der Rede befremden, bei der wir sowol aus Dichtern als aus Reden beurtheilen können, daß ein Vortrag in gebundener oder ungebundener Rede, der zwar wohl abgerundet, zierlich, geschmückt, schön aufgeputzt ist, aber der Ruhepunkte, der Abwechslung und Mannigfaltigkeit entbehrt, mag er auch in den hellsten Farben prangen, doch auf die Länge uns nicht ergötzen kann. Und um so schneller findet man an den Schnörkeleien und der Schminke eines Redners oder Dichters Anstoß, weil, während die Sinne bei einem Uebermaße der Lust von Natur und nicht nach dem Urtheile des Verstandet übersättigt werden, in Schriften und Reden nicht bloß nach dem Urtheile der Ohren, sondern nach dem des Verstandes die aufgetragene Schminke um so leichter erkannt wird.

XXVI. 101. Darum mag man uns, so oft man will, zurufen: Wie schön! und wie herrlich! Aber: Wie niedlich! und wie nett! mag ich nicht gar zu oft hören. Wiewol ich wünschte, jener Ausruf: Unvergleichlich! möchte mir recht häufig zu Theil werden; so muß doch auch das höchste und bewunderungswürdigste Lob der Rede einen Schatten und eine Vertiefung haben, damit die Lichtseiten um so mehr abstechen und hervortreten. Niemals trägt Roscius folgenden Vers so nachdrücklich vor, wie er könnte: Denn der Weise sucht für Tugend Ruhm zum Lohne, nicht Gewinn, sondern er wirft ihn nur so hin, um sich auf die nächstfolgenden: Ach, was seh' ich? schwertumgürtet hält er der Götter Haus besetzt u. s. w. mit um so größerer Wucht zu werfen, indem er seine Blicke spielen läßt, und Verwunderung und Staunen ausdrückt.

102. Ferner der andere Schauspieler: Welchen Schutz such' ich jetzt? Wie sanft, wie gelassen, wie wenig leidenschaftlich trägt er diese Worte vor; denn es folgt gleich darauf: O Vater und o Vaterland, o Priamus' Palast! wobei der Vortrag nicht so erschütternd sein könnte, wenn er schon durch die frühere Bewegung verbraucht und erschöpft wäre. Dieß haben jedoch die Schauspieler nicht eher eingesehen als die Dichter selbst und überhaupt die Tonsetzer, welche beide den Ton erst sinken lassen, dann wieder heben, dann schwächen und wieder anschwellen, dann wechseln und gegen einander abstechen lassen.

103. So möge sich nun auch der Schmuck und die Lieblichkeit unseres Redners verhalten, wie es auch nicht anders bei ihm sein kann. Er soll eine herbe und kernhafte Lieblichkeit haben, nicht eine süßliche und kraftlose. Uebrigens sind die Regeln selbst, die man über den Schmuck der Rede gibt, von der Art, daß sie selbst der schlechteste Redner beobachten kann. Darum muß man sich, wie ich zuvor bemerkte, vor Allem einen Vorrath von Sachkenntnissen aneignen, worüber Antonius geredet hat; diesen muß man durch die Behandlung und Darstellungsweise künstlich ausbilden, durch Worte in das gehörige Licht stellen und durch Gedanken in mannigfaltiger Abwechslung hervortreten lassen.

104. Das höchste Lob der Beredsamkeit besteht aber darin, daß man einen Gegenstand durch die Ausschmückung vergrößert, was nicht bloß stattfindet, wenn man Etwas verschönert und erhöht, sondern auch, wenn man Etwas schmälert und herabdrückt.

XXVII. Dieses Mittel ist an allen solchen Stellen erforderlich, welche man, wie Antonius sagte, anwendet, um die Glaubwürdigkeit seiner Behauptungen zu erwirken, entweder wenn wir Etwas erörtern oder die Gemüther gewinnen oder aufregen wollen.

105. Aber in dem zuletzt erwähnten Falle hat die Vergrößerung die höchste Bedeutung und ist der höchste Ruhm des Redners und der ihm ganz besonders eigentümliche Vorzug. Recht förderlich für die Vergrößerung ist auch die Uebung im Loben und Tadeln, für die Antonius am Ende seines Vortrages (anfänglich wollte er sie ganz von sich weisen die nöthigen Vorschriften ertheilt hat. Denn Nichts ist für die Vergrößerung und Erhöhung des Vortrages geeigneter als beides vollkommen gut zu verstehen.

106. Hieran schließen sich auch jene Beweisquellen, die zwar den Rechtssachen angehören und dem innersten Wesen derselben inwohnen müssen, aber, weil sie, wenn von einer Sache im Allgemeinen geredet wird, angewendet zu werden pflegen, Gemeinplätze von den Alten genannt worden sind. Sie bestehen theils in scharfen, mit Vergrößerung gemachten Anschuldigungen von Lastern und Vergehungen oder in Beschwerden, gegen die man Nichts zu sagen pflegt noch zu sagen vermag, wie über Unterschleif, Verrat, Mord; von diesen darf man jedoch nur Gebrauch machen, wenn die Verbrechen schon erwiesen sind; denn sonst sind sie nüchtern und kraftlos.

107. Andere hingegen bestehen in Fürbitten und bezwecken die Erregung des Mitleids; andere aber enthalten doppelseitige Erörterungen, nach denen man über einen allgemeinen Satz für und wider mit Fülle reden kann. Diese Uebung wird jetzt als eine Eigentümlichkeit der beiden philosophischen Schulen, von denen ich vorher sprach, angesehen; bei den Alten hingegen gehörte sie denen an, von welchen man alle Kunst

und Fülle der Beredsamkeit für die gerichtlichen Verhandlungen entlehnte. Denn über Tugend, über Pflicht, über Recht und Billigkeit, über Würde, Nutzen, Ehre, Schande, Belohnung, Strafe und Aehnliches entgegengesetzte Ansichten zu vertheidigen darf es uns an Muth, Kraft und Kunst nicht gebrechen. 108. Aber nachdem wir nun aus unserem Besitztume vertrieben und auf einem gar kleinen Gebiete, das auch noch mit Streit und Gezänk angefüllt ist, belassen sind und, Vertheidiger Anderer, unser Eigentum nicht haben behaupten und beschützen können: so laßt uns – freilich zu unserer großen Schmach – von denen, die in unser Erbgut eingebrochen sind, das, was wir nöthig haben, entlehnen.

XXVIII. 109. Jene Philosophen nun, die jetzt nach einem kleinen Theile und Raume der Stadt Athen den Namen führen und Peripatetiker oder Akademiker heißen, vormals aber wegen ihrer vorzüglichen Kenntnisse in den wichtigsten Angelegenheiten mit dem Namen Politiker benannt wurden, der sich auf das gesammte Staatswesen bezieht, behaupten, die bürgerliche Rede zerfalle im Allgemeinen in zwei Arten, von denen die eine sich mit Streitfragen beschäftigt, die nach Zeit und Personen bestimmt sind, zum Beispiel auf die Weise: „Sollen wir von den Karthagern unsere Gefangene gegen Rückgabe der ihrigen annehmen?" die andere hingegen mit einer unbestimmten Frage über Etwas Allgemeines, wie: „Was soll man überhaupt über einen Gefangenen beschließen und urtheilen?" Die erstere Art nennen sie Rechtssache oder Streitsache und theilen sie in drei Theile: Rechtsklage, Berathschlagung und Belobung; die letztere, die unbestimmte und gleichsam nur aufgeworfene Frage, wird Untersuchungsfrage genannt. So lehren sie.

110. Dieser Eintheilung bedienen sich auch die Lehrer der Beredsamkeit bei ihrem Unterrichte, doch so, daß sie nicht nach Recht oder gerichtlichem Urtheile oder sogar mit Gewalt den verlorenen Besitz wieder zu gewinnen, sondern nach Vorschrift des bürgerlichen Rechtes durch einen abgebrochenen Zweig ihre Ansprüche darauf geltend zu machen scheinen. Denn nur die eine Art, die nach Zeiten, Orten und Personen bestimmt ist, halten sie fest, und selbst diese nur beim Zipfel. In

der Schule des Philo nämlich, der, wie ich höre, in der Akademie in dem höchsten Ansehen steht, wird jetzt auch über solche Verhandlungen fleißig Unterricht gegeben und häufige Uebungen angestellt. Die andere Art aber nennen sie nur zu Anfang ihres Unterrichtes in der Redekunst und behaupten, sie sei ein Eigentum des Redners, aber sie geben weder ihre Bedeutung noch ihr Wesen noch ihre Arten und Gattungen an, so daß es besser wäre, sie übergingen dieselbe ganz, als daß sie sie nur eben berühren und dann gleich wieder aufgeben. Denn jetzt schweigen sie aus Unwissenheit, im anderen Falle würden sie es mit Ueberlegung zu thun scheinen.

XXIX. 111. Bei jedem Gegenstande nun, über den eine Untersuchung und Erörterung stattfinden kann, mag diese nun allgemeine Untersuchungsfragen oder solche Sachen betreffen, welche den Staat und gerichtliche Verhandlungen angehen, ist das Wesen des Streites das nämliche, und es gibt keinen, der sich nicht entweder auf das Erkennen oder auf das Handeln bezöge.

112. Denn entweder wird die Erkenntniß und Wissenschaft einer Sache selbst erforscht, wie zum Beispiel: „Soll man nach der Tugend wegen ihres inneren Werthes oder wegen äußerer Vortheile streben?“ oder das Handeln wird zum Gegenstande der Berathung gemacht, zum Beispiel: „Soll der Weise sich dem Staatsdienste widmen?“

113. Von der Erkenntniß aber gibt es drei Arten: die Muthmaßung, die Erklärung und die Folgerung.

Durch Muthmaßung nämlich wird erforscht, was in einer Sache liege, zum Beispiel: „Findet sich Weisheit im Menschengeschlechte?“ Welche Bedeutung eine Sache habe, entwickelt die Erklärung, wie zum Beispiel, wenn gefragt wird: „Was ist Weisheit?“ Die Folgerung aber wird angewendet, wenn man untersucht, was für Folgen aus einer Sache hervorgehen, wie zum Beispiel: „Darf ein rechtschaffener Mann zuweilen eine Lüge sagen?“

114. Sie kehren nun wieder zur Muthmaßung zurück und theilen sie in vier Arten. Entweder nämlich fragt man, was eine Sache sei, zum Beispiel

auf die Weise: „Ist das Recht unter den Menschen auf die Natur oder auf Meinungen gegründet?“ oder was für einen Ursprung eine Sache habe, zum Beispiel: „Woraus sind Gesetze oder Staaten hervorgegangen?“ oder man fragt nach Grund und Ursache, wie zum Beispiel: „Warum sind die gelehrtesten Männer über die wichtigsten Angelegenheiten verschiedener Meinung?“ oder nach einer Veränderung, wie wenn man untersucht, ob die Tugend in dem Menschen untergehen, oder ob sie sich in das Laster umwandeln könne.

115. Zu der Erklärung gehören Erörterungen, entweder wenn man fragt, was für ein Begriff von einer Sache dem natürlichen Menschenverstande gleichsam eingeprägt sei, wie zum Beispiel wenn erörtert würde. ob *das* Recht sei, was der Mehrzahl nützlich ist; – oder wenn untersucht wird, was einem Dinge eigentümlich sei, zum Beispiel: „Ist ein schöner Vortrag dem Redner eigentümlich, oder kann ihn auch ein Anderer haben?“ – oder wenn ein Gegenstand in seine Theile zerlegt wird, wie wenn man früge: „Wie viel Arten wünschenswerter Dinge gibt es?“ und: „Gibt es deren drei, Güter des Körpers, der Seele und der Außenwelt?“ – oder wenn man das Gepräge einer Sache und gleichsam ihre natürlichen Merkmale beschreibt, wie zum Beispiel wenn nach dem Charakter eines Habsüchtigen, eines Aufrührers, eines Prahlers gefragt würde.

116. Von der *Folgerung* aber stellt man erstlich zwei Hauptarten der Fragen auf. Denn die Streitfrage ist entweder einfach, wie wenn erörtert würde, ob man nach Ruhm streben solle, oder sie beruht auf einer Vergleichung, zum Beispiel: „Verdient der Ruhm oder der Reichtum mehr erstrebt zu werden?“ Die einfachen aber sind dreierlei: sie beziehen sich nämlich entweder auf Dinge, die begehrt oder vermieden werden müssen, zum Beispiel: „Sind die Ehrenstellen begehrungswerth?“ „Soll man wol die Armut fliehen?“ – oder auf Billigkeit oder Unbilligkeit, zum Beispiel: „Ist es billig wegen Kränkungen selbst an Verwandten Rache zu nehmen?“ – oder auf Ehre oder Schande, zum Beispiel: „Ist es ehrenvoll des Ruhmes wegen zu sterben?“

117. Von der *Vergleichung* aber gibt es zwei Arten: erstens wenn man fragt, ob Wörter dasselbe oder verschiedenes bedeuten, wie: *fürchten* und *scheuen*, *König* und *Herrscher*, *Schmeichler* und *Freun d*; zweitens wenn man fragt, worin eine Sache besser sei als eine andere, wie: „Lassen sich die Weisen durch das Lob der Besten oder durch das der großen Menge leiten?“ So etwa werden die Streitfragen, die sich auf die Erkenntniß beziehen, von den Gelehrten eingeteilt.

XXX. 118. Die Streitfragen aber, die sich auf das Handeln beziehen, beschäftigen sich entweder mit der Erörterung einer Pflicht, wobei gefragt wird, was recht ist und geschehen soll, und dieser Abtheilung ist der ganze Stoff der Tugenden und Laster untergeordnet; oder mit Erzeugung oder Dämpfung und Aufhebung einer Leidenschaft; dieser Abtheilung sind die Ermahnungen, Verweise, Tröstungen, das Bemitleiden und überhaupt Alles, was zur Aufregung und nach Umständen zur Besänftigung der Leidenschaften dient. Bei dieser Entwickelung der Gattungen und Arten sämmtlicher Streitfragen ist es für die Sache nicht eben von Belang, wenn meine Eintheilung von der des Antonius in irgend einem Punkte abweicht.

119. Denn in beiden Auseinandersetzungen finden sich die nämlichen Glieder; nur habe ich sie etwas anders eingetheilt und angeordnet als er. Jetzt will ich zu dem Uebrigen fortgehen und mich auf die mir zugetheilte Aufgabe beschränken. Denn aus den Fundgruben, die Antonius nachgewiesen hat müssen alle Beweisgründe für jegliche Arten von Streitfragen entlehnt werden; doch sind für die einen Arten diese, für die anderen jene Fundgruben geeigneter. Hierüber zu reden ist unnöthig, nicht sowol weil es zu weitläufig, als weil es einleuchtend ist.

120. Diejenigen Reden sind nun die schönsten, welche sich am Weitesten ausbreiten und sich von der besonderen und einzelnen Streitfrage zu der Entwickelung des Wesens der ganzen Gattung wenden, damit die Zuhörer die Sache nach ihrer natürlichen Beschaffenheit, nach ihrer Gattung und ihrem ganzen Umfange erkennen und dadurch befähigt werden über die einzelnen Beklagten, Verbrechen und Streitigkeiten zu entscheiden.

121. Zu dieser Uebung hat euch, junge Männer, Antonius ermahnt, indem er euch von kleinlichen und engherzigen Zänkereien in das ganze so reiche und mannigfaltige Gebiet der wissenschaftlichen Streitlehre hinüberführen zu müssen glaubte. Eine solche Aufgabe kann also nicht durch einige kleine Lehrbücher gelöst werden, wie die meinen, die über die Redekunst geschrieben haben, sowie auch nicht durch ein Tusculanisches Gespräch und unseren vormittägigen Lustgang oder unsere nachmittägige Sitzung. Denn nicht blos die Zunge müssen wir schärfen und zuspitzen; nein, die Brust muß mit der Anmuth, der Fülle und Mannigfaltigkeit ungemein vieler und höchst wichtiger Sachkenntnisse versehen und angefüllt werden.

XXXI. 122. Unser Besitztum ist ja, wenn anders wir Redner sein wollen, wenn man uns in den Streitigkeiten der Bürger, in ihren Gefahren, in den öffentlichen Beratungen als Rathgeber und Stimmführer anwenden soll – unser Besitztum, sage ich, ist diese ganze Staatswissenschaft und Gelehrsamkeit. In dasselbe sind aber, als ob es verfallen und herrenlos wäre, während wir mit Geschäften überhäuft waren, Menschen, die an Muße Ueberfluß hatten, eingefallen und treiben sogar, wie Sokrates im Gorgias, mit dem Redner ihren Spott und Hohn oder geben einige Regeln über die Kunst des Redners in wenigen dürftigen Büchern, die sie Lehrbücher der Redekunst benennen, als ob nicht das ein Eigentum der Redekünstler wäre, was von ihnen über die Gerechtigkeit, über die Pflicht, über die Einrichtung und Verwaltung der Staaten, über die rechte Lebensweise, endlich über die Beschaffenheit der Natur vorgetragen wird.

123. Da wir diese Lehren jetzt anderswoher nicht mehr entlehnen können, so müssen wir sie gerade von denen entlehnen, die uns ausgeplündert haben, nur daß wir sie auf die Staatswissenschaft, worauf auch eigentlich ihr Zweck gerichtet ist, anwenden und nicht, wie ich zuvor bemerkte, unsere ganze Lebenszeit auf die Erlernung dieser Dinge verwenden, sondern uns nur mit den Quellen bekannt machen, die man entweder schnell oder überhaupt nicht kennen lernt; und dann, so oft es nöthig ist, aus ihnen so viel schöpft, als die Sache verlangt.

124. Denn sowie einerseits der Mensch nach seinen natürlichen Anlagen nicht einen so durchdringenden Scharfsinn besitzt, daß er so schwierige Gegenstände ohne alle Anweisung erkennen kann, so ist andererseits die Dunkelheit derselben nicht so groß, daß sie nicht ein Mann von durchdringendem Verstande gründlich durchschauen sollte, sobald er nur auf sie seinen Blick richtet. Da also der Redner in diesem so großen und unermeßlichen Felde frei umherschweifen und, wohin er tritt, auf seinen Grund und Boden treten kann; so bietet sich ihm leicht der ganze Vorrath und Schmuck der Rede dar.

125. Denn Reichtum an Sachen erzeugt Reichtum an Worten, und wenn in den Sachen selbst, von denen man redet, Würde liegt, so entspringt aus der Natur der Sache selbst Glanz in den Worten. Wer reden oder schreiben will, der habe nur in seiner Jugend eine edele Erziehung und Bildung genossen, besitze brennenden Eifer, werde von der Natur unterstützt, habe sich in den allgemeinen und unbestimmten Streitfragen wohl geübt und sich die geschmackvollsten Schriftsteller und Redner zum Lesen und Nachahmen gewählt; und wahrlich er wird nicht eben nöthig haben von jenen Lehrmeistern zu erlernen, wie er seine Worte setzen und in das gehörige Licht setzen soll: so leicht wird er bei dem Reichtume an Sachen zu den Mitteln zur Ausschmückung der Rede ohne Führer durch die Natur selbst, wenn sie nur geweckt worden ist, gelangen.

XXXII. 126. Da rief Catulus aus: Unsterbliche Götter, welche Mannigfaltigkeit, welche Menge, welche Fülle von Sachen hast du, mein Crassus, in deinem Vortrage zusammengefaßt, und aus welch engem Gebiete hast du den Redner herauszuführen und in das Reich seiner Vorfahren wiedereinzusetzen gewagt! Denn jene alten Lehrer und Erfinder der Beredsamkeit haben, wie wir vernehmen, keine Art wissenschaftlicher Erörterungen als ihnen fremd angesehen und sich in jeder Redeweise geübt.

127. So kam einer von ihnen, Hippias aus Elis, nach Olympia zu der berühmten Festlichkeit der fünfjährlichen Spiele und rühmte sich in Gegenwart von fast ganz Griechenland, es gebe in dem ganzen Bereiche

aller Künste und Wissenschaften Nichts, was er nicht verstände, und zwar nicht bloß die, welche man unter den Namen der freien und edelen Wissenschaften begreift, Geometrie, Tonkunst, die Kenntniß der Literatur und der Dichter und was von der Natur, von den Sitten der Menschen, von dem Staatswesen gelehrt werde, sondern auch den Ring, den er habe, den Mantel, mit dem er bekleidet sei, die Schuhe, die er trage, habe er mit eigener Hand verfertigt.

128. Offenbar ging er zu weit, aber gerade hieraus läßt sich leicht abnehmen, wie viel jene Redner aus den edelsten Wissenschaften sich anzueignen strebten, da sie nicht einmal die niedrigen Künste verschmähten. Was soll ich von Prodikus aus Ceos sagen? was von Thrasymachus aus Chalcedon, von Protagoras aus Abdera? Von diesen hat jeder in jenen Zeiten sehr Viel auch über die Natur geredet und geschrieben.

129. Selbst der Leontiner Gorgias, der von Plato als Vertheidiger des Redners eingeführt wird, doch so, daß der Redner dem Philosophen unterliegt; aber entweder ist er niemals von Sokrates besiegt worden, indem jenes Gespräch des Plato nicht wirklich gehalten wurde, oder wenn er besiegt wurde, so war Sokrates natürlich beredter und im Vortrage geübter und, wie du sagst, ein reichhaltigerer und besserer Redner; – dieser Gorgias nun, wollte ich sagen, macht sich gerade in jener Platonischen Schrift anheischig über Alles, was Gegenstand eines Streites oder einer Untersuchung werde, auf das Ausführlichste zu reden, wie er denn auch der erste war, der in einer Versammlung die Anwesenden zur Bestimmung eines beliebigen Gegenstandes aufzufordern wagte, worüber sie einen Vortrag von ihm hören wollten, und diesem Manne erwies Griechenland eine solche Ehre, daß man ihm unter allen allein zu Delphi nicht eine vergoldete, sondern eine goldene Bildsäule setzte.

130. Die genannten Männer, sowie auch außerdem noch viele andere ausgezeichnete Lehrer der Beredsamkeit lebten alle zu Einer Zeit: woraus man ersehen kann, daß sich die Sache so verhält, wie du sagst, Crassus, und daß des Redners Name bei den Alten in Griechenland sowol durch

eine umfassendere Fülle der Gelehrsamkeit als auch durch größeren Ruhm ausgezeichnet gewesen ist.

131. Um so zweifelhafter ist mir daher die Entscheidung, ob ich dich mehr loben oder die Griechen mehr tadeln soll, da du, in einer anderen Sprache und in anderen Sitten geboren, in einer höchst unruhigen Stadt theils durch fast unzählige Geschäfte für einzelne Bürger, theils durch die Verwaltung und Leitung der Weltherrschaft unseres Staates in Anspruch genommen, eine so große Menge von Sachkenntnissen umfaßt und diese in ihrem ganzen Umfange mit der Wissenschaft und Geschäftsthätigkeit eines Staatsmannes und Staatsredners vereinigt hast, während jene, in den Wissenschaften geboren und ihnen mit Begeisterung ergeben, durch die gemächliche Muße aber ganz erschlafft, nicht nur Nichts dazu erworben, ja nicht einmal das hinterlassene, ererbte Eigentum erhalten haben.

XXXIII. 132. Hierauf sagte Crassus: Nicht allein in dieser Wissenschaft, mein Catulus, sondern auch in mehreren anderen Zweigen ist durch die Zerstückelung und Sonderung der Theile der Umfang der Wissenschaften verringert worden. Meinst du etwa, daß es zur Zeit des Hippokrates aus Kos für die innerlichen Krankheiten, für die Wunden, für die Augenübel besondere Aerzte gegeben habe? Daß die Geometrie, als Euklides, die Musik, als Damon oder Aristoxenus, die Sprachwissenschaft selbst, als Aristophanes oder Kallimachus sich mit ihnen beschäftigten, so zerstückelt gewesen sind, daß keiner seine Wissenschaft in ihrem ganzen Umfange umfaßt, sondern der eine diesen, der andere einen anderen Theil zur Bearbeitung für sich abgesondert hätte?

133. Ich habe oft von meinem Vater und Schwiegervater gehört, daß auch bei uns die Männer, die sich durch den Ruhm der Weisheit auszeichnen wollten, alle Kenntnisse, in deren Besitz unser Staat damals war, in sich zu vereinigen pflegten. Es gedachten jene des Sextus Aelius; den Manius Manlius aber habe ich selbst noch quer über den Markt wandeln sehen: was für ein Zeichen galt, daß der, der dieß that, allen Bürgern, die ihn um Rath fragen wollten, zugänglich sei. An diese Männer wandte man sich

einst, sowol wenn sie umherwandelten, als wenn sie zu Hause auf ihrem Sessel saßen, um sich bei ihnen nicht allein über bürgerliche Rechtsfälle, sondern auch über die Verheirathung einer Tochter, über den Ankauf eines Grundstückes, über die Bebauung von Feldland, kurz über alle Verrichtungen und Geschäfte Raths zu erhole

134. So war die Weisheit jenes alten Crassus beschaffen, so die des Titius Coruncanius, so die des einsichtsvollen Scipio, des Aeltervaters meines Schwiegersohnes, die alle Oberpriester waren, daß man sich bei ihnen über alle göttliche und menschliche Dinge Raths erholte. Und dieselben Männer bewährten sich auch im Senate, in den Volksversammlungen, in den Rechtshändeln ihrer Freunde, im Kriege wie im Frieden als einsichtsvolle und treue Rathgeber.

135. Und was fehlte dem Marcus Cato außer der über das Meer zu uns gelangten feingeglätteten Gelehrsamkeit? Führte er etwa, weil er das bürgerliche Recht erlernt hatte, keine Rechtshändel? oder versäumte er, weil er sic führen konnte, die Rechtswissenschaft? Nein, sondern in beiden Fächern arbeitete er und zeichnete sich aus. Wurde er etwa wegen der durch Privatdienste gewonnenen Gunst zu der Verwaltung der Staatsgeschäfte verdrossener? Niemand war in den Vollversammlungen thatkräftiger, Niemand ein besserer Senator. Und derselbe Mann war zugleich auch unstreitig ein vortrefflicher Feldherr; kurz man konnte zu jener Zeit in unserem Staate Nichts wissen oder lernen, was er nicht erforscht, gewußt und schriftlich behandelt hätte.

136. Jetzt hingegen treten sehr Viele zu den Ehrenämtern und zur Staatsverwaltung entblößt und wehrlos heran, mit keiner Sachkenntnis mit keiner Wissenschaft ausgerüstet. Zeichnet sich aber einmal Einer unter Vielen aus, so brüstet er sich, wenn er einen einigen Vorzug aufzuweisen hat, wie kriegerische Tapferkeit oder einige Kriegserfahrung, die freilich jetzt aus der Mode gekommen sind, oder Rechtswissenschaft, und diese nicht einmal in ihrem ganzen Umfange, (denn das damit verbundene priesterliche Recht lernt Niemand,) oder Beredsamkeit, die nach ihrer Ansicht in Geschrei und Wortläufigkeit besteht; die

Gemeinschaft aber und die Verwandtschaft, in der alle edelen Wissenschaften, ja selbst die Tugenden untereinander stehen, ist ihnen unbekannt.

XXXIV. 137. Doch um meine Rede auf die Griechen zurückzuführen, deren Unterredungen dieser Art wir nicht entrathen können; denn sowie wir die Beispiele der Tugend von den Unsrigen, so müssen wir die der Gelehrsamkeit von jenen entlehnen: so sollen zu einer und derselben Zeit sieben Männer gelebt haben, die für Weise gehalten und so genannt wurden. Diese standen sämmtlich mit Ausnahme des Milesiers Thales ihren Staaten vor. Wer war, wie uns berichtet wird, zu denselben Zeiten gelehrter, oder wessen Beredsamkeit wissenschaftlicher durchgebildet als die des Pisistratus? der zuerst die Homerischen Gesänge, die bis dahin noch nicht angeordnet waren, in *die* Ordnung gebracht haben soll, in der wir sie jetzt noch haben. Gegen seine Mitbürger zeigte er freilich keine gute Gesinnung; aber sowie er sich durch Beredsamkeit auszeichnete, so ragte er noch mehr durch seine wissenschaftliche und gelehrte Bildung hervor.

138. Ferner Perikles, von dessen reichhaltiger Beredsamkeit wir hören, daß, wenn er auch gegen die Ansichten der Athener für die Wohlfahrt des Vaterlandes mit großer Strenge sprach, dennoch gerade seine Aeußerungen gegen die volkstümlich Gesinnten Allen volkstümlich und angenehm erschienen; von dem die alten Komödiendichter, auch wenn sie ihn schmähten, was damals zu Athen geschehen durfte, sagten, die Anmuth wohne auf seinen Lippen, und die Gewalt seiner Rede sei so mächtig gewesen, daß sie in den Gemüthern der Zuhörer gleichsam Stacheln zurückgelassen habe. Aber diesen Man hatte nicht ein Kunstredner nach der Wasseruhr belfern gelehrt, sondern, wie uns berichtet wird, jener Anaxagoras aus Klazomenä, ein in den erhabensten Wissenschaften so großer Mann. Und so wußte er, durch Gelehrsamkeit, Klugheit und Beredsamkeit ausgezeichnet, vierzig Jahre hindurch in Athen die oberste Leitung der städtischen und kriegerischen Angelegenheiten zu einer und derselben Zeit zu führen.

139. Ferner Kritias und Alcibiades, gegen ihre Staaten freilich nicht gut gesinnte, aber ohne Zweifel gelehrte und beredte Männer, verdankten sie nicht ihre gelehrte Bildung den Unterredungen mit Sokrates? Wer hat den Syrakusier Dion in allen Zweigen der Gelehrsamkeit ausgebildet? War es nicht Platon? Und dieser war es gleichfalls, der, ein Lehrmeister nicht allein der Zunge, sondern auch des Geistes und der Tugend, ihn zur Befreiung des Vaterlandes antrieb, rüstete, waffnete. Waren es nun andere Wissenschaften, in denen Platon diesen Dion, andere, in denen Isokrates den berühmten Timotheus, des hochverdienten Feldherrn Konon Sohn, der gleichfalls ein großer Feldherr und Gelehrter war, unterrichtete? oder andere, die der Pythagoreer Lysis dem Thebaner Epaminondas, vielleicht dem größten Manne in ganz Griechenland, oder Xenophon dem Agesilaus, oder der Tarentiner Archytas dem Philolaus, oder Pythagoras selbst jenem ganzen alten Griechenland in Italien, das einst Großgriechenland genannt wurde, lehrte?

XXXV. 140. Ich bin nicht der Ansicht. Denn ich sehe, daß es für alle Wissenschaften, die eines Gelehrten und eines Mannes würdig waren, der sich im Staatsdienste auszeichnen wollte, nur Eine Unterweisung gab, und daß diejenigen, welche diese empfingen, wenn sie zugleich gute Fähigkeiten zum Vortrage besaßen und sich der Redekunst auch nicht mit Widerstreben der natürlichen Anlagen gewidmet hatten, sich durch Beredsamkeit auszeichneten.

141. So geschah es, daß Aristoteles selbst, welcher in seinen Vorträgen die gerichtlichen und bürgerlichen Verhandlungen unberücksichtigt gelassen und nur die gehaltlose Zierlichkeit des Ausdrucks behandelt hatte, da er den Isokrates wegen seiner berühmten Schüler das höchste Ansehen genießen sah, plötzlich fast seine ganze Lehrweise änderte, indem er einen Vers des Philoktetes mit einer kleinen Veränderung anführte. Dieser sagt nämlich, „es sei schimpflich für ihn zu schweigen, wenn er Barbaren,“ er aber: „wenn er den Isokrates reden lasse.“ Er schmückte und stattete daher seinen ganzen Unterricht dadurch herrlich aus, daß er Sachkenntniß mit Redeübung verband. Dieß entging dem weisen Könige Philippus nicht, der ihn zum Lehrer für seinen Sohn Alexander berief,

damit dieser von ihm Regeln für das Leben sowol als für die Rede lernen möchte.

142. Mag man nun, wenn man will, den Philosophen, der uns den Reichtum der Sachen und der Rede lehrt, meinetwegen einen Redner oder, zieht man es vor, den Redner, der, wie ich sage, Weisheit und Beredsamkeit verbindet, einen Philosophen nennen: so habe ich Nichts dagegen; nur muß das feststehen, daß weder die Unmündigkeit dessen, der zwar Sachkenntnisse besitzt, die Sachen aber durch die Rede nicht zu entwickeln vermag, noch die Unwissenheit dessen, dem zwar die Worte nicht fehlen, die Sachkenntniß aber nicht zu Gebote steht, Lob verdiene. Darf man aber nur Eines von Beiden wählen, so möchte ich wenigstens die unberedte Klugheit der geschwätzigen Thorheit vorziehen; fragen wir aber, was den Vorrang vor Allem verdiene so müssen wir dem kenntnißreichen Redner den Siegespreis reichen.

143. Läßt man diesen nun zugleich Philosoph sein, so ist der Streit aufgehoben; trennt man sie aber von einander, so werden die Philosophen nachstehen, weil der vollkommene Redner auch die ganze Wissenschaft dieser besitzt, in der Kenntniß der Philosophen hingegen nicht nothwendig auch die Beredsamkeit mitbegriffen ist, und wie sehr auch diese von den Philosophen verachtet werden mag, so muß man doch nothwendig einsehen, daß sie den Wissenschaften dieser gleichsam die Krone aufsetzt. Nachdem Crassus dieses gesagt hatte, so schwieg er eine Weile, sowie auch die Anderen still schwiegen.

XXXVI. 144. Hierauf sagte Cotta: Ich meinerseits kann mich nicht beklagen, Crassus, daß du mir etwas Anderes und nicht das, was du übernommen hast, abgehandelt zu haben scheinst; denn du hast ungleich Mehr gegeben, als dir von uns zuertheilt und übertragen war; indeß war es doch deine Rolle von der Ausschmückung der Rede zu sprechen, und du hattest ja auch schon den Weg dahin eingeschlagen, indem du das ganze Lob der Rede in vier Klassen brachtest, und nachdem du von den beiden ersten für uns zwar zur Genüge, wie du aber selbst sagtest, nur flüchtig und spärlich geredet hattest, noch die beiden letzten dir übrig ließest, nämlich erstens wie man schön, und zweitens, wie man angemessen reden müsse.

145. Als du nun schon den Weg dahin eingeschlagen hattest, führte dich plötzlich der Drang deines Geistes gleichsam fern vom Lande weg auf das hohe Meer und entrückte dich den Augen fast Aller. Denn die Gesammtheit alles Wissens umfassend, hast du uns zwar dieses nicht gelehrt, und es war ja auch in so kurzer Zeit nicht möglich; aber wenn ich auch nicht weiß, was du bei unseren anwesenden Freunden ausgerichtet hast, so muß ich doch von mir bekennen, daß du mich ganz und gar der Akademie zugewendet hast. Ich wünschte zwar, daß, wie du oft geäußert hast, es nicht nöthig wäre derselben seine Lebenszeit zu widmen, und daß man schon Alles begriffe, wenn man nur seinen Blick darauf gerichtet hätte; aber wenn auch die Sache recht viel Arbeit erfordert, oder wenn ich einen etwas langsamen Kopf habe, so will ich doch fürwahr nicht ruhen noch müde werden, bis ich ihnen ihre Mittel und Wege abgelernt habe auf zwiefache Weise sowol für Alles als gegen Alles zu reden.

146. Hierauf sagte Cäsar: Eines hat auf mich in deinem Vortrage, Crassus, besonders Eindruck gemacht, ich meine die Behauptung, daß wer nicht schnell Etwas lerne, der könne es überhaupt nicht gründlich erlernen. Daher dürfte es mir nicht schwer fallen einen Versuch zu machen, und entweder werde ich jene von dir bis in den Himmel erhobene Wissenschaft sogleich begreifen oder, vermag ich das nicht, die Zeit nicht damit verderben, da ich mich doch mit dem begnügen kann, was mir die Unsrigen bieten.

147. Da sagte Sulpicius: Wahrlich, Crassus, ich vermisse weder deinen Aristoteles noch den Karneades noch sonst einen Philosophen, magst du auch von mir denken, daß ich mir nicht getraue diese Wissenschaften gründlich erlernen zu können, oder daß ich sie verachte, wie ich auch wirklich thue. Mir ist unsere gewöhnliche Kenntniß der gerichtlichen und öffentlichen Verhandlungen groß genug für die Beredsamkeit, die ich im Auge habe, und selbst hiervon ist mir sehr Vieles unbekannt, was ich dann erst aufsuche, wenn es eine Sache, die ich verhandeln soll, verlangt.

Darum wenn du nicht etwa schon ermüdet bist, und wir dir nicht lästig fallen; so kehre zur Erörterung dessen zurück, was zu einem schönen und geschmückten Vortrage gehört. Dieses wünschte ich von dir zu hören, nicht um die Hoffnung aufzugeben mir Beredsamkeit aneignen zu können, sondern um noch Etwas zu erlernen.

XXXVII. 148. Hierauf sagte Crassus: Nach sehr gewöhnlichen und auch dir nicht unbekannten Dingen, Sulpicius, fragst du. Denn wer hat hierüber nicht Belehrungen und Anweisungen gegeben oder auch in Schriften niedergelegt? Aber ich will dir willfahren und das wenigstens, was mir bekannt ist, kurz auseinandersetzen; jedoch dir den Rath geben dich lieber an die Urheber und Erfinder dieser Kleinigkeiten zu wenden.

149. Jede Rede also besteht aus Worten, die wir zuerst einzeln für sich, dann in ihrer Verbindung betrachten müssen. Denn es gibt einen Schmuck der Rede, der aus einzelnen Worten entspringt, und einen anderen, der in der Aneinanderfügung und Verbindung der Worte besteht. Wir müssen also entweder solche Worte gebrauchen, welche eigentliche und bestimmte Bezeichnungen der Dinge sind, beinahe mit den Dingen selbst entstanden; oder solche, welche übertragen und gleichsam an eine fremde Stelle gesetzt sind; oder solche, welche wir selbst erfinden und neu bilden.

150. Bei den eigentlichen Worten nun besteht das Lob des Redners darin, daß er niedrige und verschollene meidet, auserlesene dagegen und lichtvolle anwendet, die etwas Volles und Tonreiches zu haben scheinen. Aber bei dieser Art der eigentlichen Worte muß man eine Auswahl vornehmen und diese nach dem Urtheile der Ohren bestimmen, wobei auch die Gewohnheit gut zu sprechen eine sehr große Geltung hat.

151. Auch das Urtheil, das man so oft von Laien über Redner aussprechen hört: „Dieser gebraucht schöne Worte“ oder „der gebraucht nicht schöne Worte“ gründet sich nicht auf eine Kunstregel, sondern auf ein natürliches Gefühl; hierbei ist es kein großes Lob das Fehlerhafte zu vermeiden, wiewol dieses von Wichtigkeit ist; gleichwol bildet der

Gebrauch und Vorrath guter Worte gleichsam den Grund und Boden des Redners.

152. Doch was der Redner selbst darauf bauen und an welcher Stelle er Kunst anwenden soll, das, glaub' ich, müssen wir untersuchen und entwickeln.

XXXVIII. Drei Arten des einfachen Wortes also gibt es, die der Redner anwendet, um seiner Rede Glanz und Schmuck zu verleihen: das ungewöhnliche, das neugebildete und das übertragene Wort.

153. *Ungewöhnlich* sind meist altertümliche und durch das Alter aus der alltäglichen Sprache schon längst verschwundene Worte. Von diesen steht den Dichtern ein freierer Gebrauch zu als uns; aber zuweilen jedoch verleiht auch der Rede ein von einem alten Dichter entlehntes Wort ein würdevolles Ansehen. So würde ich mich zum Beispiel nicht scheuen mit Cölius zu sagen: „In dem Zeitabschnitte, als der Punier nach Italien kam;“ oder Worte, wie Sproß oder Nachwuchs oder kunden oder benamsen oder die von dir, Catulus, oft gebrauchten: ich vermeinte nicht oder ich war mich vermuthen und vieles Andere. Was, an schicklicher Stelle gebraucht, der Rede einen großartigeren und altertümlichen Anstrich verleiht.

154. Neugebildete Worte aber sind solche, welche von dem, der sie gebraucht, selbst erzeugt und gebildet werden entweder durch Zusammensetzung von Wörtern, wie zum Beispiel:

Traun, Bestürzung entherzt mir entmuthigtem alle Weisheit jetzt. Willst du, daß nicht seine Bosheit trugredend mich –.

Ihr seht, daß „trugredend“ und „entherzt“ durch Zusammensetzung gebildete und nicht natürliche Worte sind; – oder sie werden oft ohne Zusammensetzung neugebildet, wie: „jener Greisige,“ „zeugende Götter,“ „durch der Früchte Reichtum sich krümmen.“

155. Die dritte Art, die Uebertragung des Wortes, hat einen weiten Umfang. Die Noth erzeugte sie aus Mangel und Verlegenheit; später aber

gebrauchte man sie häufig um der Ergötzlichkeit und Annehmlichkeit willen. Denn sowie die Kleidung, anfänglich zur Abkehr der Kälte erfunden, nachher angewendet wurde, um den Körper zu schmücken und ihm ein stattliches Ansehen zu geben; so wurde die Uebertragung durch den Mangel hervorgerufen, aber um der Ergötzlichkeit willen häufig angewendet. So gebrauchen sogar die Landleute Ausdrücke, wie: „die Weinstöcke treiben Augen," „die Saat steht in Ueppigkeit," „fröhliche Saatfelder." Wenn nämlich Etwas, das man durch ein eigentliches Wort schwerlich bezeichnen kann, durch ein übertragenes ausdrückt; so erläutert die Aehnlichkeit der Sache, die wir durch ein entlehntes Wort ausdrücken, den Begriff, den wir bezeichnen wollen.

156. Diese Uebertragungen sind also gleichsam Entlehnungen, da man anderswoher nimmt, was man nicht hat. Jene sind aber etwas kühner, welche keinen Mangel andeuten, sondern der Rede einigen Glanz verleihen. Soll ich euch nun den Weg angeben, wie man diese findet, und ihre Arten aufzählen?

XXXIX. 157. Die Uebertragung beruht auf einer Aehnlichkeit, die in einem einzigen Worte kurz zusammengefaßt wird. Wird ein solches Wort an der fremden Stelle wie an seiner eigenen stehend anerkannt, so gefällt es; hat es aber keine Aehnlichkeit, so erweckt es Mißfallen. Man muß aber solche Uebertragungen gebrauchen, welche entweder die Sache mehr veranschaulichen, wie in folgender Stelle: Emportost das Meer, Finsterniß verdoppelt sich, und schrecklich starrt die schwarze Nacht, Flammen zucken zwischen Wolken, und von Donner bebt die Luft, Hagel, gemischt mit Regengüssen, stürzt mit Heftigkeit herab, Alle Winde brausen hervor und erzeugen Sturmeswuth, Und des Meeres Brandung siedet.

Hier ist fast Alles, um es mehr zu veranschaulichen, durch übertragene Worte nach der Aehnlichkeit ausgedrückt. 158. Oder man bedient sich der Uebertragungen, um eine ganze Sache, mag sie nun in einer That oder in einem Plane bestehen, deutlicher zu bezeichnen, wie dieß zum Beispiel bei jenem der Fall ist, der Einen, der seine Absicht sorgfältig verbirgt, damit sie von Niemandem durchschaut werde, in zwei übertragenen Worten durch die bloße Aehnlichkeit bezeichnet:

Weil er sich mit Worten sorgfältig bemäntelt und umzäunt.

Zuweilen wird auch Kürze durch die Uebertragung bewirkt, wie in den Worten: „Wenn das Geschoß der Hand entflieht.“ Die Unvorsichtigkeit bei der Entsendung des Geschoßes konnte durch eigentliche Worte nicht kürzer ausgedrückt werden, als sie durch ein einziges übertragenes angedeutet wurde.

159. Und hierin erscheint es mir sehr oft auffallend, daß Alle an übertragenen und uneigentlichen Ausdrücken größeres Wohlgefallen finden als an den eigentlichen und natürlichen.

XL. Denn wenn ein Ding keinen eigenen Namen, kein eigentliches Wort hat, wie der Fuß auf dem Schiffe, das Nexum, das mit der Waage geschieht, die Scheidung bei einer Frau; so zwingt die Noth anderswoher zu nehmen, was man nicht hat. Aber auch bei dem größten Reichtume an eigentlichen Ausdrücken finden doch die Menschen an den uneigentlichen, wenn sie mit Verstand gewählt sind, ungleich größeren Gefallen.

160. Dieß kommt, glaub' ich, daher, theils weil es von Scharfsinn zeugt, wenn man das vor den Füßen Liegende überspringt und Anderes aus der Ferne herbeiholt, theils weil der Zuhörer dadurch mit seinen Gedanken zu anderen Vorstellungen geführt wird, ohne jedoch vom Ziele abzuirren, und darin liegt eine große Ergötzlichkeit, theils weil durch ein einzelnes Wort ein Gedanke, ein vollständiges Gleichniß ausgedrückt wird, theils weil jede mit Verstand gemachte Uebertragung den Sinnen selbst nahetritt, vorzüglich dem Gesichte, das der schärfste Sinn ist.

161. Ausdrücke, wie: der Geruch seiner Bildung, die Weichheit der Menschenfreundlichkeit, das Gemurmel des Meeres, die Süßigkeit der Rede, sind von den anderen Sinnen hergenommen; aber die von dem Gesichte entlehnten sind ungleich lebhafter, indem sie Gegenstände, die wir nicht wahrnehmen und sehen können, vor die Anschauung des Geistes hinstellen. Es gibt nämlich keinen Gegenstand in der Natur, dessen Wort und Benennung wir nicht bei anderen Gegenständen anwenden könnten. Denn woher man ein Gleichniß ableiten kann – und das kann man von allen Dingen –, ebendaher läßt sich auch ein Gleichniß mit übertragener Bedeutung ableiten, das die Rede versinnlicht.

162. Hierbei müssen wir aber vor Allem Unähnlichkeiten vermeiden, wie in dem Ausdrucke: „Des Himmels gewaltige Schwibbogen." Wenn auch Ennius, wie man erzählt, eine Himmelskugel auf die Bühne hatte bringen lassen, so kann doch eine Kugel keine Aehnlichkeit mit einem Schwibbogen haben. Leb' Ulixes, noch ist dir's vergönnt! Leb' Ulixes, noch ist dir's vergönnt! Er sagte nicht genieße, nicht suche; denn diese Ausdrücke würden eine Zeitdauer bezeichnen, wie von Einem, von dem man hofft, er werde noch länger leben; sondern erhasche. Dieses Wort ist dem vorhergehenden Ausdrucke: noch ist dir's vergönnt angepaßt.

XLI. 163. Zweitens muß man darauf sehen, daß die Aehnlichkeit nicht zu weit hergeholt sei. Statt Syrte des väterlichen Vermögens möchte ich lieber sagen Klippe desselben, statt Charybdis der Güter lieber Schlund derselben; denn das Auge des Geistes richtet sich leichter auf Gesehenes als auf Gehörtes. Und weil bei der Uebertragung der Worte vielleicht der größte Vorzug darin besteht, daß das übertragene Wort auf die Sinne einwirkt; so muß man alles Unanständige in den Dingen vermeiden, wohin die Aehnlichkeit die Gemüther der Zuhörer hinziehen kann.

164. So will ich nicht, daß man sage, der Staat sei durch des Africanus Tod entmannt worden, nicht, daß Glaucia der Auswurf der Kurie genannt werde; so groß auch die Aehnlichkeit sein mag, so erregt sie doch in

beiden Fällen eine widrige Vorstellung. Ich will nicht, daß der übertragene Ausdruck entweder stärker sei, als es die Sache verlangt, wie: Der Sturm des Krawalles, oder schwächer, wie: Der Krawall des Sturmes. Ich will nicht, daß das übertragene Wort einen engeren Begriff habe, als das eigentliche und natürliche gehabt haben würde: Was gibt's? sag' an, mein Freund, was winkst du ab mein Nah'n? Besser wäre: verbietest du, wehrst du ab, schreckst du zurück, weil der Andere gesagt hatte: Schnell fort von mir weg! Daß nicht meine Näh', nicht mein Schatten schade.

165. Auch muß man, wenn man befürchtet, die Uebertragung möchte zu hart erscheinen, sie oft durch ein vorgesetztes Wort mildern. Zum Beispiel, wenn einst bei dem Tode des Marcus Cato Einer gesagt hätte: der Senat sei als eine Waise hinterlassen worden; so würde dies etwas hart sein; aber ungleich milder: so zu sagen, eine Waise. Denn die Uebertragung muß mit Bescheidenheit auftreten, so daß sie an den fremden Ort eingeführt, nicht eingedrungen, bittweise, nicht gewaltsam gekommen zu sein scheint.

166. Uebrigens gibt es. was die einzelnen Worte anlangt, keine Ausdrucksweise, welche der Rede ein frischeres Ansehen und mehr Lichtglanz verleihen könnte. Denn die andere Art, die aus dieser Uebertragung (Metapher) hervorgeht, beruht nicht auf einem übertragenen Worte, sondern auf der Verknüpfung mehrerer aneinander gereihter Worte, indem etwas Anderes gesagt wird, als man verstanden wissen will, zum Beispiel:

Nicht duld' ich's, daß zum zweiten Mal. An Einen Fels und Speer
anlaufe der Achaier Flott'

Und Folgendes:

Traun du irrst – dein Selbstvertrauen wird der Gesetze starker Zaun
Zügeln, und den stolzen Nacken beugen strenger Herrschaft Joch.

167. Man nimmt hierbei eine ähnliche Sache, und die dieser Sache eigentümlichen Worte überträgt man dann, wie ich bemerkte, auf eine andere Sache.

XLII. Es ist dieß ein wichtiges Verschönerungsmittel der Rede, wobei man jedoch Dunkelheit vermeiden muß; denn sonst entstehen hieraus die sogenannten Räthsel. Es liegt aber diese Redeweise nicht in einem Worte, sondern in der Rede, das heißt in der Verbindung von Worten. Auch bei der *Verwechslung* und *Vertauschung eines Wortes* findet nicht in dem Worte, sondern in dem Zusammenhange der Rede eine künstliche Veränderung statt, zum Beispiel:

Afrika zittert und bebt vor den Greueln des schrecklichen Aufruhrs.

Statt *Afrikaner* ist *Afrika* gewählt; aber nicht ist hier ein Wort neugebildet, wie: „Das Meer mit seinen *felsbrechenden* Wogen", noch übertragen, wie: Das Meer *besänftigt sich*, sondern um des Schmuckes willen ist ein eigentliches Wort mit einem eigentlichen vertauscht. Ferner:

Hör' auf, Roma, deine Feinde

und

Zeugniß geben die weiten Gefilde u. s. w.

Von kräftiger Wirkung für den Schmuck der Rede ist diese Ausdrucksweise und muß oft gewählt werden. Hierher gehört auch Folgendes: *Mars* ist im Kriege gemeinsam, und wenn man *Ceres* für Feldfrüchte sagt, *Liber* für Wein, *Neptunus* für das Meer, *Curie* für den Senat, *Marsfeld* für Wahlversammlungen, *Toga* für Frieden, *Schwert und Speer* für Krieg;

168. desgleichen wenn man die Tugenden und Laster für diejenigen, welche sie haben, nennt, wie: „In welches Haus die *Schwelgerei* einbrach," und: „Wohin die *Habsucht* drang," oder: „Die *Treue* siegte ob, die *Gerechtigkeit* vollendete es." Ihr seht offenbar, daß das ganze Wesen dieser Redeform darauf beruht, daß man durch Umänderung oder Vertauschung eines Wortes die nämliche Sache mit größerem Schmucke bezeichnet. Hiermit verwandt ist eine andere Redeweise, die zwar weniger zum Schmucke beiträgt, aber doch nicht unbekannt bleiben darf, nach welcher wir entweder unter einem Theile das Ganze verstanden wissen wollen, wie wenn wir für Gebäude *Wände* oder *Dächer* sagen, oder unter dem Ganzen einen Theil, wie wenn wir Ein Geschwader die *Reiterei* des Römischen Volkes nennen, oder unter Einem Mehrere, wie:

Aber der *Römische Krieger*, obschon er sehr muthig gekämpfet,
Zittert im Herzen jedoch.

oder wenn man unter Mehreren nur Einen versteht, wie:

Römer genannt *sind wir, die wir* vormals *waren Rudiner*.

oder auf welche Weise man auch sonst in dieser Redeform Etwas nicht nach dem Worte, sondern nach dem Sinne verstehen mag.

XLIII. 169. Oft bedient man sich auch des *Wortmißbrauches*, zwar nicht mit gleicher Feinheit, wie der Uebertragung, aber, wenn auch mit einer gewissen Kühnheit, doch zuweilen nicht ungeziemend, wie wenn wir eine *reichliche* Rede statt einer großen, einen *ärmlichen* Muth für Kleinmuth sagen. Aber in Betreff jener RedeweiseDer Allegorie.seht ihr wol, daß sie nicht in einem Worte. sondern in der Rede liegt; denn sie besteht, wie ich gezeigt habe, aus einer Zusammensetzung mehrerer Übertragungen. Die Redeweisen aber, die, wie ich bemerkte, entweder auf der Verwechslung eines Wortes beruhen oder darauf, daß man ein Wort anders verstanden wissen will, als seine eigentliche Bedeutung ist, sind gleichsam Arten der Uebertragung.

170. Auf diese Weise also geht der ganze Vorzug und das ganze Lob der einzelnen Worte aus drei Dingen hervor, indem das Wort entweder ein *altes* ist, das jedoch der Sprachgebrauch noch dulden kann, oder ein *gemachtes*, theils neuzusammengesetztes theils neugebildetes, wobei man gleichfalls Wohlklang und Sprachgebrauch berücksichtigen muß, oder ein *übertragenes*, wodurch die Rede am Meisten gleichsam mit Sternen geschmückt und beleuchtet wird.

171. Es folgt nun die *Wortverbindung*, wobei es besonders auf Zweierlei ankommt, erstens auf die *Stellung* der Worte und zweitens auf eine *nach gewissen Tonverhältnissen abgemessene Bewegung* der Worte. Die *Stellung* verlangt, daß man die Worte so verbindet und ordnet, daß sie weder rauh noch klaffend zusammenstoßen, sondern sich bequem und glatt zusammenfügen. Hierüber macht unter der Person meines Schwiegervaters der so geschmackvolle Spötter Lucilius ein niedliches Wortspiel:

O wie wonnig die Worte gefügt sind, gleichend den Steinchen
Im musischen Estrich und künstlich gewürfelten Bildwerk!

Mit diesen Worten verspottet er den Albucius, aber auch mich verschonte er nicht:

Crassus hab' ich zum Eidam, drum denk' nicht, du seiest beredter.

Wie nun? Was thut denn dieser Crassus, mit dessen Namen du Scherz treibst? Offenbar das Nämliche, das Albucius will; nur um Etwas besser, wünschte ich, als Albucius; doch er scherzte über mich, wie er zu thun pflegt.

172. Aber man muß gleichwol die Wortstellung, von der ich rede, beobachten; denn sie bewirkt, daß die Rede wohl verbunden und

zusammenhängend ist und sanft und gleichmäßig dahinfließt. Dieß werdet ihr erreichen, wenn ihr die Schlußsilben der vorhergehenden Worte mit den Anfangssilben der folgenden so verbindet, daß sie nicht rauh zusammenstoßen und nicht zu sehr auseinanderklaffen.

XLIV. 173. An die sorgfältige Beobachtung der Wortstellung schließt sich zweitens *die nach gewissen Tonverhältnissen abgemessene Bewegung der Rede*. Doch dieß, fürchte ich. dürfte unserem Catulus knabenhaft erscheinen. Die Alten nämlich waren der Ansicht, wir müßten auch in unserer ungebundenen Rede beinahe Verse anwenden, d. h. gewisse Zeitmaße. Denn sie verlangten, daß die Schlußpunkte einer Periode in den Reden nach Absätzen unseres Atemholens bestimmt, nicht aber durch unsere Ermüdung bewirkt, auch nicht nach den Unterscheidungszeichen der Abschreiber, sondern nach dem Maße der Worte und Gedanken abgetheilt würden. Isokrates soll, wie sein Schüler Naukrates schreibt, der erste gewesen sein, der es unternahm die ungeregelte Redeweise der Alten zur Ergötzung der Ohren in gewisse Zeitmaße zu binden.

174. Denn Beides, Vers und Gesang, haben die Tonkünstler, die einst zugleich Dichter waren, zum Vergnügen erdacht, um durch das Ebenmaß der Worte und die Folge der Töne auf anmuthige Weise dem Ueberdrusse der Ohren vorzubeugen. Beides nun, die regelmäßige Abmessung der Stimme und die ebenmäßige Abrundung der Worte, hat man, so weit es der Ernst der Reden zulassen kann, aus der Dichtkunst in die Beredsamkeit übertragen.

175. Hierbei ist es aber ein Hauptfehler, wenn in der Prosa durch die Verbindung der Worte ein Vers entsteht; und gleichwol verlangen wir eine solche Verbindung, welche nach Art eines Verses eine wohlklingende Senkung hat und in abgerundeter und vollendeter Form hervortritt. Unter vielen Eigenschaften gibt es keine einzige, die den Redner mehr von dem unwissenden und unerfahrenen Schwätzer unterscheide, als daß dieser roh und ungeregelt heraussprudelt, so viel er vermag, und das, was er sagt, nach der Ausdauer seines Athems und nicht nach den Regeln der Kunst

bestimmt, der Redner hingegen den Gedanken so an die Worte bindet, daß er ihn in ein gewisses Zeitmaß einschließt, das zugleich gebunden und frei ist.

176. Denn wenn er ihn einerseits an gewisse Maße und eine bestimmte Form fesselt, so nimmt er ihm andererseits durch die Veränderung der Reihenfolge den Zwang und macht ihn freier, so daß die Worte zwar nicht wie durch ein bestimmtes Gesetz des Verses gebunden sind, aber auch nicht ungefesselt umherschweifen dürfen.

XLV. Wie werden wir nun ein so wichtiges Geschäft angreifen müssen, daß wir glauben dürfen uns die Geschicklichkeit anzueignen in unserer Rede bestimmte Tonverhältnisse zu beobachten? Die Sache ist weniger schwierig als nothwendig; denn Nichts ist so zart, so biegsam und jeder Leitung folgsam als die Sprache.

177. Aus ihr lassen sich Verse bilden, aus ihr die ungleichen Zeitmaße, aus ihr auch unsere jetzige Redeweise, die sich frei in mannigfaltigen Weisen bewegt und aus vielen Arten besteht. Denn nicht gibt es andere Worte für die Sprache des Umganges, andere für die Sprache der Leidenschaft, und nicht aus einer anderen Quelle schöpf man die Worte für den täglichen Gebrauch, aus einer anderen für die Bühne und das Gepränge; sondern wie ein Gemeingut liegen sie vor uns ausgebreitet, und hieraus nehmen wir sie und bilden und gestalten sie wie das weichste Wachs nach unserem Belieben. Sowie wir nun bald einen erhabenen bald einen niedrigen bald einen mittleren Gegenstand behandeln, so richtet sich die Redeweise nach dem Gedanken, den wir gefaßt haben, und verändert und verwandelt sich auf jede Weise, wie es das Vergnügen der Ohren und die Stimmung der Gemüter erheischt.

178. Aber sowie in den meisten Dingen, so hat auch in der Rede die Natur selbst die bewunderungswürdige Einrichtung getroffen, daß die Dinge, die den größten Nutzen in sich schließen, zugleich auch die meiste Würde, ja oft auch die meiste Anmuth haben. Zur allgemeinen Erhaltung und Wohlfahrt, sehen wir, ist das Weltall und die Natur so eingerichtet, daß der Himmel rund ist, daß die Erde in der Mitte schwebt und durch

ihre eigene Schwerkraft gehalten wird, daß die Sonne sich herumschwingt, in das Sternbild des Steinbockes tritt und von da wieder allmählich nach der entgegengesetzten Seite aufsteigt, daß der Mond durch seine Annäherung und Entfernung das Licht der Sonne empfängt, daß die fünf Planeten in ungleicher Bewegung und ungleichem Umlaufe dieselben Bahnen vollenden.

179. Diese Anordnung ist von solcher Wichtigkeit, daß das Ganze bei der kleinsten Veränderung nicht mehr zusammenhängen könnte, und von solcher Schönheit, daß sich ein schönerer Anblick nicht einmal denken läßt. Richtet jetzt euere Gedanken auf die Gestalt und Bildung der Menschen oder auch der übrigen Geschöpfe, und ihr werdet finden, daß kein Theil des Körpers ihnen ohne Noth gegeben, und daß die ganze Gestalt auf künstliche Weise und nicht durch Zufall vollendet ist.

XLVI. Wie? An den Bäumen, an denen der Stamm, die Aeste, die Blätter endlich nur die Bestimmung haben ihren natürlichen Zustand zu erhalten und zu bewahren, ist doch nirgends ein Theil, der nicht schön wäre. Verlassen wir die Natur und betrachten wir die Künste!

180. Was ist an einem Schiffe so nothwendig als der Bord, der hohle Schiffsraum, das Vordertheil, das Hintertheil, die Segelstangen, die Segel, die Mastbäume? Und doch haben diese Dinge auch für das äußere Ansehen eine solche Schönheit, daß sie nicht bloß zur Sicherheit, sondern auch zum Vergnügen erfunden zu sein scheinen. Säulen tragen Tempel und Hallen; und doch ist ihr Nutzen nicht größer als ihr erhabener Anblick. Jenen herrlichen Giebel des Capitols und der anderen Tempel hat nicht Schönheit, sondern die Noth selbst gebaut. Denn man war nur darauf bedacht gewesen, wie das Wasser von beiden Seiten des Daches abfließen könnte; aber von der für den Tempel nützlichen Einrichtung war die Schönheit des Giebels die Folge, ohne den, wie es scheint, das Capitolium, auch wenn es im Himmel ausgestellt würde, wo kein Regen fällt, kein würdiges Ansehen haben würde.

181. Auf gleiche Weise ist es bei allen Theilen der Rede der Fall, daß mit dem Nutzen und ich möchte beinahe sagen mit der Nothwendigkeit die

Lieblichkeit und Anmuth in unmittelbarer Verbindung steht. Denn die Schlußpunkte und Satztheilzeichen sind durch die Beschränkung des Athems und durch die Beengung des Atemholens veranlaßt worden; aber diese Erfindung ist so angenehm, daß, wenn auch Einem ein unendlich langer Athem gegeben wäre, wir dennoch nicht wünschen würden, daß er die Worte in ununterbrochener Folge fortlaufen ließe. Denn auch unseren Ohren gefällt, was zu dem Zwecke erfanden ist, daß das Reden der Lunge des Menschen nicht allein erträglich, sondern auch leicht sein könnte.

XLVII. 182. Der längste Redesatz ist nun der, welcher sich in Einem Athemzuge abrollen läßt; aber dieß ist das Maß der Natur, ein anderes setzt die Kunst. Was nun die Versfüße in der Rede betrifft, deren es mehrere gibt, so verbietet euer Aristoteles, mein Catulus, den zu häufigen Gebrauch des Iambus und Trochäus, die sich doch natürlicher Weise ganz von selbst in unseren Reden und Gesprächen einmischen; aber die Taktschläge dieser Verbüße sind zu auffallend und die Füße zu klein. Darum empfiehlt er uns vor Allem den heroischen Versfuß, den man jedoch ohne Tadel nur zweimal oder etwas mehr auf einander folgen lassen darf; sonst würde man ganz in einen Vers oder etwas Versähnliches hineingerathen, zum Beispiel: „Zwei Altäre erhoben sich.“ Solche drei heroische Füße bilden im Anfange eines Redesatzes einen recht schönen Tonfall.

183. Am Meisten aber billigt derselbe Aristoteles den Päon, der doppelt ist; denn entweder hebt er mit einer langen Silbe an, auf welche drei kurze folgen, als: *herrlichere, artigere, stärkendere*, oder mit drei kurzen, auf welche eine gedehnte oder lange folgt, als: *Gĕōmĕtrīe, Phĭlŏsŏphīe*. Und nach der Ansicht dieses Philosophen soll man mit dem ersten Päon anfangen, mit dem letzteren schließen. Es ist aber dieser letztere Päon zwar nicht an Zahl der Silben, aber nach dem Maße des Gehöres, dessen Urtheil schärfer und sicherer ist, dem Kretikus fast gleich, der aus einer langen, kurzen und langen Silbe besteht, als:

Welchen Schutz such' ich jetzt – Was zu thun? Jetzt wohin?

Mit diesem Versfuße begann Fannius: „Bürger Roms, uns bedrohn.“ Diesen Fuß hält Aristoteles geeigneter für den Schluß des Redesatzes, der nach seiner Meinung gemeiniglich auf eine lange Silbe ausgehen soll.

XLVIII. 184. Die Sprache der Redner erfordert aber nicht eine so scharfe Sorgfalt und Genauigkeit wie die der Dichter, welche der Zwang des Versmaßes und der Tonverhältnisse die Worte so in den Vers einzuschließen nöthigt, daß Nichts auch nicht um den geringsten Hauch kürzer oder länger ist, als die Nothwendigkeit verlangt. Freier ist die Rede, und wie sie ungebunden heißt, so ist sie es auch in Wirklichkeit, jedoch nicht dergestalt, daß sie flüchtig umherirrt, sondern ohne Fesseln sich selbst in Schranken zu halten weiß. Denn ich stimme der Ansicht des Theophrastus bei, daß die Rede, wenn sie anders geglättet und einigermaßen kunstgerecht sein soll, sich zwar nicht auf gezwungene, wohl aber freiere Weise rhythmisch bewegen müsse.

185. Und ferner ist nach seiner Vermuthung aus den Rhythmen, aus denen unser gewöhnlicher Vers besteht, in der Folge der Anapästus, ein schlankerer Rhythmus, hervorgegangen, und aus diesem ist jener freiere und reichere Dithyrambus geflossen, dessen Glieder und Füße, wie derselbe sagt, in jeder reichhaltigen Rede zerstreut sind. Und wenn bei allen Tönen und Lauten das rhythmisch ist, was gewisse Taktschläge hat, und was wir nach gleichen Zwischenzeiten messen können; so wird man mit Recht diese Art der Rhythmen, wenn sie nur nicht ununterbrochen fortgeht, als einen Vorzug der Rede ansehe. Denn wenn man die ohne Tonverhältnisse unaufhörlich fortströmende Geschwätzigkeit für roh und ungeschliffen halten muß, was Anderes ist der Grund des Mißfallens, als weil die Natur selbst für das Gehör der Menschen die Tonleitung bestimmt? Dieß ist jedoch unmöglich, wenn nicht in den Tönen ein Rhythmus enthalten ist.

186. Der Rhythmus aber findet in einer ununterbrochenen Verbindung nicht statt; die Unterscheidung und der Taktschlag nach gleichen und oft auch nach wechselnden Zwischenzeiten bewirkt den Rhythmus, den wir bei fallenden Wassertropfen, weil sie sich nach Zwischenzeiten unterscheiden lassen, bemerken können, nicht aber bei einem herabstürzenden Strome. Ist nun eine Wortverbindung der ungebundenen Rede weit angemessener und wohlgefälliger, wenn sie sich in Gelenke und Glieder abtheilt, als wenn sie in ununterbrochener Folge fortläuft: so müssen diese Glieder gegen einander richtig abgemessen sein; denn wenn sie am Ende zu kurz sind, so wird die Kraft des Rundsatzes geschwächt, wie die Griechen einen Gliedersatz nennen. Daher müssen die folgenden Glieder den vorhergehenden, die letzten dem ersten entweder gleich oder, was noch besser und angenehmer ist, länger sein.

XLIX. 187. Das sind nun die Lehren der Philosophen, die du, mein Catulus, so hoch schätzest; was ich um so öfter bezeuge, um durch Anführung meiner Gewährsmänner den Vorwurf abzulehnen, den man mir wegen dieser kleinlichen Schulweisheit machen könnte. – Was willst du damit sagen? entgegnete Catulus. Kann wol etwas Geschmackvolleres vorgetragen oder überhaupt Scharfsinnigeres gesagt werden, als was du uns erörtert hast?

188. Freilich muß ich befürchten, erwiderte Crassus, daß entweder diese Dinge unseren jungen Zuhörern zu schwierig in der Ausübung erscheinen, oder weil sie in den gewöhnlichen Anweisungen nicht gelehrt werden, sie glauben möchten, ich stelle sie absichtlich zu wichtig und schwierig vor. – Hierauf sagte Catulus: Du irrst dich, mein Crassus, wenn du meinst, ich oder einer der Anwesenden erwarte von dir diese alltäglichen und ganz gewöhnlichen Leistungen. Das, was du vorträgst, wünschen wir von dir zu hören, und zwar gerade auf diese Weise vorgetragen; dieß kann ich dir nicht für mich allein, sondern für alle Anwesenden unbedenklich versichern. –

189. Ja wahrlich, sagte Antonius, endlich habe ich den Redner gefunden, den ich in meiner kleinen Schrift noch nicht gefunden zu haben

behauptet hatte; aber absichtlich wollte ich dich mit meinem Lobe nicht unterbrechen, um die so kurze Zeit deines Vortrages auch nicht durch ein einziges Wort zu verkürzen.

190. Nach diesen Regeln also, fuhr Crassus fort, müßt ihr durch Uebung theils im Reden theils im Schreiben, welches letztere eueren Vortrag sowol in anderen Beziehungen als ganz vorzüglich in dieser zu schmücken und zu feilen geeignet ist, eure Rede bilden. Nicht jedoch erfordert dieß so viel Arbeit, als es den Schein hat; auch ist es nicht nöthig hierbei die scharfe Richtschnur der Rhythmiker und Musiker anzulegen, sondern ihr müßt nur darnach streben, daß die Rede nicht auseinander fließe, nicht unstät umherschweife, nicht in zu kleinen Absätzen inne halte und nicht zu weit ausschreite, daß sie wohlgegliedert sei und in sich vollendete schön abgerundete Perioden habe. Aber nicht immer darf sich die Rede in einem ununterbrochenen Kreislaufe von Perioden bewegen, sondern oft muß sie mit kurzen Sätzen abwechseln, die jedoch gleichfalls an Rhythmen gebunden sein müssen.

191. Auch braucht ihr nicht wegen des Päon oder des heroischen Rhythmus, von denen ich sprach, besorgt zu sein. Von selbst finden sie sich in der Rede ein, von selbst, sage ich, bieten sie sich dar und stellen sich ungerufen ein, nur mag man sich so zu schreiben und zu reden gewöhnen, daß die Gedanken mit den Worten geschlossen werden, und daß die Periode mit langen und freien Rhythmen, vorzüglich dem heroischen oder dem ersten Päon oder dem Creticus, anhebe, aber am Schlusse sich mit mannigfaltiger Abwechslung senke; denn am Meisten wird die Aehnlichkeit am Schlusse bemerkt, wo die Stimme einen Ruhepunkt macht. Und wenn die ersten und letzten Füße auf diese Weise beobachtet sind, so können die mittleren sich verborgen halten, nur mag der Rundsatz selbst weder kürzer sein, als das Ohr erwartet, noch länger, als die Länge und der Athem es zuläßt.

L. 192. Auf den Schluß eines Gliedersatzes muß nach meinem Dafürhalten noch größere Sorgfalt verwendet werden als auf die vorhergehenden Theile, weil nach ihm vorzüglich die Vollkommenheit und Vollendung des Gliedersatzes beurtheilt wird. Denn bei einem Verse werden auf gleiche Weise Anfang, Mitte und Ende beachtet, und er ist lahm, an welchem Theile auch ein Fehler gemacht sein mag; bei dem Redesatze hingegen sehen nur Wenige auf den Anfang, die Meisten aber auf den Schluß. Weil nun dieser stark hervortritt und bemerkt wird, so muß man bei ihm Abwechslung anwenden, damit er weder nach dem Urtheile des Verstandes noch, weil er dem Ohre Ueberdruß erregt, verworfen werde.

193. Auf die zwei oder drei letzte Wortfüße nämlich muß man gemeiniglich sehen und achten, wenn anders das Vorhergehende nicht zu kurz und zu gebrochen ist, und diese müssen entweder choreisch oder heroisch sein, oder beide müssen mit einander oder mit dem letzten Päon, den Aristoteles empfiehlt, oder mit dem ihm gleichen Creticus abwechseln. Die Abwechslung dieser Füße wird zur Folge haben, daß weder die Zuhörer wegen der Einförmigkeit Ueberdruß empfinden, noch unserer Rede die darauf verwendete Mühe angesehen wird.

194. Wenn nun jener Antipater aus Sidon, dessen du dich, mein Catulus, wohl erinnerst, Hexameter und andere Verse in mannigfaltigen Tonweisen und Rhythmen aus dem Stegreife zu dichten pflegte, und die Uebung dieses geistreichen und mit einem glücklichen Gedächtnisse begabten Mannes so viel vermochte, daß, sobald er seinen Sinn und seine Gedanken auf eine Versart richtete, die Worte von selbst folgten: um wie viel leichter werden wir dieß in der Rede durch Uebung und Gewohnheit erreichen?

195. Uebrigens wundere sich Niemand, wie der große Haufe unwissender Zuhörer solche Dinge bemerkt; denn überall, aber ganz besonders gerade hierin zeigt sich die Kraft der Natur unglaublich stark. Alle beurtheilen ja nach einem innerlichen Gefühle ohne alle Kunst oder Kunstregeln, was in den Künsten und nach den Kunstregeln richtig und verkehrt ist. Und dieß thun sie bei Gemälden, bei Bildsäulen und anderen Kunstwerken, zu deren einsichtsvoller Beurtheilung sie von Natur mit weniger Mitteln ausgerüstet sind; aber ungleich mehr zeigen sie es bei der Beurtheilung der Worte, Rhythmen und Töne, weil diese Dinge tief in den allgemeinen

Empfindungen gegründet liegen, und Niemand derselben nach der Bestimmung der Natur gänzlich untheilhaftig ist.

196. Daher kommt es, daß nicht bloß die künstliche Wortstellung, sondern auch die Rhythmen und Töne auf alle Menschen einen Eindruck machen. Denn wie Wenige verstehen die Kunst der Rhythmen und Tonweisen? und doch, wird auch nur der geringste Verstoß dagegen gemacht, indem Etwas entweder durch Zusammenziehung zu kurz oder durch Dehnung zu lang ausgesprochen wird, geben ganze Theater ihr Mißfallen laut zu erkennen. Wie? Geschieht es nicht gleichfalls bei den Stimmen, daß von der Volksmenge nicht bloß ganze Sängerchöre, sondern auch einzelne Sänger, wenn sie gegen die Gesangweise verstoßen, ausgezischt werden?

LI. 197. Es ist wunderbar, wie gering zwischen dem Gebildeten und dem Unwissenden der Unterschied im Urtheilen ist, da er doch im Schaffen so sehr groß ist. Aber wahrlich die Kunst würde, da sie von der Natur ausgegangen ist, wol schwerlich irgend Etwas ausgerichtet haben, wenn sie nicht wieder auf die Natur einwirkte und sie ergötzte. Nichts aber ist unserem Geiste so nah verwandt als die Rhythmen und die Töne, durch die wir bald erregt bald angefeuert bald besänftigt bald entkräftet bald zur Heiterkeit bald zur Trauer oft gestimmt werden. Aber ihre höchste Kraft zeigt sich noch wirksamer in der Dichtung und im Gesange: was, wie es mir scheint, dem hochgebildeten Könige Numa und unseren Altvorderen nicht entging, wie das Saiten- und Flötenspiel bei den feierlichen Gastmählern und die Verse der Salier beweisen; am Meisten aber wurde diese Kunst von dem alten Griechenland gepflegt.

198. Ach, hättet ihr doch lieber über diese und ähnliche Gegenstände einen Vortrag von mir gewünscht als über diese schülerhaften Wortübertragungen. Doch sowie beim Verse die große Menge es einsieht, wenn ein Versehen gemacht wird; ebenso bemerkt sie es, wenn in unserer Rede etwas hinkt; aber dem Dichter verzeiht sie nicht, gegen uns ist sie nachsichtiger; im Stillen jedoch erkennen Alle, daß das, was wir gesagt haben, nicht passend und vollkommen ist. Daher pflegten jene Alten, wie

wir noch heutzutage Manche thun sehen, da sie einen Rundsatz, gleichsam einen Wortkreis, noch nicht bilden konnten, – dazu haben wir ja erst neuerdings das Geschick oder den Muth erlangt – drei oder zwei, zuweilen auch nur Ein Satzglied zu setzen; aber ungeachtet ihrer natürlichen Unmündigkeit wußten sie doch das, was das Ohr der Menschen verlangt, nämlich daß die Satzglieder gleich abgemessen und durch gleich lange Ruhepunkte unterschieden wären.

LII. 199. So habe ich denn auch nach Kräften das etwa auseinandergesetzt, was nach meiner Ansicht am Meisten zum Schmucke der Rede beiträgt; denn ich habe von den lobenswerthen Eigenschaften der einzelnen Worte, von ihrer Verbindung, von ihren Rhythmen und Tonverhältnissen gesprochen. Fragt ihr aber auch nach der äußeren Gestalt und der Farbe der Rede, so ist sie theils voll, aber doch schlank, theils schmächtig, aber nicht ohne Nerven und Kräfte, theils eine solche, deren Vorzug darin besteht, daß sie aus beiden gemischt zwischen beiden die Mitte hält. Auf diesen drei Redeformen muß eine nicht wie Schminke aufgetragene, sondern durch das Blut verbreitete Farbe anmuthiger Schönheit ruhen.

200. Kurz, wir müssen unseren Redner hinsichtlich der Worte sowol als der Gedanken so bilden, daß sowie die Fechter oder Ringer nicht bloß Streiche zu meiden oder zu versetzen bedacht sind, sondern auch darauf, daß sie Wohlanständigkeit in ihren Bewegungen zeigen, so auch er die Worte zu einem wohl gegliederten und schönen Redebau, die Gedanken aber zu erhabener Würde der Rede gebrauche.

201. Die Worte und die Gedanken lassen sich aber auf fast unzählige Weise bearbeiten; aber zwischen der Form der Worte und Gedanken findet der Unterschied statt, daß die der Worte verloren geht, wenn man die Worte verändert, die der Gedanken hingegen bleibt, welcher Worte man sich auch bedienen mag. Und obwol ihr es schon ohnehin thut, so glaube ich doch euch auch noch daran erinnern zu müssen, daß ihr in Betreff der einzelnen Worte den Vorzug und die Bewunderung des Redners lediglich in der Kenntniß der oben erwähnten drei Dinge finden möget, nämlich daß wir häufig übertragene, zuweilen auch neugebildete.

selben aber sehr alte Ausdrücke gebrauchen; was aber die zusammenhängende Rede betrifft, so müssen wir zuerst auf eine sanfte Verbindung und auf das von mir erwähnte rhythmische Verhältniß achten, alsdann aber durch den häufigen Gebrauch der Redefiguren den ganzen Vortrag gleichsam mit Lichtpunkten der Gedanken und Worte ausschmücken und beleben.

LIII. 202. So zum Beispiel sind folgende Figuren von sehr großer Wirkung: das Verweilen bei Einem, die lichtvolle Erläuterung und Veranschaulichung, durch welche die Dinge gleichsam vor das Auge gestellt werden, als ob sie vor uns geschähen. Diese Figuren haben ein sehr großes Gewicht theils in der Entwickelung einer Sache, theils um das, was auseinandergesetzt wird, zu beleuchten und zu erhöhen, so daß den Zuhörern das, was wir heben wollen, so groß erscheint, als es die Rede darzustellen vermag. Das Gegentheil davon sind oft das flüchtige Hinwegeilen über einen Gegenstand, die Andeutung, die mehr erraten läßt, als man sagt, die gedrängte, aber doch deutliche Kürze, die Verkleinerung und die sich daranschließende Verspottung, die zu den Vorschriften Cäsar's paßt.

203. Ferner sind zu erwähnen die Abschweifung von der Sache, von der man, wenn sie uns Unterhaltung gewährt hat, mit einer geschickten und angemessenen Wendung zum Hauptsatze zurückkehren muß, die Angabe des zu behandelnden Gegenstandes und der Uebergang vom Gesagten zu einem neuen Gegenstande, die Rückkehr zum Hauptsatze, die Wiederholung, der passende Schluß einer Beweisführung; ferner die Uebertreibung und Ueberschreitung der Wahrheit zur Vergrößerung oder Verkleinerung, die Frage und die damit verwandte Ausforschung und die Beantwortung derselben nach eigener Ansicht; ferner die Verstellung, wenn man Etwas anders sagt, als meint, die sich besonders in die Gemüther der Menschen einzuschleichen versteht, und die sehr angenehm ist, wenn sie in der Rede nicht mit Heftigkeit, sondern in gelassener Sprache angebracht wird; dann der Zweifel, die Zergliederung, die Verbesserung entweder ehe oder nachdem man Etwas gesagt hat, oder wenn man Etwas von sich ablehnt;

204. alsdann die Verwahrung in Beziehung auf das, was man angreifen will, die Zurückschiebung einer Sache auf einen Anderen, die Mittheilung, die gleichsam in einer Berathung mit denen, vor denen man redet, besteht, die Nachahmung der Sitten Anderer und ihrer Lebensart entweder mit Angabe der Personen oder ohne dieselbe, die ein wichtiges Verschönerungsmittel der Rede ist und ganz besonders geeignet die Gemüther zu gewinnen, oft auch sie zu rühren;

205. die erdichtete Einführung von Personen, die ein sehr wirksames Mittel zur Hebung einer Sache ist; die Beschreibung, die Verleitung zum Irrtume die Erregung der Heiterkeit, die Vorwegnehmung des Einwurfs; ferner zwei Figuren, die besonders zur Rührung dienen, das Gleichniß und das Beispiel; dann die Anordnung, die Unterbrechung, die Zusammenstellung der Gegensätze, die Verschweigung, die Empfehlung, die freimüthige, ja wol auch zügellose Aeußerung zur Hebung der Sache, das Zürnen, der Verweis, das Versprechen, die Fürbitte, die Betheuerung, die kurze Abweichung von der Hauptsache, die von der oben erwähnten Abschweifung verschieden ist, die Entschuldigung, die Bitte um geneigtes Wohlwollen, die Verletzung des Gegners, der Wunsch und die Verwünschung. Das etwa sind die Gedankenfiguren, die der Rede Lichtglanz verleihen.

LIV. 206. Was nun aber die Worte selbst betrifft, so bedient man sich derselben, wie der Waffen, entweder zum Nutzen, indem man mit ihnen droht und angreift, oder man wendet sie lediglich zur Zierde an. Zum Beispiel die Verdoppelung der Wörter gibt der Rede bald Nachdruck bald Anmuth; ebenso auch eine kleine Abänderung und Umbeugung eines Wortes, dann die häufige Wiederholung desselben Wortes zu Anfang des Satzes und die Wiederkehr desselben am Ende des Satzes, das heftige Zusammenstoßen derselben Worte auf einander, die Hinzufügung, der Fortschritt, die Wiederholung desselben Wortes in verschiedener Bedeutung, die Widerrufung eines Wortes, der Schluß der Sätze mit Wörtern von ähnlicher Endung oder ähnlicher Beugung, die Gegenüberstellung gleicher oder ähnlicher Glieder gegen einander.

207. Auch gehören hierher die Steigerung, die Umkehrung der Worte, die geschickte Versetzung der Worte, die Entgegenstellung, die Weglassung der Bindewörter, die Beugung, der Tadel des gebrauchten Ausdruckes, der Ausruf, die Verkleinerung, der Wechsel der Kasus, die wechselseitige Beziehung einzelner Worte auf einander, die Hinzufügung des Grundes zu einer aufgestellten Behauptung und ebenso die Hinzufügung des Grundes zu den getheilten Gliedern, die Ueberlassung der Sache, eine andere Art des Zweifels; ferner das Unerwartete, die Aufzählung, eine andere Art der Verbesserung, die Vertheilung, die ununterbrochene Folge, das Unterbrochene, das Bild, die Selbstbeantwortung einer Frage, die Vertauschung der Worte, die Absonderung, die Ordnung, die Wiederholung, die Abschweifung, die Begriffsbestimmung. Das etwa sind die Figuren, und ähnliche lassen sich noch mehr denken, welche der Rede hinsichtlich der Gedanken und der Wortformen Lichtglanz verleihen.

LV. 208. So hast du nun, lieber Crassus, versetzte Cotta, diese Dinge ohne Erklärungen und Beispiele vor uns ausgeschüttet, ohne Zweifel, weil du voraussetzest, sie seien uns bekannt. Auch von dem, was ich zuvor vorgetragen habe, erwiderte Crassus, glaubte ich keineswegs, daß es euch neu sei; nur euer aller Wünschen habe ich nachgegeben.

209. Ueber die letzten Gegenstände aber mich kurz zu fassen mahnte mich die Sonne, die, schon dem Untergange zueilend, auch mich dieses in aller Eile zu entwickeln nöthigte. Uebrigens ist ja die Lehre und der Unterricht in diesen Dingen etwas Gewöhnliches; aber die Anwendung davon ist höchst wichtig und in der ganzen Beredsamkeit sehr schwierig.

210. Nachdem ich nun über den gesammten Schmuck der Rede alle Quellen, wenn auch nicht eröffnet, doch wenigstens angezeigt habe; so laßt uns jetzt sehen, was in der Rede passend, d. h. das Schicklichste ist, wiewol es einleuchtend ist, daß sich nicht für jede Sache, für jeden Zuhörer, für jede Person und Zeit ein und dieselbe Art des Vortrages eignet.

211. Denn einen anderen Ton der Worte verlangen die peinlichen Fälle, einen anderen die Verhandlungen über Privat- und unbedeutende Angelegenheiten; eine andere Art des Vortrages erfordern die Beratschlagungen, eine andere die Lobreden, eine andere die Gerichte, eine andere die Gespräche, eine andere die Tröstung, eine andere der Verweis, eine andere die wissenschaftliche Erörterung, eine andere die Geschichtschreibung. Auch kommt es darauf an, wer die Zuhörer sind, ob der Senat oder das Volk oder die Richter, ob viele oder wenige oder Einer, und was für Leute; und in Betreff der Redner selbst muß auf ihr Alter, ihre Ehrenstelle und ihr Ansehen Rücksicht genommen werden, hinsichtlich der Zeit aber, ob Friede oder Krieg ist, ob Eile oder Muße stattfindet.

212. Auf diese Weise scheint man hier nicht leicht eine andere Vorschrift ertheilen zu können, als daß wir die höhere, die niedrigere und die mittlere Redeweise auf eine dem Wesen des zu behandelnden Gegenstandes angemessene Weise auswählen. Die Verschönerungsmittel der Rede, deren man sich bei diesen drei Ausdrucksweisen bedienen kann, bleiben sich bei allen so ziemlich gleich, nur daß man sie bald stärker bald schwächer anwendet. Ueberhaupt verdanken wir in jeder Sache die Fähigkeit das Geziemende zu thun der Kunst und Natur, die Einsicht aber davon, was und wann Etwas sich gezieme, der Klugheit.

LVI. 213. Doch dieß Alles thut seine Wirkung in der Weise, wie der äußere Vortrag beschaffen ist. Der äußere Vortrag, sage ich, hat in der Beredsamkeit die größte Macht. Ohne ihn kann der größte Redner in keinen Betracht kommen; mit ihm ausgerüstet der mittelmäßige oft über die größten siegen. Ihm soll Demosthenes, als er gefragt wurde, was das erste in der Beredsamkeit sei, die erste Rolle zuerkannt haben, ihm die zweite, ihm die dritte. Um so vortrefflicher pflegt mir auch jene Aeußerung des Aeschines zu erscheinen. Als sich dieser nämlich wegen eines ihn beschimpfenden Richterspruchs aus Athen entfernt und nach Rhodus begeben hatte, las er, wie man erzählt, den Rhodiern auf ihre

Bitten jene herrliche Rede vor, die er gegen Ktesiphon als Widersacher des Demosthenes gehalten hatte. Nach beendigter Vorlesung baten sie ihn am folgenden Tage, er möchte ihnen auch die dagegen von Demosthenes für den Ktesiphon herausgegebene Rede vorlesen. Als er diese mit der lieblichsten und lautesten Stimme vorgelesen hatte, und Alle sie bewunderten, rief er aus: „Um wie viel mehr würdet ihr ihn bewundert haben, wenn ihr ihn selbst gehört hättet!" Hierdurch hat er hinlänglich zu verstehen gegeben, was für einen großen Werth der äußere Vortrag habe, da er meinte, dieselbe Rede würde eine andere sein, wenn sie von einem Anderen vorgetragen würde.

214. Was war es an Gracchus, dessen du dich, Catulus, besser erinnerst, was in meinem Knabenalter so außerordentlich gepriesen wurde? „Wohin soll ich Unglücklicher mich begeben? wohin soll ich mich wenden? auf das Capitolium? Aber ach! da fließt noch das Blut des Bruders. Oder nach Hause? Etwa um die unglückliche Mutter wehklagend und trostlos zu sehen?" Diese Worte trug er bekanntlich mit solchen Blicken, mit solcher Stimme und solchen Gebärden vor, daß seine Feinde sich der Thränen nicht erwehren konnten. Ich rede hierüber deshalb ausführlicher, weil diese ganze Kunst von den Rednern, die doch Darsteller des wirklichen Lebens sind, aufgegeben und von den Nachahmern des wirklichen Lebens, den Schauspielern, in Besitz genommen ist.

LVII. 215. Allerdings ist in jeder Sache ohne Zweifel die Wirklichkeit mächtiger als die Nachahmung; aber wenn sie allein für sich bei dem Vortrage hinlänglich wirksam wäre, so könnten wir in der That der Kunstregeln entbehren. Doch weil die Gemüthsbewegung, die besonders durch den Vortrag dargestellt oder nachgeahmt werden soll, oft etwas so Verworrenes hat, daß sie verdunkelt und, ich möchte sagen, verschüttet wird: so muß man bei der Darstellung derselben das sie Verdunkelnde entfernen und nur das Hervorstechende und in die Augen Fallende annehmen.

216. Denn jede Gemüthsbewegung hat von Natur ihre eigentümlichen Mienen, Töne und Gebärden, und der ganze Körper des Menschen und alle seine Mienen und Stimmen ertönen, gleich den Saiten der Lyra, so, wie sie jedesmal von der Gemüthsstimmung berührt werden. Denn die Töne sind, wie die Saiten, gespannt, so daß sie jeder Berührung entsprechen: hohe und tiefe, schnelle und langsame, starke und schwache; zwischen allen diesen liegt in jeder Art noch ein Mittelton. Und noch mehrere Unterarten sind aus diesen entstanden: der sanfte und der rauhe Ton, der gepreßte und der gedehnte, der mit gehaltenem und der mit abgestoßenem Athem hervorgestoßene, der dumpfe und der kreischende, der durch Beugung der Stimme entweder verdünnte oder angeschwellte. Denn unter diesen und ähnlichen Tonarten gibt es keine, die sich nicht durch künstliche Behandlung bearbeiten ließe, und sie stehen dem Redner, wie die Farben dem Maler, zu Gebote, um abwechselnde Mannigfaltigkeit hervorzubringen.

LVIII. 217. Denn einen eigenen Ton muß der Zorn annehmen, einen hohen, beschleunigten, häufig abgebrochenen, wie in der Stelle:

Mein verruchter Bruder fordert mich auf zu verzehren – ach
Welches Elend! – meine Kinder mit meinen Zähnen

Und in den eben von dir, Antonius, angeführten Worten:

Ihn verlassend, wagst du und so weiter.

Und in der Stelle:

Straft nicht Einer dieß Vergehen? Bindet ihn!

und fast in dem ganzen Atreus. Einen anderen das Wehklagen und die Trauer, einen geschleiften, vollen, unterbrochenen mit weinerlicher Stimme, wie in der Stelle:

Wohin mich wenden? welchen Weg betret' ich jetzt?
In's Vaterhaus? zu Pelias' Töchtern soll ich gehn?

und in dieser:

O Vater und o Vaterland, o Priamus' Palast!

und in der darauf folgenden Stelle:

Dieß sah ich Alles durch Flammen verzehrt,
Mit gewaltiger Hand Priamus' Leben zerstört.

218. Einen anderen die Furcht, einen schwachen, stotternden, gedrückten, wie in der Stelle:

Vielfach Leid umfängt mich, Krankheit, Mangel und der Verbannung
Loos, Und Bestürzung entherzt mir Entmuthigtem alle Weisheit jetzt;
Schreckliche Qualen droht er meinem Leben und gewaltsamen Tod.
Niemand ist so festen Sinnes, so voll Zuversicht, daß nicht Darob ihm das
Blut erstarre und das Antlitz werde blaß.

Einen anderen die Gewalt, einen angestrengten, heftigen, mit hastigem Nachdrucke drohenden, wie in der Stelle:

Schon wieder kommt Thyest mir nachzustellen jetzt,
Schon wieder naht er sich und störet meinen Schlaf.
Erregen muß ich größ're Last des Ungemachs,
Daß ich sein bittres Herz zerstoße und zermalm'.

219. Einen anderen die Lust, einen sich frei ergießenden, sanften, zärtlichen, freudigen und lustigen, wie in der Stelle:

Als sie mir den Ehrenkranz zur Hochzeitsfeier reichte dar,
Reichte sie ihn dir; ihn mir zu reichen gab sie listig vor;
Denn gar fein und zierlich scherzend überreichte sie ihn dir.

Einen anderen der Verdruß, einen tiefen, einförmigen und dumpfen, wie in der Stelle:

Zu jener Zeit, als Paris knüpft' unsel'gen Bund mit Helena,
Da war ich schwanger, und zu Ende ging schon meiner Monde Lauf, Und
Hekuba gebar zu gleicher Zeit zuletzt den Polydor.

LIX. 220. Alle diese Gemüthsbewegungen muß aber das Gebärdenspiel begleiten, nicht ein bühnenmäßiges, das die einzelnen Worte ausdrückt, sondern ein solches, welches die Sache und den Gedanken nur im Allgemeinen nicht durch Veranschaulichung, sondern durch bloße Andeutung zu erkennen gibt, durch eine kräftige und männliche Körperbewegung, die nicht von der Bühne und den Schauspielern, sondern von den Waffen oder auch von der Ringschule entlehnt ist. Die Hand aber soll kein künstliches Fingerspiel treiben, sondern mit den Fingern die Worte nur begleiten, aber nicht ausdrücken; der Arm werde frei vorgestreckt, gleichsam als Trutzwaffe des Redners; das Stampfen mit dem Fuße finde beim Beginne oder am Schlusse leidenschaftlicher Stellen statt. 221. Aber auf dem Gesichte beruht Alles, und in dem Gesichte besitzen die ganze Herrschaft die Augen. Um so richtiger urtheilten daher unsere Alten, wenn sie selbst einen Roscius unter der Larve nicht sehr loben wollten. Denn der ganze äußere Vortrag soll die Seele ausdrücken, und das Abbild der Seele ist das Gesicht und ihre Verräther die Augen. Denn dieß ist der einzige Theil des Körpers, der alle Gemüthsbewegungen durch ebenso viele Andeutungen und Veränderungen ausdrücken kann, und Niemand vermag dieß zu thun, wenn er die Augen schließt. So berichtet Theophrastus von einem gewissen Tauriskus, er habe zu sagen gepflegt, ein Redner, der bei seinem Vortrage immer auf Einen Punkt hinsähe, gleiche einem Redner, der seinen Zuhörern den Rücken zuwendete.

222. Man muß daher seine Augen wohl zu leiten wissen. Denn die Züge des Gesichtes dürfen nicht zu sehr verändert werden, damit wir nicht in Geschmacklosigkeiten oder Verzerrungen verfallen; die Augen sind es, durch deren Gespanntheit, Nachlassung, treffenden Blick und Heiterkeit wir die Gemüthsbewegungen auf eine der Art unseres Vortrages entsprechende Weise andeuten müssen. Denn der äußere Vortrag ist gleichsam die Sprache des Körpers, und um so mehr muß er mit dem Geiste im Einklang stehen. Die Augen hat uns aber die Natur, wie dem Rosse und dem Löwen die Mähne, den Schweif, die Ohren, gegeben, um die Regungen der Seele auszudrücken.

223. Nächst der Stimme hat daher bei unserem Vortrage das Gesicht die größte Bedeutung; dieses wird aber durch die Augen geleitet. Und in Allem, was zum äußeren Vortrage gehört, liegt eine gewisse natürliche Kraft. Durch ihn werden daher auch Unwissende, durch ihn der große Haufe, durch ihn endlich die unserer Sprache Unkundigen ergriffen. Worte wirken nur auf den ein, der mit uns durch die Gemeinschaft derselben Sprache verbunden ist, und scharfsinnige Gedanken fliegen oft an dem Verstande der nicht scharfsinnigen Menschen vorüber; der äußere Vortrag aber, der die Stimmung der Seele deutlich an den Tag legt, macht auf Alle Eindruck; denn die Gemüther Aller werden von denselben Empfindungen erregt, und es sind dieselben Merkmale, durch welche sie die Empfindungen Anderer erkennen und ihre eigenen Anderen zu erkennen geben.

LX. 224. Für den Gebrauch und das Lob des äußeren Vortrages aber ist ohne Zweifel die Stimme von der größten Wichtigkeit. Daß uns eine gute Stimme zu Theil werde, muß zuerst unser Wunsch sein; dann aber müssen wir für sie, wie sie auch beschaffen sein mag, Sorge tragen. Die

Mittel anzugeben, wodurch man für die Bildung der Stimme sorgen könne, ist hier nicht der Ort, obwol nach meiner Ansicht dieß durchaus geschehen muß; aber die Bemerkung, die ich kurz zuvor äußerte, scheint mir der Bestimmung unseres Gespräches nicht zuwiderlaufen, daß nämlich in den meisten Fällen das Nützlichste (ich kann nicht sagen, wie das zugeht) auch das Geziemendste ist. Denn für Erhaltung der Stimme ist Nichts nützlicher als häufige Veränderung, Nichts verderblicher als eine unmäßige ununterbrochene Anstrengung.

225. Wie? Was ist für unsere Ohren und für die Anmuth des Vortrages passender als Anmuth, Mannigfaltigkeit und Veränderung? Aus diesem Grunde hatte der oben erwähnte Gracchus, wie du, Catulus, von deinem Schutzbefohlenen Licinius, einem wissenschaftlich gebildeten Manne, der damals als Sklave sein Schreiber war, hören kannst, gewöhnlich, so oft er eine Rede vor dem Volke hielt, einen kunstverständigen Mann mit einer elfenbeinernen Flöte im Verborgenen hinter sich stehen, der ihm schnell den Ton anblasen mußte, durch welchen er ihn, wenn er zu schlaff redete, anregte oder, wenn er in zu große Heftigkeit gerieth, zurückrief. – Ja wahrlich, ich habe davon gehört, erwiderte Catulus, und oft des Mannes Sorgsamkeit sowol als Gelehrsamkeit und Wissenschaft bewundert.

226. Auch ich, fuhr Crassus fort, und ich bedauere nur, daß solche Männer sich in solche Vergehen gegen den Staat verirren konnten. Freilich wird jetzt in unserem Staate ein solches Gewebe angezettelt und eine solche Lebensweise rasch in Bewegung gesetzt und der Nachwelt vorgehalten, daß wir schon solche Bürger zu haben wünschen, wie sie unsere Väter nicht geduldet haben. – Laß dieß Gespräch ruhen, ich bitte dich, Crassus, erwiderte Julius, und kehre zu des Gracchus' Pfeife zurück, deren Beschaffenheit ich noch nicht recht begreifen kann.

LXI. 227. Bei allen Stimmen, antwortete Crassus, findet ein Mittelton statt; aber jede Stimme hat ihren eigentümlichen. Daß von hier aus die Stimme stufenweise aufsteige, ist nützlich und angenehm, (denn gleich zu Anfang zu schreien verräth Mangel an Bildung;) und zugleich ist es auch zur Kräftigung der Stimme heilsam. Dann gibt es auch in der Hebung der Stimme ein Aeußerstes, das sich jedoch unter dem höchsten Schreitone hält. Bis zu diesem läßt dich die Pfeife nicht aufsteigen, sondern ruft dich sofort von der zu großen Anstrengung zurück. Desgleichen gibt es auch im Gegentheile in der Senkung der Stimme einen tiefsten Ton, zu dem man auf der Tonleiter hinabsteigt. Dieser Wechsel und dieser Lauf der Stimme durch alle Töne wird einerseits zu ihrer eigenen Erhaltung beitragen, andererseits dem äußeren Vortrage Lieblichkeit verleihen. Doch den Pfeifer laßt zu Hause; nur das durch diese Uebung gewonnene Gefühl bringt mit euch auf das Forum.

228. So habe ich euch nun, so viel in meinen Kräften lag, mitgetheilt, nicht wie ich es wollte, sondern wie ich wegen Beschränkung der Zeit mußte. Es ist ja klug sich in die Zeit zu schicken, wenn es beim besten Willen nicht möglich ist Mehr zu sagen. – Ei, du hast ja wahrlich, entgegnete Catulus, so weit ich, darüber urtheilen kann, Alles so unvergleichlich zusammengefaßt, daß es scheint, als ob du dieses nicht von den Griechen entlehnt hättest, sondern es diesen selbst lehren könntest. – Es freut mich an dieser Unterredung Theil genommen zu haben, und ich wünschte, daß mein Schwiegersohn, dein Freund, zugegen gewesen wäre, von dem ich zuversichtlich hoffe, daß er sich durch alle Vorzüge, die du in deinem Vortrage umfaßt hast, auszeichnen werde.

229. Sich auszeichnen werde? fiel ihm Crassus ein; ich aber urtheile, daß er es schon jetzt thut, und so urtheilte ich auch damals, als er unter meinem Consulate im Senate die Sache Afrikas vertheidigte, und jüngst noch mehr, als er für den König von Bithynien redete. Du hast also ganz recht, Catulus; denn ich weiß, diesem jungen Mann gebricht es weder an Naturgaben noch an gelehrter Bildung.

230. Um so mehr müßt ihr, du, Cotta, und du, Sulpicius, wachen und arbeiten. Denn in ihm wächst kein mittelmäßiger Redner euerem Alter

nach, sondern ein Redner von durchdringendem Geiste, brennendem Eifer, ausgezeichneter Gelehrsamkeit und seltenem Gedächtnisse. Wiewol ich diesem gewogen bin, so wünsche ich doch, daß er nur die Redner seines Alters übertreffe; für euch aber würde es nicht eben ehrenvoll sein, wenn der so viel jüngere euch überflügelte. Doch laßt uns jetzt aufstehen, setzte er hinzu, wir wollen der Gesundheit pflegen und endlich einmal nach der Anstrengung und Bemühung, die mit dieser Unterredung verbunden war, unseren Gemüthern Erholung gönnen.